儒家哲學新論

傅佩榮著

序

本書包含系統連貫、架構明確的十篇論文與三篇附錄。初版於民國八十二年，此次再版加上三篇學界先進的書評。作者對儒家的研究，始於早年撰寫博士論文《儒道天論發微》（中文版由聯經出版，民國九十九年），延續至今，已能扣緊人性論的題材，對儒家哲學作整體而深入的詮釋。

由於作者的詮釋所依據的是哲學思維的訓練，同時兼顧經驗材料、理性反省與理想指引等三方面的要求，並且處處以原典為佐證，間或修訂不合理的舊說，務期儒家的原始風貌再度展現。其中的核心觀念是「人性向善」，顯然迥異於一般對儒家人性論的看法，因此書名定為「新論」。這不是為了標新立異，而是為了以負責的態度，顯示作者的研究心得。知我罪我，皆在於此。

本書內容分為引論、本論、餘論與附錄。

「引論」先就「儒家思想的演變」在起源上、特質上、開展上與當前的情況，作全局概觀。由此說明本書雖以原始儒家為焦點，但並不忽略其歷史背景與演變過程。

「本論」爲全書重點，包括六章，題旨分別是：一、邏輯與認識方法，二、人性向善論，三、擇善固執論，四、天人合德論，五、人的自律性問題，六、人性向善論的理據與效應。依序而言，係由知識的掌握與建構入手，凸顯儒家的治學立場與基本關懷，何以具有人文主義的特色，又不失其開放超越的精神。其次，人性爲動態自由的心靈在抉擇過程中的一切表現之基礎，由自由與良知之對照與互動而呈現出來。接著，人生正途在於擇善固執。所謂「善」，是指人與人之間適當關係之實現；所謂「擇」，需要考慮內心感受、對方期許與外在規範。人性向善，是「仁」的表現；擇善則要求「知」；固執則屬於「勇」了。合而觀之，正是三達德。由於固執時可能犧牲生命，由此上企天命，完成人生目的，所以「天人合德」是儒家至高理想。儒家形上學的意涵，在於天概念以及依天而顯的人心上。天人關係不可忽略，否則將成無源之水。以上這些文章由於是分別撰寫及發表的，內容頗有重複之處，尚祈讀者見諒。

「餘論」則有應用哲學的涵義，如教育觀、美學，以及評析四位哲學史家對孔子思想的詮釋等。至於重新爲「天論」作一疏解，因與本書主旨相應，收於「附錄」中。

「附錄」尚有論「束脩」與「耳順」二文，皆與傳統之解讀不同，但亦非自創新說，而是綜合作一新解，求其可信合理。最後還附有三篇書評，特別感謝三位學界先進的指教。

總之，本書以新的方法與現代語言，呈現儒家的原始義理，相信有助於文化之傳承與發揚。

傅佩榮　台大哲學系　民國九十九年十一月

目次

序……（一）

第一部　引論

第一章　儒家思想的演變……三

一、儒家以前的中國思想……三

二、儒家思想……一六

三、宋明以來的儒家……三三

四、儒家思想在今日……四四

第二部 本論

第二章 儒家的邏輯與認識方法……五一
一、正名主義……五二
二、邏輯……五五
三、認識方法……六一
第三章 人性向善論……六九
一、理論之提出……六九
二、理論之證成……七二
三、理論之效果……八四
第四章 擇善固執論……八七
一、「人之道」與「人之性」……八八
二、「擇善」之條件……九四

三、「固執」之過程……一〇〇
四、人生正途……一一〇
第五章　天人合德論……一一五
一、天的涵義……一一八
二、天人之際……一三四
三、天人合德之雙向互證……一四六
第六章　人的自律性問題……一六一
一、孔子……一六二
二、孟子……一七〇
第七章　人性向善論的理據與效應……一八一
一、理據……一八二
二、開展……一九〇

三、效應……一九六

第三部　餘論

第八章　儒家的充實之美……二〇五
一、引言與背景……二〇五
二、論具象之物……二〇七
三、孔子論詩與樂……二一〇
四、人文美的境界……二一七
五、孟子身心合一的審美觀……二二二
六、人格美的境界……二二八
七、結語……二三五

第九章　孔子的教育理想……二三七
一、由學而教的過程……二三八
二、人才、人格與人文……二四四

第十章　比較四位哲學史家對孔子思想的詮釋……二五一
一、引言……二五一
二、胡適的詮釋……二五五
三、馮友蘭的詮釋……二六〇
四、徐復觀的詮釋……二六六
五、勞思光的詮釋……二七三
六、結語……二七九
附錄
一、爲《儒家天論發微》澄清幾點疑義……二八三
二、「束脩」與乾肉……三〇一
三、「耳順」的商榷……三〇九
書評一……朱伯崑　三一三
書評二……陳　來　三二一
書評三……沈清松　三二七

第一部

引論

第一章

儒家思想的演變

一、儒家以前的中國思想

中國文化源遠流長，內容豐贍富麗，從實用的科技發明，到社會的結構組織，與人群的理想信念，都自成一個完備自足的系統，在人類眾多的文明之中獨樹一幟，綿延至今，並且充滿活潑的生機與應付挑戰的能力。

如果探問中國文化的核心思想，則答案往往是儒家、道家、佛學這三大門派。的確，儒家自西漢初期就取得了正統思想的地位，對於政治體制與教育設計，扮演主導的角色，由此影響整個民族的基本觀念與生活方式；道家與佛學則對一般百姓的人生信念與宗教情操，產生廣泛的指引作用。這三派思想早已深入中國人的心靈世界，並且具體表現在他們的日常行爲與生活態度之中。

不過，我們不應忽略，漢代之前，儒家已經存在了三百多年；並且，儒家出現之前，中國人也早已有過將近二千年的歷史。那麼儒家以前的古代中國思想顯然值得我們留意了。孔子曾自謂「述而不作，信而好古」(〈述而〉)，他所深心嚮往的古代思想究竟有何內容呢？

人類的思想總是針對有形可見的事物而發，但是卻可以進而追究整體的與根本的眞相。所謂「基於經驗但不止於經驗」，確實是人類的特長之一。中國古人亦不例外，他們面對人群與面對大自然時，尋思正確而適當的相處之道，建立一些基本觀點，同時還窮索到超自然的世界。因此，以古人的用語來說，這正是針對天(超自然界)、地(自然界)與人(人類世界)這三種存在領域所作的回應。以下我們就依人與人、人與自然界、人與超自然界這三個角度，大略說明中國古人的思想要旨。

(一)人與人

任何一個人群聚居之所，都必須界定人與人之間的關係，才能分工合作，和諧共存。中國古人在界定人與人的關係時，首先肯定人類是得天獨厚的生物，如「天生烝民」(《詩經·大雅》)，「民受天地之中以生」(《左傳》成公十三年)的說法，可以爲證。其次，則強調以血緣親屬所組成的「家」，並且以家爲單位，擴張形成一「國」，古時有萬國之稱，反映了這種實情，直至三代開始，統一的中國才現雛形。由此可見，國與家的關係十分密切，稍後導至周代的宗法制度與封建制度之建立，正是順理成章的事。同時，家與個人的關係更形成基本的生活脈絡與人間規範。古代相傳之「積善之家必有餘慶，積不善之家必有餘殃」(《周易》坤卦文言)的觀念，直接把個人行爲之善惡報應，落實在家的傳承所顯示的福禍上面。這些制度與觀念的思想背景値得稍作說明。

首先，個人與家的關係過於密切，固然可以說是遠古時代個人對於自己的道德行動之主體性與責任性，缺乏完全的自覺；但是同時也可以說是古代聖賢在化民成俗的教育工作上，特別著重家庭的意義。三代之前的舜，就有「五倫」之教，爲百姓闡明「父子有親，君臣有義，夫婦有別，長幼有序，朋友有信」（《孟子．滕文公上》）的道理。其中三者與家庭有關，足以顯示這種立場。後來我國各派思想在談到人與人的關係時，亦足以顯示其原始立論之深刻周全。

不過，在問及父子之「親」，君臣之「義」，夫婦之「別」，長幼之「序」，朋友之「信」，這些德目如何具體實踐時，則答案在於依憑禮樂政刑。

禮樂政刑必須出自國家的統一制定。古代國家的施政方式，以《書經》〈洪範〉篇的「八政」說得最清楚。「八政」是指「食、貨、祀、司空、司徒、司寇、賓、師」（《書經．洪範》），涵蓋了人民的生存、教育、安全，以及祭祀與軍事等方面的需求。至於禮樂，則起源甚早，可以上推至堯舜時代，並且歸之於天啓，如「天敘有典，敕我五典五惇哉。天秩有禮，自我五禮有庸哉。」（《書經．陶謨》）有德有位的天子，才可以制禮作樂，可見禮樂之施行，必須立足於上行下效的原則；二是凡民百姓皆須經由教育與學習，才能明白禮樂的規範作用。由此導致的結果是，政治與教育相互結合，國家無異於一所大的學校，這是「德治」與「禮治」的崇高理想。1

這種理想的實現條件是天子有德有位，所謂「得乎丘民而為天子」（《孟子．盡心下》），同時要有完全的禮樂制度，以免「禮樂不興，刑罰不中」（《論語．子路》），導致百姓無所措其手足。天子必須「受天所命」，以做為其政權的合法性之基礎，然後對於百姓則須代天行教，以保障安和樂利的社會生活。古代中國重視聖王之政，其故在此。所謂「天佑下民，作之君，作之師，惟其克相上帝，寵綏四方」（《書經．泰誓》）一語，就表示聖王兼具君與師雙重身分，亦即政治與教育合一，領導與楷模是不分的。如此的聖王，以堯為例，《史記》就描寫他「其仁如天，其智如神」（《史記．五帝本紀》），必須既仁且智。除了品德與智慧，聖王還須具備超凡的能力，以應付百姓在實際生活上的各種需要，歷代的發明大都推源於黃帝與聖王，是十分合理的觀念。相形之下，一般百姓較為被動，在品德、智慧與能力三方面，都須依賴領導階層的指示。

所謂「天生烝民，有欲無主乃亂」（《書經．仲虺之誥》）一語，就承認凡民需要聖王領導，否則難以維持和諧的局面。因此，一旦天子失德，不具備聖王的資格，後果就會演變為天下大亂，民不聊生，甚至引起革命，改朝換代。商之繼夏，周之繼商，都可以由這種思想背景來理解。如果追問當時對於「人的本性」的一般看法，則答案是一種素樸的性善觀念。人性源自於天，理當為善，那麼惡由何來？

1　方東美，《中國人生哲學》（台北：黎明文化公司，一九八七年七月五版），頁六二。

來自「欲」，由於欲望無法得到滿足而產生昏念妄動。聖王制作禮樂，即有節欲與順欲的考慮。但是，何以本善的人性，其欲望竟會陷人於惡，以致需要明確的規範加以約束？這個問題在古代只是視爲既成的事實，如劉康公所云：「民受天地之中以生，所謂命也。是以有動作禮義威儀之則，以定命也。能者養之以福，不能者敗以取禍。」（《左傳》成公十三年）這是以福禍來示警，卻未曾深入辨析人性的內涵。因此，我們稱之爲素樸的人性觀念。

這種人性觀念完全側重於現世的福禍報應。古人所謂的五福是指「壽、富、康寧、攸好德、考終命」，六極是指「凶短折、疾、憂、貧、惡、弱」（《書經・洪範》）這種想法雖然合乎人情，但是未能凸顯人性之異於其他萬物的特色。毋怪乎古代百姓最擔心「天子失德」，《詩經》裡有許多諷諫天子之詩句，都是出自此一關懷。

簡言之，中國古代思想一開始即肯定人類生命的優越地位，但是緣於集體生活的特殊型態，而未曾強調個人人格的主體性與獨立性，卻轉而將個人定位於家庭的脈絡，再擴充形成國家的組織。國與家，家與個人，以及天子與百姓之間的關係，構成了古人的生活世界的主軸。這種初期觀念一旦形成，就不曾完全消失。歷代中國人，直至今日，對於家庭的重視，對於統治階層的道德期許，都是清晰可辨的。這種觀念後來經過儒家的繼承與詮釋，表現爲相當完整的體系。

(二)人與自然界

所謂自然界，是指日月星辰、山河大地、草木鳥獸等既存的事物。它提供了人類生存的領域與發展的條件，同時也與人類之間有某種競爭的張力。古代思想中，對於人與自然界的關係，有兩種主要的立場。其一是與自然界爭取生存的機會，符合「物競天擇，適者生存」的演化論原則；在此，消極方面要避開及化解一切可能的威脅，積極方面則要利用及開發自然界的資源，以求人類的繁榮與進步。其二則是向自然界學習，運用人類的智慧，了解萬物生滅變化的道理，然後為人類安排合理而有意義的生活方式。

就第一種立場而言，戰國時代的孟子有一段生動的描述，值得參考。孟子說：

> 當堯之時，天下猶未平，洪水橫流，氾濫於天下，草木暢茂，禽獸繁殖，五穀不登，禽獸偪人，獸蹄鳥跡之道交於中國。堯獨憂之，舉舜而敷治焉。舜使益掌火，益烈山澤而焚之，禽獸逃匿。禹疏九河，瀹濟漯而注諸海，決汝漢，排淮泗而注之江，然後中國可得而食也。（〈滕文公上〉）

這段話反映了先民為了爭取生存而作的奮鬥過程，直到「然後中國可得而食也」，總算安頓了下來。接著，就有漁獵、農耕方面的設計，按照地理環境的特色，讓百姓分工合作，配合自然界生生不息的循環歷程，人類亦可以達到「飽食、煖衣」的生活水平，接著就須從事教育工作，否則難免如孟子所云：

「飽食、煖衣、逸居而無教，則近於禽獸」〈滕文公上〉。人與自然的分野，在於人可以透過學習與教育，建構一個屬於人類的價值世界。不過，古代最初的學習，也不能離開自然界這一生存領域，以下進而申述此義。

古人向自然界學習什麼，又如何學習呢？根據《周易》經傳的記載，這種學習的任務主要落在聖王的身上。聖王必須具備高度的智慧與創作的能力。《周易》有云：

古者包犧氏之王天下也，仰則觀象於天，俯則觀法於地，觀鳥獸之文，與地之宜，近取諸身，遠取諸物，於是始作八卦，以通神明之德，以類萬物之情。（《周易．繫辭下》）

由此發明漁獵、農耕、交易、舟楫、宮室、棺槨、書契等等，皆是百姓日用所需，中國文化的初步形態亦由此展現開來。

其次，聖人必須爲百姓找出吉凶禍福之道，途徑仍是向自然界學習。請看：

法象莫大乎天地，變通莫大乎四時，懸象著明莫大乎日月，崇高莫大乎富貴，備物致用，立成器以爲天下利，莫大乎聖人，探賾索隱、鉤深致遠，以定天下之吉凶，成天下之亹亹者，莫大乎著龜。是故，天生神物，聖人則之，天地變化，聖人效之；天垂象，見吉凶，聖人象之；河

出圖，洛出書，聖人則之。易有四象，所以示也，繫辭焉，所以告也，定之以凶吉，所以斷也。（《周易．繫辭上》）

由此可見，人類的吉凶禍福之道，其實與自然界本身的運作方式是互為表裡的，因為人類不能脫離自然界而獨自存在。但是除此之外，更進一步還有人類本身所應遵循的法則。《周易》在反覆說明人向自然界學習製作器物與吉凶之道以後，繼續深入探索人生的基本法則，它主張：

天地之大德曰生，聖人之大寶曰位。何以守位曰仁，何以聚人曰財，理財正辭，禁民為非曰義。（《周易．繫辭上》）

天地設位而易行乎其中矣，成性存存，道義之門。（《周易．繫辭上》）

一陰一陽之謂道，繼之者善也，成之者性也。（《周易．繫辭上》）

立人之道，曰仁與義。（《周易．說卦》）

這是由於觀察了天地之大生與廣生之德，體察到人類應以「仁義」為基本法則，才能滿全人類生命的原始要求。這種人與自然界的關係，不僅互相依存，而且啓發無窮生機。如果追究人類與萬物之本源，尋找兩者背後之存在及價値之根基，則立即會接觸到人與超自然界的關係問題。

(三)人與超自然界

超自然界是指人類憑藉感官與理智所無法觸及的世界，但是它對於人類生命之起源與歸趨，以及對於人類價値理想之最後依據，都是不可或缺的基礎。具體而言，中國古人對於超自然界的態度，表現爲三種崇拜儀式，其對象分別是：自然神祇、祖先與上帝（或稱爲天）2。

就自然神祇與祖先而言，前者依附自然界而存在，後者則原本是人類；因此，當古人視此二者爲超自然界時，是就相對意義上的用法，這與古人視上帝或天爲超自然界，是截然不同的。祖先是現存人類生命之來源，因此値得我們感恩懷念，所謂：「事死如事生，事亡如事存」（《中庸》十九章）的古訓，不僅有愼終追遠的意義，對於中國人重視家庭傳統直接產生助力，同時也表示古人相信「人死爲鬼」，死而不亡，轉變爲另一種存在方式，由此對於現存人類可以祝福或詛咒，並且指示某種合乎理想的生活法則。

自然神祇未必是原始的自然物崇拜，如以日月山川本身爲神，而可能是牽連著人間秩序而存在的。譬如國語有云：「山川之靈，足以紀綱天下者，其守爲神；社稷之守者爲公侯。皆屬於王者。」（《國

2 董作賓，〈中國古代文化的認識〉，收錄於《先秦史研究論集》（台北：大陸雜誌，一九六 ），頁二四三。

語・魯語下》）就肯定名山大川之宏偉磅礴足以讓天下人心生敬畏、明白正當行止者，那麼這些山川的守護之官，即稱爲神。無論如何，祖先與自然界神祇，在古代往往合稱「鬼神」，對於人類的生命來源與價值規範，起了相當程度的安頓作用。這種作用一直不曾消逝。

眞正的超自然界是上帝或天。商朝甲骨資料告訴我們，上帝同時主宰了自然界與人間世，其統轄範圍包括：(一)風、雲、雷、雨；(二)農耕與收成；(三)城市建築；(四)戰爭；(五)人間世的休咎；與(六)君王的休咎[3]。

就「上帝」此一角色的性格與功能而言，周朝所信之「天」其實與上帝是異名同義的。根據周朝文獻，天的涵義清楚顯示爲以下五種[4]：

㈠、統治之天：天是自然界與人間世的最高主宰，以致人間帝王稱爲「天子」，受天所命。「天命」一詞成爲古代政權合法性的基礎，例證甚多，如「天命玄鳥，降而生商。……古帝命武湯，正域彼四方」（《詩經・商頌》）；「昊天有成命，二后受之」（《詩經・周頌》）；「有命自天，命此文王」（《詩經・大雅》）。

㈡、造生之天：有關人類與自然界的最後來源，古人的信念不容置疑，例如：「天生烝民」（《詩

3　胡厚宣，〈殷卜辭中的上帝和王帝〉，《歷史研究》期九（一九五九），頁二四—二五。
4　參考筆者，《儒道天論發微》（台北：聯經，二〇一〇），頁三一起。

經・大雅》）；「天作高山」（《詩經・周頌》）。孔子在談到天的作用時，也提及「百物生焉」（《論語・陽貨》）一語，可見古人確實相信「天」是一切自然生命的本源。

㈢、載行之天：造生之後，需要載行，以便維持其存在及發展。《詩經》有「上天之載，無聲無臭」（《詩經・大雅》）一語，孔子也曾以「四時行焉」（《論語・陽貨》）歸之於天的作用。「載行」對於自然生命而言，顯示其動力基礎與運作方向；同時對於人類，還有天賦的道德品質要考慮，亦即維持人間秩序的穩定和諧。最明顯的是：「天生烝民，有物有則，民之秉彝，好是懿德」（《詩經・大雅》）；但是光靠百姓的力量是不夠的，還須君與師「克相上帝，寵綏四方」（《書經・泰誓》）。由此轉接到「天」的以下二種性格。

㈣、啓示之天：古代帝王重視占卜，由此得知天的旨意，如「寧王遺我大寶龜，紹天明」（《書經・大誥》），「今天其相民，矧亦惟卜用」（《書經・大誥》）。同時，帝王本身需要有極高的智慧，並且注意百姓的需求，所謂「天視自我民視，天聽自我民聽」（《書經・泰誓》），都表示天是可以啓示自己的旨意的。天的旨意形成人間道德規範的基礎，由此有善惡是非的判斷。人類行事的吉凶禍福，並非盲目的運氣所決定，而是由天在扮演審判者的角色。

㈤、審判之天：三代之間的承啓關係，古人認爲是天對帝王的行事所作審判的結果。審判的原則是「福善禍淫」，具體的說詞是：「有夏多罪，天命殛之」（《書經・湯誓》），「皇天上帝改厥元子茲大國殷之命」（《書經・召誥》）。對於一般百姓而言，則天子必須表現「皇極」或「大中」，亦即「絕對正義」的原則，以便代天行道。歷代帝王相傳之心法皆爲「中」，即是正義。這正是源自以天爲最後審判者的信念。（《書經・洪範》）

以上五種角色合而觀之，顯示了「天」的原始面貌，亦設定了「天子」的重大使命。天子在「統治」國家時，需針對「造生」與「載行」的功能，表親「仁愛」之德；也需針對「啓示」與「審判」的功能，表現「正義」之德。然後，國家在內聖外王的天子領導下，可以長治久安。進而言之，天子根據天意，制禮作樂，使「禮樂」成爲人間價值系統之基礎。那麼，當危機出現時，譬如「天子失德」，則雖然民怨沸騰，但還有禮樂可以維持暫時安定的局面；進而到了「禮壞樂崩」，則社會面臨全盤瓦解，不然就須重新爲禮樂奠下基礎。這是西周末期、春秋時代的思想背景。在這種背景之下，各派思想家各申己見，想要重新安立人間秩序，其中最能承先啓後，並建構完備體系的，應推儒家。

若以夏商周「三代」代表中國古代，則周代後期已經進入一個新舊交替的轉捩點了。這段時期在歷史上稱爲「春秋時代」與「戰國時代」。這是中國歷史上第一次長期的變動，不僅政治制度、社會組織、經濟結構一再面臨挑戰與改革，連舊日維繫人心與保持秩序的禮樂教化也一再受到考驗而瀕臨瓦解。當時的有識之士爲了對付這個困局，就從根本去思考許多問題。那些問題大都環繞著「人」，像人的本性，人的地位，人的尊嚴，人與社會國家的關係，人與大自然的關係等等，因此充分顯示了人文主義的精神。

由於有識之士對上述那些問題的看法不一定相同，就出現了百家爭鳴的局面，形成我國學術思想的高潮。其中最重要的六派思想是：儒家、道家、墨家、法家、名家與陰陽家。這六派思想都能「持之有故，言之成理」，所以不僅在當時吸引了許多追隨者，後來還一直有人研究發展，成爲中國人的共同文化遺產。以下簡單介紹這六派思想的人物與論點，然後再專門解說儒家思想。

孔子集古代聖王思想之精華，加以融會貫通，開創了儒家，再由孟子與荀子繼續發展。他們重視禮樂傳統，承先啓後，肯定教育可以啓發人的向善之性，使人由修身、齊家，進而治國平天下，以大同世界爲最高理想。中國人受此派影響最深。

道家以老子與莊子爲代表，強調處世的智慧，透視宇宙萬物的變化軌跡，找出經久不變的道。他們對於人間的一切，都有深刻的體認，因此說話常常一針見血，使人擺脫不必要的執著，求得精神上的自在。

墨家以墨子爲代表，主張刻苦自己，兼愛天下，反對戰爭以及種種繁文縟節，使物盡其用，人人互利。此派富於俠義精神與理想色彩，但是要求過嚴，難以實踐，因此影響有限。

法家以韓非爲代表，綜合了法、勢、術三種理論，同時強調君德與利民的思想，希望透過以法治世，達到富國強兵的目的。秦國在戰國末期因採用法家而統一中國，但亦因極端專制、刻薄寡恩而迅速覆亡。

名家以惠施與公孫龍爲代表，探討邏輯思辨與語言分析，對於政治、道德、歷史、文化缺乏關懷。他們提出許多認識方法上的問題，表面看來頗爲有趣，像「白馬非馬」，但是往往流於詭辯爭勝，不能解決現實上的問題。

陰陽家以鄒衍爲代表，用木火土金水五行「相生相剋」的道理，來解釋一切人事、物理與天象。他富於想像力與組織精神，但是難免流於附會，引起後代許多迷信與假科學。

以上是六派思想的大要。我們由此不難明白中國古人的心靈是多麼豐富了。由於這些思想都在秦國統一中國之前出現，所以學術界一般稱之爲「先秦時代的哲學」。

二、儒家思想

儒家是由孔子(西元前五五一—四七九)奠下基礎，並由孟子(約西元前三七一—二八九)與荀子(約西元前三一三—二三八)所繼承發展的一派學說。這派學說的中心思想，是在面臨傳統的封建社會禮壞樂崩的大危機中，設法扭轉乾坤，重新安立人類社會的基礎，也就是爲禮樂找到人性方面的根據，以便再度發揮其維繫人倫的功能。

因此，儒家論及人與人的關係時，深入洞識到人性的內在本質，由此展開一套理論，作爲個人修身齊家，社會和諧穩定的依據。這套理論體大思精，焦點環繞著人的潛能與實現，教育與修行，理想與志業，並且顯示了向超自然界開放的心胸。以下依序介紹其人性論、自然觀與超自然觀。

(一)人性論

儒家一方面重視禮樂所形成的外在規範，另一方面強調人性本有的內在要求，然後兼顧內外，肯定每一個人都有能力也有責任成就完美的道德人格。這種學說顯然基於一套明確的人性論。

關於人性論的問題，歷代以來各種見解爭論不休。我們分辨這些見解的眞僞高下，可以考慮三項相關條件5，就是：(一)基於經驗事實，(二)合乎理性反省，(三)指點理想途徑。以經驗事實來說，我們發現：人間有善行也有惡行，人有行善與行惡的自由，同時行善使人心安，行惡使人羞愧。以理性反省來說，這些經驗事實告訴我們：個人的快樂在於心安理得，群體的和諧在於大家行善避惡，因此人性的要求也是向善的。以理想途徑來說，如果肯定人性向善，就要多作存養省察的工夫，讓個人內心的指示清楚呈現，同時還要妥當安排道德教育，使大家樂於遵守外在既成的規範。

儒家的人性論完全符合以上三項相關條件，因此成爲我國道德思想的主流。這套人性論常被稱爲「性善論」，其眞正涵義則是肯定人有「善端」(《孟子．公孫丑上》)，需要努力實踐，以成就善的行爲。換言之，人性是向善的。以下分別以孔子、孟子與荀子爲代表，說明儒家人性論的要旨。

孔子獻身於教育工作，並且對政治抱著樂觀的態度。他說：「爲政以德，譬如北辰，居其所而眾星

5 參考本書，頁六一起。由儒家的認識方法可以說明三項條件之理據。

共之。」(〈爲政〉)。又說:「子欲善而民善矣,君子之德風,小人之德草,草上之風必偃。」(〈顏淵〉)。由於人性向善,所以當政治上的領袖體現道德表率時,百姓就會聞風景從、心悅誠服。孔子常說的「仁」,也與向善的道理相符。一方面,「爲仁由己」(〈顏淵〉),肯定了道德的主體性;另一方面「我欲仁,斯仁至矣」(〈述而〉),則肯定了道德的責任性[6]。兩者合而觀之可知道德是需要每一個人自己主動及努力去實踐的。儒家因此提倡「自強不息」(《周易・乾卦象傳》)與「日新又新」(《大學》一章)的動態人生觀。

孟子爲孔子的理論提出更完整的解釋。他首先強調人與禽獸的根本差異,在於人心有四個「善端」,可以擴充發展爲「仁義禮智」(〈公孫丑上〉)。善端是善的開始與萌芽,而不是善的完成。孟子用一個比喻來說明人性,他說:

> 人性之善也,猶水之就下也。人無有不善,水無有不下。(〈告子上〉)

正如「下」是水之「向」而非水之性,「善」也是人之「向」而非人之性[7]。如果人違逆這種向善的本

6 參考本書第六章。
7 參考本書第二章,闡明性和向的意義。

性，「心」就會顯示不安與不忍；如果人順從它，就可以體認「反身而誠，樂莫大焉」的意義（〈盡心上〉）。這與「爲善最樂」的說法不謀而合。

至於荀子，則一般人都知道他主張「性惡」。但是他的主張是由情欲來理解人性，就是把人與動物共有的本能當成人性，因此無法凸顯人性的特質。事實上，他也曾肯定人的特質有二：一是「人之異於禽獸，以其有辨也」（《荀子．非相》），亦即人能夠分辨是非善惡；二是人之異於土石、草木、禽獸而「最爲天下貴」，是因爲人「有氣、有生、有知、亦且有義」（《荀子．王制》）。因此，「辨」與「義」應該是人的特質，亦即人性具有善的傾向。荀子的表達方式容或別有苦心，但基本信念仍是人性向善。

儒家的道德思想能夠廣泛深入影響國人，主要是因爲它對人性有了正確的見解，然後配合實際的規範來安排人生的行程。我們可以進一步說明如下。

人性是向善的，因此人人與生俱有道德實踐的要求而非完成。爲了說明此一思想，必須分別界定「向」與「善」的意義。

以「向」來形容人性，表示人性是開放的、動態的，是等待被實現的潛能，必須在人生的過程中，經由個人的選擇而付諸實踐。人的潛能是多方面與無限制的，他可以努力求知，理解各種奧妙的現象；可以從事創作，發揮藝術才情；也可以行善避惡，增益自己的道德價值。我們若省思自己的經驗，不難肯定生命是充滿動力的潛能。至於以「善」來描述人性的共同趨向，則是因爲道德是人的一切可能性之中，最根本、最全面、最重要的一種。

什麼是「善」？就人際關係而言，善是兩個或多數主體之間，適當關係之圓滿實現。這個定義包括三點引伸涵義：

第一，善必須在人我相待的場合才有實現的機會，「仁」字的寫法「從人從二」，確有深旨。試問：人無父母，如何盡孝？人無國家，如何盡忠？人無朋友，又如何講信修睦？孝弟忠信當然是善，但是獨自一人流落荒島時，如何圓滿實現這些要求？

第二，人與人之間，總是會有某種適當的關係存在，對於此種關係所應遵循的規範，若不能生而知之，就要學而知之，甚或困而學之；同時，所謂「適當」，又隨古今中外時空不同而有別，若想行善，不能單靠個人意願與判斷，所以儒家重視學習與教育[8]。

第三，要求「圓滿實現」這種關係的動力，則無疑出自與生俱來的良知。孟子所謂「孩提之童，無不知愛其親者，及其長也，無不知敬其兄也」（〈盡心上〉），即是此意[9]。

人與人之間有那些基本的關係呢？儒家重申傳統的五倫之說，包括：父母與子女之間，兄弟姐妹之間，夫妻之間，個人與國家（或長官與部屬）之間，以及朋友之間的關係。其中涉及家庭成員的有三種，

8　參考本書第四章，說明擇善的理由及方法。

9　參考本書第七章，闡釋儒家人性向善論的效應。

這不僅是因爲儒家重視家庭，更是因爲家庭確實是一個人的生命由誕生、成長、發展到完成的整個過程中，最根本、最重要的關係脈絡。

因此，儒家自孔子開始，總是重視上述人與人之間的基本關係，並且特別強調孝與悌。一個人若是對父母不孝，對兄弟姐妹不悌，我們怎能期望他對國家盡忠，對朋友盡義，對人群盡愛呢？孔子重視道德的優先順序，他說：「弟子入則孝，出則弟，謹而信，泛愛衆而親仁，行有餘力，則以學文。」（〈學而〉）可見孝悌是立身處世的基礎。人性向善論並非立意過高，而是依循自然情感，掌握個人的內在要求，配合外在既成的規範去實踐行動。當一個人既孝且悌，他就走上圓滿實現人性的坦途了。

由於人性向善，各種道德規範才有穩固的基礎；而這些規範也可能幫助人完成理想的人格。道德的具體內容是行爲規範，如：你應該孝順父母，友愛兄弟等等；但是我們不可忽略它的三個特性，以下試分述之。

第一，道德是互待互成的。子女應該對父母孝順，父母也應該對子女慈愛。古人有云：「父慈子孝，兄愛弟敬，夫和妻柔。」（《左傳》昭公二十六年）。孔子說過：「君使臣以禮，臣事君以忠。」（〈八佾〉）。孟子也主張：「君之視臣如手足，則臣視君如腹心。」（〈離婁〉）。這些都肯定道德是互待互成的。因此，凡是把儒家的道德規範看成僵化教條，都是明顯的誤解。不過，我們不能走上另一極端，認爲道德是有條件的，好像父母不慈愛，子女就可以不孝順似的。道德的眞正精神在於「成己成人」：一方面盡其在我，實現自己的向善本性；另一方面自然會對他人產生良好的效應，也引發他人走上善途。

第二，道德實踐需要教育的配合。這裡所謂的教育是廣義的，包括家庭教育、學校教育及社會教育，以及風俗習慣對一個人的潛移默化。人有向善的本性，但是如何使它落實到具體生活中，則是一件相當複雜的事。教育使一個人學得此時此地的道德規範，目的在藉此規範使他的本性得以實現。譬如，古人所謂的「忠」，以忠君爲主；我們今天所謂的忠，則指忠於國家。換言之，道德規範可以使個人安心，也可以使社會得到和諧。因此，我們若旅遊他國，就要入境問俗，了解當地的道德規範，不然可能犯了無心之過而不自知。

第三，道德必須在複雜的關係中作抉擇。由於人際關係過於複雜，難免發生利害衝突，對甲爲善者，對乙可能爲惡。這時就需要善於選擇了。譬如，在忠孝不能兩全時，應該怎麼辦？可以大義滅親，也可以歸隱事親。前爲盡忠，後爲盡孝，但是兩者之間的矛盾對立造成了極大的困境。這是當事人不能逃避的，也是別人無法代爲決定的。所謂「問心無愧」、「但求心安」，都是強調良知對道德抉擇的作用。由此可以孕生道德勇氣，如孟子引述孔子所說的：「自反而縮，雖千萬人吾往矣！」（〈公孫丑上〉）

儒家在肯定人性向善之後，接著主張人生應行之道是「擇善固執」。「擇」需要知識與智慧，「善」是人性之所向，「固執」則是勇敢的表現；合而言之，正是「智仁勇」三達德（《中庸》十四章）。固執不是頑固，而是大勇，可以「殺身成仁」、「舍生取義」。這種以犧牲生命來完成生命的理想，是道德思想的極致；我國歷史上的英雄豪傑大都受儒家的啓發，以崇高的道德表率實現了生命的意義與價值。

簡言之，儒家一致接受以下三點主張：一、任何人都有「能力」成爲君子；二，任何人都有「責任」成爲君子；三，任何人在成爲君子時，自然而然的「幫助」他人也走上成全之途。只要能「誠」，人就會發現生命有道德的潛能；人的實然與應然若合符節，不證自明。

上述儒家的人性論可以作廣泛的應用。就個人而言，既然與生具有向善的要求，同時善又須在人際之間實現，因此一方面要忠於自己，存其本心，另一方面要明辨關係，與人爲善。就社會而言，則家庭與教育是安定和諧的基礎，然後擴及政治與經濟的各種合理運作。兼顧以上二者，則周初以國家爲學校，以政治爲教育的理想，庶幾乎可以再現。

儒家的人性因此充滿樂觀奮鬥的啓示。孔子曾經「知其不可而爲之」（〈憲問〉），正是由於發現了人人內心有一種使命感需要依循。即使時代墮落、大道不行，一位君子照樣「反身而誠，樂莫大焉」，因爲他的「樂」源自於內，充實自足。更重要的是，儒家的人文主義是開放的，向著傳統信仰裡的超自然界開放，因此在探及生命終極意義時，可以訴諸於「天」。

(二)超自然觀

儒家幾位代表對於「天」的看法，並不完全相同。孔子與孟子顯然尊之爲超自然界，接近傳統以天爲一切存在與價值之源。在他們的思想中，譬如以天爲具有主宰者、造生者、載行者、啓示者與審判者這五種性格，都可以得到肯定，但是重點則置於人對於自我本性的覺悟，由此得知內心的使命可以上通天命。然後再指出人生的終極目標爲天人合德。

以孔子來說，我們發現以下幾點：

第一，孔子總是以「相關性」的語氣談到天；亦即，他對與人隔絕的天，並無興趣，更不曾對天作過純屬宇宙論的描述。縱使有時以天爲自然界，孔子仍然肯定天與人之間的特殊關係。譬如「天何言哉？四時行焉，百物生焉，天何言哉？」（〈陽貨〉）就暗示了天是造生者與載行者。同時「唯天爲大，唯堯則之」（〈泰伯〉）一語，則反映了傳統以天爲至高主宰的信仰。

第二，天人之間的關係，要遠較自然界與人之間的關係更爲密切，因爲天會主動回應人間的需要。人間的善行與惡行，都會得到回應，因此孔子說：「獲罪於天，無所禱也」（〈八佾〉），「吾誰欺？欺天乎？」（〈子罕〉）「予所否者，天厭之」（〈雍也〉）。即使儀封人也肯定孔子的表現是：「天下之無道也久矣，天將以夫子爲木鐸。」（〈八佾〉）天對於人間之有道無道仍可回應。

第三，這個具有回應能力的天，賦予孔子一項獨特的使命；但是孔子必須透過深刻的道德修養與徹底的自我覺悟，才能體認此一使命。孔子「五十而知天命」（〈爲政〉），所知者除了人間命運之外，還有天賦使命。因此，他在面臨生命困境時，可以聲稱：「天生德於予，桓魋其如予何！」（〈述而〉）。這種使命的具體內容則是維繫中國文化傳統，他說：「文王既沒，文不在茲乎。天之將喪斯文也，後死者不得與於斯文也。天之未喪斯文也，匡人其如予何！」（〈子罕〉），人在盡力滿全自身的職責之時，就能了解命運的眞義。譬如，顏淵死，子曰：「天喪予」（〈先進〉），伯牛有疾，子曰：「命矣夫」（〈雍也〉），至於「道之將行與將廢」都歸之於「命也」（〈憲問〉）。面對命運，孔子依然擇善固執，努力奉行他的使命。他的一生全因這種使命感而凸顯意義。他對命運並無怨尤，反而安於修德講學。死亡對他而言，遠不如行仁重要。人有天賦潛能，可以成全人格。他說：「人能弘道，非道弘人。」（〈衛靈公〉）

接著，孟子以更清晰的方式，表白了他對「天」的態度。首先，他由古代典籍徵引許多相關資料，藉以闡述天概念的歷史背景與根據，如引自《詩經》的有：「天生烝民，有物有則」（〈告子上〉），「畏天之威，于時保之」（〈梁惠王下〉），「永言配命，自求多福」（〈離婁上〉）；引自《書經》的有：「天降下民，作之君，作之師」（〈梁惠王下〉），「天作孽，猶可違；自作孽，不可活」（〈公孫丑上〉），「天視自我民視，天聽自我民聽」（〈萬章上〉）。這些引文所蘊涵的思想與傳統的天的性格是完全相符的。

其次，孟子把孔子對天的個人認知，擴展爲人類的共同處境，藉以肯定天概念的普遍意義。「聖人之於天道」乃是性分之內的事（〈盡心下〉），而聖人又是先得「人心之所同然」（〈告子上〉），因此位居中介，連結天與人。這個中介者負有雙重任務：一方面要以言論喚醒後知後覺者，另一方面要以行爲做爲萬民的楷模。所謂「喚醒」，就是助人自覺其天賦之性原可以成就完善人格。所謂「楷模」，則是以聖人爲「天吏」（〈公孫丑上〉），啓導人類自明其性，自成其德。於是，人類世界的獨立性提高了，個人的主體性與責任性也得到肯定。

然後，孟子將天命或命運連結於人之道，藉以深化天概念的作用。如果以「天命」爲天對人間行事之回應與判斷，則它明顯開展爲命運與使命兩方面。就命運而言，「君子創業垂統，爲可繼也；若夫成功，則天也」（〈梁惠王上〉），「吾之不遇魯侯，天也」（〈梁惠王下〉），「莫之爲而爲者，天也；莫之致而致者，命也」（〈萬章上〉）。由此可見天與命運有密切的因果關係，那麼人對命運應該抱著什麼態度呢？孟子說：「孔子進以禮，退以義；得之不得，曰有命」（〈萬章上〉），因此人的自由意志與道德責任依然是可以而且必須堅持的。

就使命而言，則「君子行法以俟命而已矣」（〈盡心下〉），「修身以俟之，所以立命也」（〈盡心上〉），「盡其道而死者，正命也」（〈盡心上〉）。所謂「行法」、「修身」、「盡道」，都是由於先肯定了人性向善，所以可以爲善而努力，甚至犧牲生命。孟子說：「生，亦我所欲也；義，亦我所欲也。二者不可得兼，舍生而取義也」（〈告子上〉）。這裡的「舍生」不是白白犧牲，而是爲了「取義」，完成了生命向善的原始要求。人的道德使命即在於此。孟子的思想顯示磅礴的浩然之氣，對於人格尊嚴的推崇以及對於道德實踐的期許，都足以令人敬仰，成爲後世的典範。這些都必須推源於他對超自然界所持的信念。

至於荀子，則他傾向於混同超自然界與自然界，表現兩點特色：一、天地合稱，指的是自然世界，它必須遵循本身的法則，因而與人類的道德性格毫無關係；二、一切文化上的建樹，像政治制度與倫理規範，都是純屬人類自己的事。因此，荀子極力辨明天人之間的分際，他說：「故君子敬其在己者，而不慕其在天者」（〈天論〉）。他的思想甚至顯示爲一種自然主義或科學主義的立場，如：「大天而思之，孰與物畜而制之！從天而頌之，孰與制天命而用之！」（〈天論〉）。

不過，儒家的超自然觀總是不違背以下三點：一、天，不論被理解爲上帝或自然界，本身即是一個生命機體，並且是一切存在物的最終本源。二、人類在盡力滿全自己的本性時，有能力而且被要求使自己達到完美的境界。中國歷代的政權大都維持三祭的傳統，就是祭天地、祭祖先、祭聖賢。祭天地，因爲天地是萬物的大本；祭祖先，因爲祖先是人類生命的根源；祭聖賢，因爲聖賢是完美的人格典型，也是人類的共同楷模。這種傳統顯然是儒家思想影響下的表現。

(三)自然觀

儒家對自然界的看法是什麼?這個問題的答案對於今日重視環保生態的我們來說，是十分有意義的。首先，所謂的「自然界」，是指天地以及其間的一切，凡是不由人所創造發明者皆屬之。我們先扼要說明儒家的基本立場。儒家認爲自然界是(一)與人具有某種關係的，(二)對人產生某種功能的，以及(三)給人展示某種象徵的。這三項原則，即「關係性、功能性、象徵性」，使儒家較少由獨立的、實體的、客觀的角度去觀察與研究自然界。換言之，儒家以人文教化爲主的思想，在此亦清楚表現出來。

首先，以孔子而言，他對於自然界的現象無暇深入探討，譬如在颳風打雷時，我們看到：孔子「迅雷風烈必變」(〈鄉黨〉)。《禮記・玉藻》也有類似的說法:「君子……若有疾風、迅雷、甚雨,則必變,雖夜必興,衣服冠而作。」朱子註解時,說孔子是因為「敬天之怒」。這固然可以理解,但是仍然使人懷疑孔子也許限於研究工具,而未能客觀進行探討此一現象。

孔子對自然界的興趣,表現在他之學詩,目的之一是為了「多識於鳥獸草木之名」(〈陽貨〉)。從書本上學習認識自然,使他的學生可以說「譬諸草木,區以別矣」(〈子張〉),看到草木稍加分類而已。至於孔子的態度,則是「鳥獸不可與同群」(〈微子〉)。臧武仲為大龜建屋,即使是為了將來占卜,孔子也責其為不智。人的世界以及人對人群社會的責任才是最重要的。

以人的世界為中心,自然界就可以表現其象徵的作用了。不過,為使象徵有效,孔子必須觀察自然界認識其特性,再針對自己內心產生的感受或感嘆,作適當的比喻。我們不難看出:孔子的感受極少是審美的欣賞,而大多是倫理的暗示,其中也有一些只是中性的比擬。試舉數例以明:以天象與地理而言,有「為政以德,譬如北辰,居其所而眾星共之」(〈為政〉),「不義而富且貴,於我如浮雲」(〈述而〉),「智者樂水,仁者樂山」(〈雍也〉),「譬如為山,未成一簣,止,吾止也」(〈子罕〉),「民之於仁也,甚於水火」(〈衛靈公〉),以及孔子在川上曰:「逝者如斯夫,不舍晝夜」(〈子罕〉)。以動物而言,如「犁牛之子騂且角,雖欲勿用,山川其舍諸?」(〈雍也〉)「驥不稱其力,稱其德也」(〈憲問〉),「暴虎馮河,死而無悔者,吾不與也」(〈述而〉),「鳳鳥不至,河不出圖,吾已矣夫」(〈子罕〉),以植物而言,如「歲寒,然後知松柏之後彫也」(〈子罕〉),「苗而不秀者有矣夫，秀而不實者有矣夫」（〈子罕〉），以及孔子自喻：「吾豈匏瓜也哉，焉能繫而不食？」（〈陽貨〉）。

孔子對自然界的知識，當然遠遠超過上面引用的幾句話裡所提及的事物。値得注意的是：這種知識主要是用來作爲比喻及象徵，目的在凸顯人間位序的實現及應行之道。以這種態度去看待自然界，是與近代西方科學所標榜的客觀研究精神，不大相同的。

不過，孔子倒不至於「以人非物」，他仍然承認自然界的客觀意義。這裡有兩種理解途徑。一是天地非常寬廣，人總可以在人文理想受困時，遁入自然界或比較原始樸實的社會中，休養生息。如「道不行，乘桴浮於海」（〈公冶長〉），孔子想遷到九夷之地，認爲「君子居之，何陋之有」（〈子罕〉），只要言行合宜，「雖蠻貊之邦行矣」（〈衛靈公〉）。他也同意「賢者辟世，其次辟地」（〈憲問〉）這種作法。另一種途徑較爲積極，就是「吾與點也」的一段描述。由於曾點的願望是「暮春者，春服既成，冠者五六人，童子六七人，浴乎沂，風乎舞雩，詠而歸」（〈先進〉），其中配合了時間（暮春），空間（地近沂水），任意幾位老少朋友（人和），一同沐浴於大自然的美景中，頗能展現隨物而化，陶然忘機，悠游自得，天人同樂之意境。我們有理由相信：孔子是希望與大自然爲友的，只是礙於身處亂世，眼見禮壞樂崩，斯文危在旦夕，人倫難以圓成，才不得不明辨本末終始，堅定地掌握人文主義的旗幟，以求實現「老者安之，朋友信之，少者懷之」（〈公冶長〉）的偉大理想。

孟子對自然界的看法，除了與孔子類似的幾點之外，另有二點特色。先談類似之處，孟子也習於以自然界爲比喻，像「牛山之木」（〈告子上〉），「魚與熊掌」（〈告子上〉），「揠苗助長」（〈公孫丑上〉），都是例證。他還引申孔子稱讚水的說法，其原因在其有源有本，「盈科而後進」（〈離婁下〉）。除了比喻之外，他的特色有二：

一是反省人與自然界的搏鬥過程。先是堯之時代，「水逆行，氾濫於中國，蛇龍居之，民無定所」，這時幸好有禹出來治水。自然災害之後，人謀不臧，商紂時，「棄田以爲園囿，使民不得衣食」，至武王才「驅虎、豹、犀、象而遠之，天下大悅」。繼續出現的亂世，則是人間的禮壞樂崩了，此時「仁義充塞，則率獸食人，人將相食」（〈滕文公下〉）。孟子對這段歷史念念不忘，自然不容易以同情的眼光看待自然界，更不必談純粹的欣賞了。他的根本關懷在於人的世界和諧富足。

爲達此一目標，不能不對自然界採取另一比較積極的觀點。此即順物之性，以養人之所需。孟子反對爲了個人利益而「辟草萊，任土地」（〈離婁下〉），卻應該爲了大眾百姓的衣食，而有計畫的使用自然界。他說，仁政「必自經界始」（〈滕文公下〉），使百姓有田有產，然後秉持下述原則：「不違農時，穀不可勝食也；數罟不入洿池，魚　不可勝食也；斧斤以時入山林，材木不可勝用也。……養生喪死無憾，王道之始也。」（〈梁惠王下〉）

這段話相當清楚地道出儒家對人與自然界關係的主要觀點。如果人類不能安居樂業，自然界再眞再美，又有誰去研究與欣賞呢？人間的善，才是人文化成的最後意義所在。我們也許會認爲這是過度的「以人爲中心」的哲學，但是人若不以人爲中心，要以什麼爲中心呢？今日所謂的生態污染問題，在古代是難以想像的。事實上，儒家思想並不違背今日強調的環境保護運動，因爲本文所引之「時」字，正是尊重自然界本身運作規律而有的想法。

荀子與孟子在人性論與天論方面，有許多概念上及思想上的對峙，但是對於大自然的態度，則大體採取類似的立場，要以滿足人的需要爲原則。他對於「天、時、物」發表一篇明確的宣言，主張：對天，要「物畜而制之，制天命而用之」；對時，要「隨時而使之」；對物，要「騁能而化之，理物而勿失之，有物之所以成」（〈天論〉）。

不僅如此，人還應該發揮主動精神，「天地生君子，君子理天地」（〈王制〉），如何理呢？要靠制「禮」，禮若建構完成，則效應可觀：「天地以合，日月以明，四時以序，星辰以行，江河以流，萬物以昌」（〈禮論〉）。由此一立場過渡到《中庸》的「參贊天地化育」，與《易經》的「與天地合其德」，實是合乎邏輯的發展結果。儒家對自然界的整體態度，仍應肯定爲「相與俱化」的。

秦王於西元前二二一年統一中國，結束了分裂爭戰的局面，自稱始皇帝，以爲天下自此萬世太平。他要進一步統一思想，臣服人心，於是禁止民間自由講學，以吏爲師，甚至採用高壓手段，「焚書坑儒」。秦國以法家的策略得到天下，就以爲可以用法家來治理天下，結果形成抗暴風潮，到西元前二〇六年就亡國了。

由於秦代國祚只有十五年，在學術思想上又是破壞多於建設，所以往往與繼起的漢代並稱「秦漢時代的哲學」，甚至根本就被忽略，直接由先秦跳到兩漢了。漢代開國時，鑑於秦代嚴刑峻法的教訓，就改用清靜無爲的政策，希望百姓可以休養生息，國家可以長治久安。到了漢武帝時，國富民強，又想有一番作爲，於是採用董仲舒「罷黜百家，獨尊儒術」的計畫，從政治、社會、經濟、教育各方面積極改革。但是，當時所謂的「儒術」，已經不是儒家的本來面貌，而是混雜了陰陽五行的思想。另外有人或者調和先秦各派學說，或者專務訓詁考據，而較少從事原創性的思考。因此，漢朝雖長，值得一談的思想家並不多，縱使有，也大都是因襲或變造前人思想的。我們在此簡單介紹董仲舒、淮南子、揚雄、王充四人。

董仲舒主張「天人相應」，要把天象、地理、人事之間的關係建立起來。譬如國家失政，則將出現天災，表示警告。天象的變化又以陰陽爲主，構成春夏秋冬四時，人間的一般行動應該與此配合，甚至禮樂政刑也以此爲施行的依據。這種思想顯然與儒家重視人性的理論大不相同，就是忽略了人在道德上的自覺能力與人格尊嚴，同時它還引發了各種迷信與災異的僞學，惑亂人心，使人只知求福避禍，而不知奮發修德。尤有甚者，董仲舒的政治思想亦助長了君主專制。

淮南子的思想頗爲雜亂，表面上以道家爲主，事實上兼取各種思想，無法統合。譬如道家原本主張戡破執著，求得精神主體的自由。淮南子則強調保身貴我，要人把自己的軀體當作最該珍惜的東西，同時對於精神之理解，又接近神仙之說，難以構成一個體系。

揚雄介於儒道之間，表現半儒半道的色彩，一方面重視修德立身，發揮仁政的思想，另一方面又欣賞玄理玄談，影響後來魏晉名士的荒誕生活。他還進而附會周易象數之學，引申吉凶禍福的對應觀念。

王充富於批判精神，不僅反對傳統虛妄理論，對於漢代流行的讖緯術數、陰陽五行、天人相應等等學說，亦分別加以駁斥。不過，他雖談老莊哲理，卻只就常識去了解，對於精神主體的重要並無體認。他也談孟荀的心性問題，卻只就現實去分辨，無法爲人的道德價值奠下基礎。

以上是漢代思想的四位代表人物。接下來的魏晉時代則盛行新道家的玄理之學。到了隋唐，由印度傳入的佛教大盛，逐漸融入中國思想的主流。這段時期，儒家仍然主導著政治結構、教育設計、家庭組織等等有形的力量，只是在思想上除了配合時代的需要加以應用之外，缺乏新穎的創見。這種情形直至宋代，佛學與道家的挑戰日益嚴重，乃有新儒家的興起與回應。

三、宋明以來的儒家

漢代以後，儒家表面上仍是政治與教育的主導力量，而事實上眞正流行朝野並產生重大影響的，則是新道家與佛教思想，如一般習稱的魏晉玄學與隋唐佛學。唐代已有少數學者，如韓愈、李翺，開始復振儒家，至宋代而新儒家始興。新儒家深深感受到道佛二教的實際影響固然來自民間信仰，但是它們的概念思辨與理論架構自有一套嚴密體系，可以貫通人生與宇宙的整體，則更是値得重視的特色。新儒家乃重新詮釋儒家的經典，並且參酌道佛二家的優點，希圖可以由分庭抗禮，進而維持儒家思想的卓越地位10。

就思想的演變來說，經過數百年的發展，儒家到了宋明，派別繁多，無法用人性論、自然觀與超自然觀三個焦點來統攝。最簡明的辦法是按照時代順序，區別其中三派先後相承而相異的主流，就是：第一，周敦頤與張載；第二，二程與朱子；第三，陸象山與王陽明。這三派的共同目標皆在恢復孔孟眞傳，肯定人性可以趨於完美。不過，在建構理論的過程中，難免爲了對抗道佛，而援引其宇宙論與形上學，致使儒家原貌反而陷於含混不清。就在此一過程中，我們也看到宋明新儒家之所以爲「新」的地方。

(一)

就第一派而言，首先是周敦頤(一〇一七—一〇七三)。他自道教學者得到「太極圖說」，即想藉此說明宇宙發生的過程。這一過程是道家之先天向下流衍的，而非儒家之向前創造開展的。因此，雖然他肯定萬物之中，人是「得其秀而最靈」，但是照樣必須「主靜，立人極」11，缺乏健行不息的生命氣魄。如此，人與其他萬物之間的區分，似乎是程度問題，然後一切價值如眞、善、美的建立，都沒有必

10　勞思光，《中國哲學史》第三卷上冊(香港：友聯，一九八〇年起再版)，頁五一—五二。
11　《周濂溪集》，卷一。

要的理由了。幸好，周敦頤另有一本《通書》，特別標舉「誠」字，以上承《中庸》思想。「誠」是本然之理，所謂「五常之本，百行之源」[12]。人若能誠，則不會偏離原始的理想狀態。但是像「誠無爲」[13]一語，則顯然受道家老子影響。至於人的心性問題，則所論限於人的才性或氣質之性，而非人的主體性或自覺性。不過，由於周子的《太極圖說》已經歸於「人極」的建立，《通書》則由天道說至道德心，再由推擴而言「禮樂」，此一精神方向仍充滿化成天下的要求。因此大體上仍是儒家思想。

其次，張載(一〇二〇—一〇七七)立志排除佛道而堅守儒家之基本立場。他在《西銘》肯定天地萬物與人同爲一體，其文甚簡要，開始即說：

> 乾稱父，坤稱母；予茲藐焉，乃混然中處。天地之塞吾其體，天地之帥吾其性。民吾同胞，物吾與也[14]。

這種態度由於強調萬物一體，而可以推擴出普遍的同情與關懷，並且引發一種「存，吾順事；歿，吾寧也」的豁達人生觀。張子於此區分人之二種本性，是即「氣質之性」與「天地之性」。人既是有形而具

---

12 周濂溪，《通書》，誠下第二。
13 周濂溪，《通書》，誠幾德第三。
14 《張子全書》，卷一，西銘。

體的存在，則必有其具體化的條件，此稱爲「氣質」，其性爲「氣質之性」。人如果能夠不受氣質之性的限制而歸本於天道，則是盡性而成全天地之性。他以這種方式說明人的特色，以及道德價值安立之途徑。爲了能夠成全天地之性，同時要維持「公心」，才可見到天理並且在行爲中實現天理。張子由此開出爾後以「本性」的觀念作爲價值判斷的基礎之思路。但是，在強調虛靜方面，如「天地以虛爲德」[15]，「至成德，亦只是靜」[16]，則張子仍受道家與周濂溪的影響，與原始儒家的人文主義尚有一段距離。張子的儒者氣象在以下一段話表現得最明白：「爲天地立心，為生民立命，爲往聖繼絕學，爲萬世開太平。」這段話可以代表中國知識分子的共同理想。

(二)

程顥(一〇三二—一〇八五)雖然繼續強調宇宙與人類的統合基礎，但是已經注意人的本性與價值系統的內在關係。首先，他認爲「道即性」[17]，又說「性即氣，氣即性」[18]，都是要打通人與萬物的隔

15 《張子全書》，卷十二，語錄。
16 《張子全書》，卷七，理窟，學大原下。
17 《河南程氏遺書》，第一。
18 同上。

閡。由此才可肯定「仁者，渾然與物同體」[19]以及「仁者以天地萬物爲一體」[20]。但是我們不能由此論斷程顥所持者爲道家莊子式的天人合一。關鍵即在「仁」之一字。因此，他主張「學者須先識仁」[21]，所謂「仁」是指「義、禮、智、信」，皆源自於「心」之本然面貌。唯有心可識得此理，再加以存養充擴；這裡需要的修行工夫有兩面：一是「不須防檢，不須窮索」[22]，順其自然即可展示內心之指示；二是「學要在敬也，誠也；中間便有個仁」[23]，需要保持誠敬的態度，否則仁心容易陷溺。程顥在《定性書》中，特別揭示聖人境界，做爲凡民教化之榜樣。其意在於：一，所謂「定」是指合於理而言，因此動靜皆可定，不必區分性之內外或心之內外。這裡已經預示了程頤「性即理」的觀點。二，聖人之心爲「廓然而大公，物來而順應」，大公之心即是合於理，因此可以順應萬物，而萬物之理與吾心之理亦可相通[24]。程顥說：「聖人致公心，盡天地萬物之理，各當其分」[25]。於是人間價值之基礎在於能否「循理」、「盡理」，其先決條件則是人心是否公而無私。程顥並不重視思想系統之整全，因此不曾明白區

19 《河南程氏遺書》，第二上。
20 同上，第二上。
21 同上，第二上。
22 同上，第二上。
23 同上，第十四。
24 同上，第十四，參考勞思光，《中國哲學史》第三卷上，頁二三五—二三六。
25 同上。

分心與性；但是在爲人氣象上，則可說是「人與宇宙同體，故廣大生命旁通統貫，由是領悟人心之靈無乎不在，而性情亦因之隨宜發展，祥和浹洽，適應萬變而不窮。」[26]

程頤(一〇三三—一一〇七)的論學重點進一步放在人的本性上面。他明白揭示「性即理」[27]，因此從堯舜到一般百姓，都有同樣的性與理，也都「無不善」。所有價值上的善惡是非，來自人的「才」[28]。所謂「才」，是指心受氣質所決定的特性。他說：「性出於天，才出於氣。氣清則才清，氣濁則才濁。……才則有善與不善，性則無不善」[29]。由於才之不同，人有循理之難易，這裡雖有一些命定論的意味，但是程頤肯定教化修養絕對可能，只有「自暴自棄」的人例外[30]。於是人之成德有普遍的可能性。關鍵在於「工夫」。他的工夫理論是：「涵養須用敬，進學則在致知」[31]。這兩方面如何配合？一方面，「敬」是爲了培養省察自己的意志，使此心循理，可以走上成德成聖的方向，這是對內的工夫；另一方面，「致知」則是預設了「天下萬物皆可以理照。有物須有則，一物須有一理。」[32] 因此同時

---

26 方東美，《中國哲學之精神及其發展》(英文本)(台北：聯經，一九八〇)，頁五四四。
27 《河南程氏遺書》，第二十二上。
28 同上，第十八。
29 同上，第十九。
30 同上，第二十二上。
31 同上，第十八。
32 同上，第十八。

要以「格物窮理」進行致知的工作，然後才可以討論實踐的行動。程頤這種價值理論固然肯定人人可以成聖，合乎孔孟原旨，但是他把善惡之源界定在人之與生具有的才與氣上，由此必須靠著致知與涵養的工夫來超克，才能區分事實與價值之差異。並且，既然訴諸致知，則亦限制了某些無法或無能致知的人，同時還涉及致知之眞僞標準的問題，這些都是必須再作說明的。

朱熹(一一三〇—一二〇〇)綜合以上幾位學者的思想，提出較爲完整的系統。首先，他以「理」與「氣」二概念來說明萬物之構成。他說「天地之間，有理有氣。……是以人物之生，必稟此理，然後有性；必稟此氣，然後有形」[33]。即使是有形之天地亦不例外，「若無此理，便亦無天地」[34]。存在之「物」如此，人爲之「事」亦然，「做出那事，便是這裡有那理」[35]。理與氣在實際事物上，雖不可分；但是在存有秩序上，則不能不分，亦即理不依氣而有。「雖未有物，而已有物之理」[36]；反之，物與氣，則必依「理」而有。

朱子異於二程之處，在於明確劃分二種意義的「理」，一爲理之共同意義，可以「太極」名之，如

33 《朱子文集》，卷五十八，答黃道夫書。
34 《朱子語類》，卷一。
35 同上，卷一〇一。
36 《朱子文集》，卷四十六，答劉淑文。

謂「總天地萬物之理，便是太極」[37]；二為與具體存在的事物之「氣」相對應的「理」，有如與「質料」相對應的「形式」，是構成一物之理。所謂「性即理」，這個「理」是指個別事物之理。但是個別事物之理，也反映那總攝萬理之「太極」。於是工夫論自然走向「居敬而窮理」。就「窮理」而言，「必使學者即凡天下之物，莫不因其已知之理而益窮之，以求至乎其極。至於用力之久，而一旦豁然貫通焉，則眾物之表裡精粗無不到，而吾心之全體大用無不明矣。」[38]

這種向外向內雙管齊下的工夫，與道德上之善惡行為也有關係。所謂善，是指理之實現，惡即是指理之未能實現了。因此，人一方面須力求知「理」，一方面須以理統氣，勿使作梗。但是「心」與理及氣二者之間的關係，則未得深刻解釋，終究是一遺憾。

(三)　宋明新儒學由強調宇宙萬有的結構，逐漸移至說明人的本性內涵，以及人與天地之間的關係，最後則轉而重視人的「心性」問題，企圖對於價值來源作一徹底解釋。這一趨勢的最後代表是陸象山與王陽明。

37　《朱子語錄》，卷九十回。
38　朱熹，《大學章句》，格物補傳。

陸象山（一一三九—一一九二）志在直承孟子之學。首先，他打通人與宇宙之分際，所謂「宇宙內事乃己分內事，己分內事乃宇宙內事」[39]；其次，他肯定人我之同，千百世之上與之下的聖人，皆是心同理同的[40]。「心即理」正是他的立說之本。「心」是指價值自覺的本心而言，這是自古以來人人都相同的，「心只是一個心」[41]，但是它的內涵卻不是自然可盡，而是需要人的自覺，「心之體甚大。若能盡我之心，便與天同。」[42]盡心即可知理，「然知盡天下事，只是此理」[43]，不待外求。這是以主體性爲依歸。因此，一切人間困難與過失，都來自「失其本心」，由此造成主體性無法開顯，價值意識與判斷則陷於混亂。因此，象山的工夫論十分簡明切要，他主張「先立乎其大者」[44]，亦即立志把握本心，以求「知本」，「學苟知本，六經皆我註腳」[45]。只要確信一切價值之建立皆以主體性爲基礎，則人的世界自然顯現宏偉的氣象。孟子所謂「人人有貴於己者」[46]，至此得到發揚，象山因此認爲成德的過程在

---

39 《宋史》，卷四三四，儒林列傳。
40 同上。
41 《象山全集》，卷三十五。
42 同上。
43 同上。
44 同上，卷三十四。
45 同上。
46 《孟子・告子上》。

於「復」，只要復其本心，則依心即理的主張，亦可肯定其爲「復善」[47]。因此，象山心學對於一般人是否能格物窮理，是否在事上求知，並不重視。至於把「知」界說爲「良知」，再進而闡明「知行合一」之旨的，則是王陽明。

王陽明(一四七二—一五二八)的豐富人生經驗以及勇於求道過程，是中國哲學家中少見的。一般有所謂五溺三變之說。五溺即指先後溺於任俠、騎射、辭章、神仙與佛氏；三變則指他教人的三階段主題：知行合一、靜坐、致良知。他在十二歲時即悟到「讀書學聖賢」爲第一等事，後來終於能走回儒家的正途。面對宋朝留下來的儒家學說時，他認爲必須統合事實與價值，求得一致的根源，否則心外求理，終是徒耗精神。首先，肯定心即理，每個人都有完完全全的心，心中皆有完完全全的理。「心即理也，天下又有心外之事，心外之理乎？」[48]他的意思是以心爲自覺的意志能力，可以發出「應不應該」的要求，若無此一要求，則事與理皆無法開顯，也就隨之沒有什麼價值分辨的問題了。人的才氣可以不同，但成全此心之能力皆同，由此而說人皆可以成聖，是爲「成色分兩說」之所本。在工夫方面，陽明主張「知行合一」。他所說的「知」是指價值的自覺與判斷，並非徒重記誦的學問；他所說的「行」是指意念由發動至完成的整個行爲。而「合一」則是取其根源義，而不必計較其實際上是否有

47 《象山全集》，卷三十四。

48 《王文成公全書》，卷一，傳習錄上。

效。由此可謂「知是行的主意，行是知的功夫；知是行之始，行是知之成。」[49] 接著，陽明後期最強調的是「致良知」。他說：「吾平生講學，只是致良知三字」[50]。良知在內，但可應外；良知即心之本然狀態，可以在清明之時照見萬物之理，因此勤於致其良知，則可以一統多，以簡御繁。此中過程即爲存天理去人欲，嚴格區分善惡，並力求行善避惡。然而陽明把一切行爲的關鍵放在「心」上講，容易導致後學專求本心而忽略實際工夫，也是一項缺憾。

(四)

以上所述爲宋朝以來新儒家的主要兩派，以今日名詞稱之，可以分別說是唯實主義與唯心主義。陽明以後，新儒家繼續發展，但是趨勢又再創新，由王廷相開始，有唯氣論與唯物論的主張，一反前面兩派，大體可以名爲自然主義。到了明末清初，自然主義大行其道，又再分爲三支：一是王夫之的功能派自然主義，顏元、李塨之實用派自然主義，及戴震之物理派自然主義[51]。這三支自然主義皆力求哲學家由天上回到人間，設法藉具體的人間活動來滿足人性的要求。我們發現其共同特色爲「經世致用」。相對於宋明新儒家，清代以後的儒家較爲偏重「實學」，對於純屬宇宙論或心性論的探討，不再保持高度

49 同上。
50 《王文成公全書》，卷二十六，續編一，寄王憲男手墨二卷。
51 方東美，《中國哲學之精神及其發展》（英文本），頁五四五。

興趣。及至清末，世變方殷，中國陷入亡國滅種的困境，儒家思想面臨新的挑戰。

綜觀以上所論，我們可以說，宋明以來的新儒家大體仍然延續早期儒家的精神，就是：(一)強調立身處世的原則是「修身、齊家、治國、平天下」，從個人道德修行到立人達人，造就社會國家的和諧進步。(二)肯定教育的重要，亦即相信人人皆可經由教育，變化氣質，發揚向善本性，成就理想人格，是即周濂溪所云：「士希賢，賢希聖，聖希天」。(三)辨明佛學立場之差異時，程頤的「吾儒本天，釋氏本心」一語可爲代表，由此可知儒家即使暢言心性，也是爲了由心性通向天道，預設了開放的人文主義，要求達到「天人合德」；相形之下，佛學的心性論則有局限在主體意識之內的趨向，顯示爲封閉的人文主義。因此，即使雙方同時推崇人的主體性，立場亦有大異。(四)在工夫論方面，則新儒家頗受佛道二派之影響，此由前期主「靜」已見端倪，經由中期之「敬」，到陽明喜歡「靜坐」，皆可爲證，但是工夫所要達成的目標則不必相同。儒家永遠不離人群，總要在獨善其身之時，兼善天下，代天行教，顯示一種健行不已的生命動力與博愛同情的仁者襟懷。

四、儒家思想在今日

清朝末季，中國陷於內憂外患的困境，無法繼續閉關自守，必須立即革新自救。當時無論主張變法圖強或主張保皇固本的知識分子，大體都接受「中體西用」的原則，一方面要維持傳統的政治格局，一方面要「師夷之長技以制夷」。但是問題不在於這項原則是否不切實際，而在於當時所知之「中」，往往只是制度與結構上的中國傳統，未能深入辨明此一傳統之思想與理念；而當時所知之「西」，亦只限於科技與經濟上的具體成就，或者社會與政治上的表面形態。中西思想之衝擊與互動是需要時間與代價的。就在此一過程中，我們對中國原有的儒家思想也可以作深一層的反省。

首先，儒家思想所依附的傳統架構，從政治、社會、經濟、教育，到實際的家庭生活與人際關係，現在逐一瓦解，不再有效的運作。據此而說儒家陷於脫力狀態，甚至淪爲遊魂，也非過當之詞。在清末危急存亡之際，孫中山先生提出三民主義，聯合志同道合之士，革命成功，創立民主共和國。孫先生說，三民主義，「有因襲吾國固有之思想者，有規撫歐美之學說事蹟者，有吾所獨見而創獲者。」此中詳細分辨尚須深入探討，至少可以肯定的是：以倫理、民主、科學，分別表徵民族主義、民權主義、民生主義之本質所在，則其中「倫理」因素當與儒家思想直接有關。

相對於此，民國八年的五四運動特別標舉「民主」與「科學」，固然反映了知識分子力圖革新的心願，但是其疏忽「倫理」因素，則顯然可見。這與五四運動以「打倒孔家店」爲其口號之一，可謂互爲表裡。既然要打倒儒家所代表的傳統，自然不宜再強調什麼「倫理」了。當時談儒家的人竟至「羞澀不能出口」。斬斷傳統臍帶，並未使中國立即富強。相反的，世變方殷，長期戰亂的結果，是由中國共產黨統治了大陸。一九六〇年代開始的「文化大革命」對中國傳統是一大浩劫。

相對於此，在台灣的中華民國，從事文化復興運動，在教育上仍以儒家思想爲主導，在政治、經濟、社會方面則走上民主與開放的道路。同時，海外也有香港、新加坡與北美、歐洲地區的華人繼續研究及發揚儒家思想。儒家思想的時代課題於是轉而成爲：儒家能否與民主及科學相輔並成？或者，更直接的說法是：儒家對於現代化有無助益？

現代化首先出於西方，表面上它是科技發展、工業革命、商業擴充的綜合結果，但是背後也有重要的文化因素，此即社會學家韋伯(Max Weber, 1864-1920)所提的觀點：西方人能夠由經濟發展的推動，順利跨入現代化的領域，其潛在的主因是由於接受了一套宗教上與倫理上的信念。韋伯認爲：這套信念是由基督宗教裡的更正宗，尤其是喀爾文教派(Calvinsm)所提供，其作用在於鼓勵人一方面勤奮努力，累積現世財富，另一方面要善度儉樸節制的生活。合而觀之，「入世」與「禁欲」原是兩種相反的人生態度，現在由於相合而產生無窮的張力與動力，使人能以出世的精神作入世的工作，並導致現代化的成功。

我們可以參考韋伯的觀點，並作進一步的反省。自一九七〇年代以來，東亞地區包括日本、韓國、香港、新加坡與台灣，在經濟上表現傑出，形成社會學家所謂的「現代化的第二個例子」。令人感到興趣的是：東亞現代化背後是否也潛藏了文化因素？如果是，那個因素是什麼？經過十餘年的研究與討論，學者們大都把目光轉向儒家。這個問題固然尙無定論，不過我們可以肯定：儒家縱使不能積極促成現代化，至少也不會阻礙現代化的腳步。儒家的倫理觀使人克己修身、勤奮努力、珍惜家庭、重視教育等，這些特質對於主導現代化的經濟進展，顯然都是有利的條件。

當然，現代化固然可以顯示儒家思想的生命力，這種生命力源自它對人性本質之洞識，但是同時我們並未忽略現代化本身由於追求經濟效益而引發的種種後遺症，如功利思想、個人主義、享樂主義，以及人際關係的疏離、人生意義的失落等。此時應該省思的是：儒家思想能否繼續發揮優良的作用，帶領我們走出現代化的困境？

以這個問題爲背景，今日的儒家學者責任重大。我們可以對此提出簡單的觀察。首先，今日儒家以其關心之焦點，可以分爲三派：一是回歸傳統，堅持儒家仍是中國人的基本理念；二是會通中西，希望由儒家與西方思潮之互動，找出新的解釋途徑；三是限制儒家在學院中成爲一門學術研究的題材，而不再奢求它對人群之實際影響。其次，在具體的見解方面，則以上三派各有代表，仍在發展各自的學說，向前探尋出路。就中國人而言，不論在大陸、台灣，或在海外，儒家思想早已內化於家庭組織與人生態度之中，將來也會繼續產生作用。我們正應該把握時機，重新認識及詮釋儒家思想，使它在今日復振生機，爲全體中國人提供心靈上、思想上、生活上的安身立命之道。

第二部

本論

第二章

儒家的邏輯與認識方法

儒家是由孔子所創始，並由孟子與荀子所繼承發展的一派學說。這派學說的中心思想，是在面臨傳統的封建社會禮壞樂崩的大危機中，設法扭轉乾坤，重新安立人類社會的基礎，就是找出禮樂在人性方面的根據，以便再度發揮其維繫人倫的功能。

儒家這三位代表雖然未能得君行道，親自見證其學說的有效性，但是到了漢代初期，儒家卻一躍而爲政治上的主導思想。這是因爲它的溫和改良主義，既能在理想上承先啓後，又保持了學術傳統，正好對應於當時的社會與教育方面的需要。隨著儒家之獨受推崇，其邏輯與認識方法也產生深遠的影響，對於爾後中國人之一般心態頗有形塑的作用。

我國古代並非沒有專門研究思想方法的學派，如名家與墨家都有傑出的成績，但是他們的成績未能累積並發揮光大，尤其未能納入正式的教育系統，因此對於一般國人也就顯得十分隔閡。此中利弊得失不易輕下斷語。我們在此要探討的，毋寧是：儒家的邏輯與認識方法究竟是怎麼回事？它的基本性格又是什麼？爲了辨明這些問題，須由正名主義談起。

一、正名主義

孔子爲了化解天下大亂的局面，不免尋思從前承平時代的穩定基礎，結果發現關鍵在於名實相符，以致人人各安其位，各得其所。名與實之間的關係是辯證的，譬如：概念原是爲了表達對象，亦即有對象(事物)，才產生概念；但是由於對象可能變化，而概念恆定不移，所以概念一旦規定之後，卻可以反過來成爲對象之標準。落在人類社會的層面來看，像「君、臣、父、子」這些概念，本身都有一理想內容，而個別的君、臣、父、子卻未必可以符合此一理想。那麼，是誰規定了那些理想內容呢？答案是古代德治社會長期生活的經驗所塑造成的，亦即經由實際的人格表現，形成典範之後，使這些「名」得到標準的內容。然後，後代的人只要做到「名實相符」，就可以恢復從前的穩定和諧狀態。孔子這種理解是否有根據呢？

《書經・舜典》裡有「取類正名」的概念，《禮記・祭法》有：「黃帝正名百物，以明民共財。」《管子》有「正名治國」的思想，進而指出：

修名而篤實，按實而定名，名實相生，反相爲情；名實當則治，不當則亂。名生於實，實生於德，德生於理，理生於知，知生於當。（〈九守〉）

有名則治，無名則亂；治者以其名，……名正則治，名倚則亂，無名則死；故先王貴名。（〈樞言〉）

這是正名主義的思想淵源，孔子顯然充分肯定其意義，想要由「正名」走上「正政」的大道。譬如，齊景公曾經問政於孔子，孔子對曰：「君君、臣臣、父父、子子。」公曰：「善哉！信如君不君，臣不臣，父不父，子不子，雖有粟，吾得而食諸？」（〈論語・顏淵〉）如果君、臣、父、子都能按其名分，盡其職責，也就是都能「正名」，那麼政治問題根本不會出現了。

孔子回答子路問政，何者優先時，所說的一段話最爲清楚：

名不正則言不順，言不順則事不成，事不成則禮樂不興，禮樂不興則刑罰不中，刑罰不中則民無所措其手足。故君子名之必可言也，言之必可行也。君子於其言，無所苟而已矣。（〈子路〉）

這段話既指出正名與正政的關係，也強調了言與行的關係。值得我們注意的，有以下兩點：

㈠以名爲「概念」，並以言爲「判斷」，那麼正名是指「使思維的概念清楚而準確」，順言是指「使概念所構成的判斷，合理而可行」。然後接下去就是成事、興禮樂、中刑罰、民措手足。這些是要使人人歸於「善」。孔子的推論雖然採用三段論式一以貫之，但是內涵卻由事實界定跨入價值判斷[1]。這其間如何聯繫？

㈡孔子的正名主義恰好包括上述的兩方面，就是「正形名」的名實概念，與「正名分」的倫理規範意義。「正形名」是對自然、社會及一般事物之客觀認識；「正名分」則涉及政治及倫理方面的實踐法則。前者爲「事實判斷」，要做到立名言、別同異、明是非、辨眞僞等等一般所謂的邏輯內容；後者爲「價值判斷」，要做到定名分、治綱紀、明貴賤、別善惡等等以封建政治倫理爲基礎的內容[2]。這種以一個「正名」觀念來概括雙方面的作法是否合適呢？

爲了答覆上述問題，可以這樣思考：第一，孔子對於邏輯本身，就是純粹關涉思想形式之概念、判斷、推理者，並無特別的興趣。反之，他是以言行並重的方式，把邏輯看成「行動」之前提，爲正確導

---

1 溫公頤，《先秦邏輯史》（上海：人民出版社，一九八三），頁一七七。溫氏說：「上邊的聯鎖推論雖表現爲直言三段論式，但其間並不反映客觀現實的必然聯繫。它所作出的結論上是屬蓋然性的推斷，並不是必然的結論。」本文將設法說明儒家對事實與價值之間的「聯繫」，所持的立場。

2 汪奠基，《中國邏輯思想史》（上海：人民出版社，一九七九），頁一二四。

入行動之條件，因爲是「人」在從事思辨，其目的自然指向「人」的行動。而人的行動又必然涉及道德判斷的問題。

如果要徹底說明儒家這種作法之合適性，就必須轉移焦點，探討其人性論。如果儒家根本上認爲「人性」（事實），是趨向於善（價值）的話，那麼他們自然可以不必說明事實與價值之間的「分離」問題。換言之，由「人性向善」，可以導出「身心合一」與「思想與行動互爲表裡」的論點[3]，再由此使針對「事實」的邏輯，與針對「價值」的倫理規範，兩者可以相應互證。然後，我們可以肯定孔子的正名主義並非一廂情願或不明事理的產物。

二、邏輯

邏輯以討論思維形式爲主，原不涉及思維內容；它主要考慮概念定義是否恰當，判斷是否正確，推理是否有效等。但是這三個步驟無不觸及人的思維與外在現實之間的對應關係。如何看待外在現實（包括自然界與社會事象），就成了關鍵問題。儒家向來不以人心爲空白的鏡子，只能客觀反映外在現實，

3　有關此義，筆者在本書第八章《儒家的充實之美》說得較爲詳盡。

也不以爲人心可以建構一個思維世界，獨立從事分辨眞僞是非的遊戲[4]。

因此，從概念定義開始，孔子就兼顧兩種形式：一是普通的邏輯定義式，二是政治倫理上的名分定義式。

前者種類繁多，譬如：標準的名義定義，如「克己復禮爲仁」（〈顏淵〉）；描寫式定義，如君子是「義以爲質，禮以行之，孫以出之，信以成之」（〈衛靈公〉）；以及比喻式定義，標誌特徵的定義，解釋詞語的定義等[5]。

後者論及名分，就要注意「類別、地位、歷史、時間、權度、數量、等級，及有關人事的種種不同方面」，由此標立出「是非、同異、善惡、貴賤、眞僞以至對錯等有關社會活動的指導意義和作用」[6]。

我們不難發現：前者也是爲後者服務。換言之，孔子並不在意日月星辰、山河大地、草木蟲魚的定義，因爲這些自然界的名稱是約定俗成的，其本質恆定不移；只要人學會就可以指認並加以應用。但是，政治社會上的倫理問題，亦即屬於人際之間的關係問題，就始終在變遷之中，因此必須定立標準，否則無從營謀共同的和諧生活。於是，邏輯的求眞與倫理的求善，指向同一目標。

4　參考本書，頁六五—六七。鏡子的比喻只是強調儒家「事實與價值」不分離對待的認知觀點。

5　溫公頤，頁一八〇。

6　汪奠基，頁一二七。

不僅在界說概念時如此，在從事判斷時亦然。判斷在儒家的術語稱作「言」或「辭」。其特色有二：一是思想判斷必須與「實踐」一致。如前引「言之必可行也」，「先行其言而後從之」（〈爲政〉），「君子欲訥於言而敏於行」（〈里仁〉），「古者言之不出，恥躬之不逮也」（〈里仁〉）。這裡的「言」可以指一般的放言高論，但無疑亦包含在「判斷」之中。

其次，思想判斷的眞僞標準何在？在於孔子所謂的「言中倫，行中慮」（〈微子〉）以及「言忠信，行篤敬」（〈衛靈公〉）。言必須「中倫」與「忠信」，表示判斷之標準不在客觀事實，而在倫理價值上的範疇。但是孔子並未忽略「雅」與「達」，如「子所雅言，詩、書、執禮」（〈述而〉），「辭，達而已矣」（〈衛靈公〉），這是要以適當的方式表達判斷。

至於推理方面，孔子使用演繹法多於歸納法。歸納法在「多學」、「博學」、「每事問」、「無常師」的具體行動中表現出來。其目的則是確立中心思想，再進行演繹。孔子不認爲自己只是「多學而識之」，卻要進一步「一以貫之」（〈衛靈公〉），即是明證；能夠一以貫之，自然可以從事「舉一反三」、「溫故知新」、「聞一知十」這些演繹的工作了。此外，還有比喻法，如「爲政以德，譬如北辰，居其所而眾星共之」（〈爲政〉）；兩端法，兼顧一事之正反兩極，再予以超越立論，如「扣其兩端而竭焉」（〈子罕〉），「我則異於是，無可無不可」（〈微子〉）；觀察法，如「視其所以，觀其所由，察其所安」（〈爲政〉），「父在，觀其志；父沒，觀其行」（〈學而〉）[7]。與這些方法相應的一些推理形式，如定言論式、假言論式、聯鎖推理、兩難論式等，也都不難在《論語》中找到。其目的仍然在聯繫事實與價值，把邏輯與倫理作一種巧妙的配合。

由以上討論可知，儒家自孔子開始，已經可以應用邏輯思維到相當的程度，問題只在他並未刻意發展一套邏輯理論，並且無意從事一種純客觀的邏輯知識的探究。接著，在孟子與荀子的學說中，如何增益孔子的觀念呢？

孟子以「好辯」知名，自然有高度的邏輯方法的自覺及訓練。他的方法，主要仍是演繹法，再配合歸納法與類比法。他在辯論時，則充分應用反詰法與兩難法。「反詰法」是由論敵所承認的原則出發，然後導出錯誤的結論，使論敵放棄原有的主張。如他駁斥告子「生之謂性」的主張時，即採用此法。「兩難法」則是孔子「兩端法」的進一步發展，如陳賈以「周公使管叔監殷，管叔以殷畔」一事，指證周公若非不仁即是不智；孟子卻以家族倫理說明周公「仁勝於智」，而其智力之過可以「過則改之」，由此化解了兩難。

孟子的辯言正辭值得注意。他首先強調，言應該有內容，如「言無實不祥」（〈離婁下〉）。「言」

7　溫公頤，頁一九一—一九八。也有學者研究孔子思想中的辯證法因素，參看方克，《中國辯證法思想史》（北京：人民出版社，一九八五），頁一六二—一六三。

指判斷，必須反映客觀事實，但是更重要的是反映倫理價值方面的眞實情況。其次，這種判斷的準則何在？他既說「言語必信」（〈盡心下〉），又說「言不必信」（〈離婁下〉），因爲準則是「惟義所在」（同上）。然後他要批判不正確的言辭，所謂「知言」是指「詖辭知其所蔽，淫辭知其所陷，邪辭知其所離，遁辭知其所窮」（〈公孫丑上〉）8。

這一切既然歸結到倫理價值，那麼孟子在這方面應該也有獨到的意見。那就是他對「類」的看法，所謂「故凡同類者，舉相似也」，「堯舜與人同耳」（〈離婁下〉），都是要說明人這一類的本質所在。我們必須「知類」，知道自己是有天賦「良知」與「良能」的，然後再「充類」，圓滿實現所有的屬性，如此則自然成爲聖人了9。這種對「人」的定義，在形式上是合宜的，所謂「人之異於禽獸者，幾希」（〈離婁下〉），在內涵上則可以討論，譬如這種「幾希」眞是四端之心嗎？以孟子本身的思想體系而言，他是可以自圓其說的。尤其在談到人性論時，更可見其立場之證據何在。此外，孟子也注意「故」與「法」。「故」是客觀事物形成的原因，這要靠理智去學習。「法」是推理應循的法則，或稱之爲「規矩」，「不以規矩，不能成方圓」（〈離婁上〉），正確思維需要法則。「心之官則思」（〈告子上〉），心一思，即可明其應行之道，循此可以達到聖人之境。邏輯與倫理再度相融無間。

---

8 溫公頤，頁二二九—二三二。

9 同上，頁二一一—二一三。

最後，我們要略談荀子的邏輯觀。荀子關於「名」，有三種說法，一是對客觀存在的事實或事物，進行思維上的聯繫與概括，如「名也者所以期累實也」（〈正名〉），這種「名以指實」，是標準的邏輯用法。二是，名有約定俗成的社會意義，如「名無固實，約之以命實，約定俗成謂之實名」（〈正名〉），這種用法中外皆然，也與前述第一種用法不相違逆。第三種，就是名之倫理意義了。如「刑名從商，爵名從周，文名從禮」（〈正名〉），因為這些名都具有政治社會方面的背景，須以傳統為依據，並表現明白的評價作用。

接著，名的作用亦可大別為三。首先，它使我們認識客觀的事物與現實，可以由此「辨同異」。如此，通過正名，使概念明確，思維亦不致混亂。其次，名所表現的語言文字，使我們可以用來溝通思想，形成一個社會的共識。如「彼名辭也者，志義之使也，足以相通則舍之矣」（〈正名〉），不可玩弄名詞，製造詭辯。第三，名還有倫理方面的作用，這就是孔子以來所凸顯的「名分」思想。荀子認為名的首要功能是「明貴賤」（同上），由此「率民而一」，「壹於道法而謹於循法」（同上）。對於「敢託為奇辭以亂正名」的人，就要由明君「臨之以勢，道之以道，申之以命，章之以論，禁之以刑」（同上）。這種觀念仍舊屬於正名以正政的立場，只是其傾向由禮治到法治，已經十分明顯了[10]。

那麼，判斷的標準何在？荀子提出三點說明：一是須有客觀的根據。要靠身體各種感官來感受外在

10 同上，頁二七五—二七九。

客觀的素材，如果沒有這些素材，就難以正確判斷。二是在感覺經驗之外，須有「心」的徵知活動，否則難免變成「心不使焉，則白黑在前而目不見，雷鼓在側而耳不聞」（〈解蔽〉）。心是「形之君」，須由客觀方面疏通萬物，參驗是非，才能使「眾異不得相蔽以亂其倫」（同上）。同時，為了使心的徵知可靠，還須努力「虛壹而靜」，以便「靜思則通」（同上）。第三，判斷所需的標準，還是在於「聖王」，因為「聖也者，盡倫者也；王也者，盡制者也；兩盡者，足以為天下極矣」（同上）。問題是：聖王早已是過去的人，那麼現在的判斷如何定其眞僞？這就要靠傳統的禮樂制度以及當時的法律了11。

總結以上所論，可知儒家的邏輯固然在形式上合乎一般的邏輯條件，而其內涵則自孔子到孟子與荀子，都有清楚的倫理取向，亦即邏輯思維本身不是目的，目的是人的「行動」；人的行動合乎政治與社會某些既定的常法常則，由此可以產生穩定人群，和諧共存的力量。

三、認識方法

儒家如何將上述邏輯觀，具體應用到認識上呢？談到認識的方法，除了認識主體須有基本的邏輯之外，還須考慮認識對象之性質。以認識對象而言，大體不外乎以下三類：一是自然界與所有具象之物，

11 參看《儒道天論發微》，頁一七七。筆者在此指出荀子此一作法之困難。

二是歷史與文化傳統，三是當前的處境與應對。以下首先探討孔子的作法，再簡單補充孟子與荀子的意見。

孔子對於自然界的認識有其特色，他要求弟子學詩，原因之一是「多識於鳥獸草木之名」（〈陽貨〉），如此也可以免除「不學詩，無以言」（〈季氏〉）的困擾。由名以致實，使孔子對於自然界的山水、松柏、鳳凰、麒麟都有相當認識。可以確知的是，這只是由書本學習，並由初步經驗觀察的結果，談不上客觀的科學研究。至於其他的具象之物，則由「子入大廟，每事問」（〈八佾〉），可知方法之簡單，「好學」而已。

重要的是另外二種對象。以歷史及文化傳統來說，孔子採取三個步驟：一是忠實認識傳統，如他自謂「述而不作，信而好古」，「好古，敏以求之」（〈述而〉），他所學的詩書禮樂易，皆屬此一範圍。他的謹慎是有名的：「知之爲知之，不知爲不知，是知也」（〈爲政〉），因此對於夏禮、殷禮都止於可靠的證據來立說（〈八佾〉），並且注意其中的損益演變，以致掌握了「十世可知」（〈爲政〉）的原則。由此到第二步就是融會貫通，從「舉一反三」、「聞一知十」到「一以貫之」。他聲稱「詩三百，一言以蔽之，曰思無邪」（〈爲政〉），可以終身行之的「一言」是「恕」（〈衛靈公〉）。如此說法並非任意妄斷，而是由於重「思」之故，如「學而不思則罔，思而不學則殆」（〈爲政〉），「君子有九思」（〈季氏〉）。接著還有第三步，就是鑑往知來。譬如子貢讀詩頗有心得，孔子稱讚他：「告諸往而知來者」（〈學而〉），子夏也有新見，孔子說「起予者商也」（〈八佾〉）。他自己則聲言「溫故而知新，可以爲師矣」（〈爲政〉）。傳統與現代的結合，在孔子是活生生的題材。

再就當前的處境與應對來看，則孔子強調聞見、反省及行動。所謂「文」，是指「敏而好學，不恥下問」（〈公治長〉），他自己要「多聞，擇其善者而從之」（〈述而〉），子貢承認孔子的文章，「可得而聞也」（〈公治長〉），甚至連「道」都可由「聞」而得，如「朝聞道，夕死可矣」（〈里仁〉）。「見」也同樣重要，如「見賢思齊焉，見不賢而內自省也」（〈里仁〉）。聞見屬於經驗之知，孔子無疑是肯定的，最清楚的例子是宰我問「三年之喪」的時候，孔子最後以「子生三年，然後免於父母之懷」（〈陽貨〉）做爲理由，這完全是觀察經驗所得的結果。其次，要充分「反省」，以便了解經驗的內涵；在此首先保持開放的心胸，如「毋意，毋必，毋固，毋我」（〈子罕〉），甚至認爲自己「無知」（同上），然後再「能近取譬」（〈雍也〉），以恕道推己及人。行之日久，則可以達到「不惑」（〈爲政〉）的境界，對於出處進退「無可無不可」（〈微子〉）。最後，還要落實在「行動」上，以求印證。學習認識與行動實踐之間的關係，不是單純的時間上的先後，而是辯證互補的，因此，所謂「好學」，常指行有餘力的表現（〈學而〉），甚至直接引到「不遷怒，不貳過」（〈雍也〉），同時孔子也自認不是「不知而作」的人（〈述而〉），他指點弟子時，也希望他們由知而行。以上所論三點，即聞見、反省與行動，應該靈活配合，才能掌握當前的處境並適當應對。孔子說：「可與共學，未可與適道；可與適道，未可與立；可與立，未可與權」（〈子罕〉），在此，共學、適道、立、權，是把人放在政治社會的脈絡中，去從事認識及行動的幾個角度，可以總結人在前述兩類認識對象之前所採取的認識方法。

如果進一步探討這種方法的預設，則答案是：在時間上，事物由過去到未來的發展，有其連續一貫的不變性；在空間上，可以發現我與他人之間，有一種本質上的同一性。由於歷史及文化傳統的發展只是「損益」，未能突變，所以孔子可以承先啓後，繼往開來，主張改良主義。這種立場又基於人我之間本質上的同一性。若非如此，則恕道不能運作，推己及人也不可能，所有的學習與反省只是一廂情願，連邏輯與認識方法也不必談了。不過，問題在於：這種人我的「同一性」是什麼？如果它只是「理性」，如西方所云「人是理性的動物」，那麼儒家的學說將會改寫；如果它不只是理性，還涉及「心」或「良知」，那麼儒家就可以自圓其說，但是如何證明這一點呢？這是孟子所要面對的問題。

孟子在認識方法上，接受孔子對見知、聞知、推知的大致觀點，只是他的區分較爲嚴謹。見知是指親身經驗到的知識，聞知是指靠著傳聞得到的知識，這兩者可以涵蓋我們對歷史及文化傳統的知識，對自然界及具象之物的知識，以及一部分對當前處境的了解。至於推知，則是孟子最善於應用的方法。有關推知的內容，在前面已約略談過。現在要問的是，這三種知的預設是什麼？是人人與生具有的「良知」。

良知雖然是「不學而知」，是天生的秉賦，但是並非神秘難解之物。我們可以由兩種途徑證明它的存在：一是由觀察人類經驗，異中求同，找出初起的根源。當然，這只有相對的效力，很容易被駁倒，亦即由後天的歸納法，不足以肯定先天的普遍性質。除非我們可以確知某些經驗是基本的、最少人爲矯飾的，亦即人人依其本性皆是如此反應的。孟子設定許多事例來說明，從「孩提之童無不知愛其親者，及其長也，無不知敬其兄也」（〈盡心上〉），到「今人乍見孺子將入於井，皆有怵惕惻隱之心」（〈公孫丑上〉），到分析齊宣王「見牛未見羊」的心理狀態，都是試圖說明良知存在。但是良知眞正的證明，在於「直觀」自己的內心。這種「直觀」十分特別，因爲它是以心觀心的過程。

如何「以心觀心」？這就涉及「良知」的界說。良知有「知」的一面，可以分辨區別是非善惡；亦有「良」的一面，可以要求人在分辨之後去行善避惡。若不如此，則將陷於心之「不忍」，亦即內心對自己的不滿。許多人但覺不忍，仍然肆意妄爲，茅塞其心。如果直觀本心，亦即所謂「心之官則思，思則得之，不思則不得」（〈告子上〉），就可以得知本心的分辨與要求。由此可見，孟子的「思」不是推知，而是直觀本心。一切其他的認知途徑皆須以此爲基礎，並且以此爲目的。所以，由仁心生出仁政，由仁政再反過來護持仁心，使天下國家成爲道德教化的理想園地，人人安居樂業。如果追問心與「良知」之由來，則答案是「天」（同上）。儒家有關「天人合德」的觀點，可以解釋人類認識及行動之起源與目的。

於是，孔子的「人能弘道，非道弘人」，「我欲仁，斯仁至矣」，已經肯定主體的優越地位，並且顯示了道德生於本心的要求，知識須以行動爲鵠的等潛在觀點。由此轉移到孟子的「學問之道無他，求其放心而已矣」（〈告子上〉）以及「大人者，不失其赤子之心也」（〈離婁下〉），毋寧是十分自然的發展。「良知」一詞，使知識與道德同源並進，也使儒家的倫理色彩更爲鮮明。

荀子重視「心」的作用，但是並未接受「良知」之說。經由仔細分析，我們得知「心」有三義：

一，心是人的情感本性中的一項要素，因此與耳目、口鼻無異，所好的是利與佚（〈王霸〉）。二，心的地位高於其他官能，所謂「心居中虛，以治五官，夫是之謂天君」（〈天論〉），這個心是「形之君也，而神明之主也，出令而無所受令」（〈解蔽〉）。但是談到認識方法及判斷標準，則需要第三種意義的「心」[12]，就是：

> 心何以知？曰虛壹而靜。心未嘗不藏也，然而有所謂虛；心未嘗不滿也，然而有所謂壹；心未嘗不動也，然而有所謂靜。……虛壹而靜，謂之大清明。（〈解蔽〉）。

因此，「虛壹而靜」成爲基礎的認識方法，就是要袪除成見，專心致意，心平氣和，然後可以像鏡子一樣反映一切的眞相原貌。

接著，在反映之後如何判斷？答案是「道」。荀子說：「道者，古今之正權也；離道而內自擇，則不知禍福之所托」（〈正名〉）。心必須以道爲標準，而道又是什麼？道即是「禮」（〈禮論〉）：「人無禮則不生，事無禮則不成，國家無禮則不寧」（〈修身〉）。如果再問禮的來源，則答案是：「凡禮……是百王之所同，古今之所一也，未有知其所由來者也」（〈禮論〉）。這種說法並非不負責任，而是「不

---

12 《儒道天論發微》，頁一七〇—一七一。

知爲不知」的表現。荀子在劃清天人關係之後，只能訴諸現實世界的典型，作爲認識及判斷的標準。我們由他的見解，可知最後還是歸納於「禮」，而禮正是政治與社會得以安立長存的基礎。由心所知之禮，可以導致人對善惡是非的判斷，其目的還是爲了行動與實踐。

因此，儒家的邏輯與認識方法，自孔子以正名主義發其端後，走上由正名以正政的途徑，就大致定型。求眞與求善走在同一條路上。稍後孟子與荀子，不論採取較爲主觀的先天的「心」，與較爲客觀的後天的「心」，作爲認識的起點，同樣都推出一個絕對的標準，即分別是天與禮。天對孟子而言，禮對荀子而言，都有明顯的倫理價值的意味，由此走上知識與道德相融共洽的結論，正是順理成章的事。我們如果了解儒家這種特色的緣起與發展，就不會以一種簡單的方法去概括，認爲儒家不合邏輯或不合認識方法的要求了。

第三章 人性向善論

古典儒家在整體中國心靈的塑造方面，扮演了主導的角色。若想正確欣賞中國人的宇宙觀、道德理想與宗教信念，首先必須理解的學派即是儒家。本章主旨在於討論儒家的人性論，期能有助於增進這種理解。本章將指出，古典儒家的主張是一種「人性向善論」。全部討論分爲以下三部分：(一)孔子對此一理論之「提出」；(二)孟子與《中庸》以直接而明顯的方式，荀子與《易傳》以間接而隱涵的方式，對此一理論之「證實」；以及(三)此一理論之「效果」，亦即事實上古典儒家學者無不強調個人之雙重責任：成全自我與幫助他人走向成全境界。

一、理論之提出

孔子對於人性的看法是什麼？關於這個問題，《論語》一書不曾提供清楚明確的答案。毋怪乎他的弟子之一要抱怨：「夫子之言性與天道，不可得而聞也」（〈公冶長〉）。事實上，孔子曾在兩句話中給人分類，亦即分人爲「上、中、下」三類，但是這種分類係以人的「學習能力」爲標準，因此並未涉及共同的人性[1]。另外兩句話比較直接地表示孔子在這方面的意見。原文如下：

㈠子曰：「人之生也直，罔之生也幸而免。」（〈雍也〉）

㈡子曰：「性相近也，習相遠也。」（〈陽貨〉）

例㈠所說的「直」，意義難以確定；即使承認它有道德含意。它也只能表示「人應該依循正道」，但並未指出人性的本來面目。例㈡則告訴我們：孔子主張共同的人性是存在的。至於這一人性的內容，許多學者認爲必與「善」相關[2]。我們接受這種看法，但是擬進一步指出孔子心中所了解的人性是向善的。理由非常簡單：假使孔子不認爲人性是向善的話，那麼《論語》中的幾段關鍵語句將變得難以索解。換

1　孔子這兩句話是：「唯上知與下愚不移」（〈陽貨〉），「中人以上，可以語上也。中人以下，不可以語上也。」（〈雍也〉）。

2　例如：高田眞治，《支那思想之研究》（東京：春秋社，一九四二），頁一〇四；徐復觀，《中國人性論史》（台北：商務，一九七七），頁八九。

句話說，孔子對政治與道德的一些論斷必須以人性向善論爲前提。

首先，孔子描述有德者在政治上所表現的功效如下：

㈠子曰：「爲政以德，譬如北辰，居其所而衆星共之。」（〈爲政〉）

㈡子曰：「無爲而治者其舜也與。夫何爲哉，恭己正南面而已矣。」（〈衛靈公〉）

㈢子曰：「子欲善而民善矣。君子之德風，小人之德草，草上之風，必偃。」（〈顏淵〉）

假使共同人性不存在，並且假使此一共同人性不是「傾向於善」，那麼上述三句重要的論斷就成爲無的放矢與毫無意義了[3]。事實上，孔子所珍惜的最高政治理念不是別的，而是傳統的「德治」：以至德者爲政治領袖，如《中庸》十七章所云：「德爲聖人，尊爲天子」，因爲中國古人相信「德」（與「善」、「仁」屬於同一範疇）與「人性」是互相符應的[4]。

在另一方面，孔子也曾扣緊「仁」概念，再三肯定人的自我與德之間有一種內在關係。譬如：

3 參考本書，頁五二—五四。由孔子的正名主義理解孔子在上述三段引文中的涵義。

4 參看《儒道天論發微》，頁五六—五八。

㈠子曰：「仁遠乎哉？我欲仁，斯仁至矣！」（〈述而〉）

㈡子曰：「爲仁由己，而由人乎哉！（〈顏淵〉）

㈢子曰：「有能一日用其力於仁矣乎！我未見力不足者。」（〈里仁〉）

孔子在上述三句引文中所意圖表達的就是：仁是人的內在傾向，以及行仁是人的能力範圍之內的事。總結以上所論，我們確實可以宣稱孔子是主張人性向善的。

二、理論之證成

孟子與荀子以孔子的學說爲基礎，分別發展自己的一套哲學；他們兩人的思想在許多方面是相輔相成的。但是就人性論看來，他們顯然主張針鋒相對的理論。既然將他們畫歸同一學派，就不該忽視這一事實。我們將設法指出：孟子的「性善論」其實是一種「心善論」，而荀子的「性惡論」則是一種「欲惡論」。這兩種理論並不必然產生衝突，因爲它們的潛在觀念都是「人性向善論」。爲了辨明這一點，我們要依序討論孟子、荀子、《易傳》與《中庸》。我們將比較著重於直接引申這一理論的孟子與《中庸》。

(一)孟子

從字源學看來，「性」字從「生」。古代中國人對於「性」字一般看法是：「生之謂性」(〈告子上〉)。不過這種看法僅僅指出某物之所「有」，而非某物之所「是」。它充其量表現了同一「類」(genus)中各物之所「同」而非各物之所「異」。爲了界定一物，必須知其本質，亦即「類」加上「種差」(difference of species)。我們由西哲亞里斯多德而熟知這一規則，事實上孟子也有類似的看法。

首先，孟十分明白：要想討論同類之物(「同類」一詞爲孟子所用，其義正是指「同種」而言，這種譯名上的混淆不是此地所能處理)，必須先界定所同之類爲何。對人而言，更是如此。孟子說：

> 故凡同類者，舉相似也。何獨至於人而疑之？聖人與我同類者也。(〈告子上〉)

所有的人都是同類，聖人自不例外。但是邪惡之徒也算是人的同類；我們又該如何肯定人的本質呢？孟子認爲，人的本質應該就人與禽獸之差異處推求。他說：

> 人之所以異於禽獸者幾希！庶民去之，君子存之。舜明於庶物，察於人倫，由仁義行，非行仁義也。(〈離婁下〉)

由此可見，人的本質或獨特性必須就人與禽獸之間的「幾希」差異來探求。舜的例子告訴我們：仁義是人的內在途徑，順此途徑而行，將能產生重大效果。這整段話的含意其實正是：仁義屬於這種「幾希」差異5。關於人的獨特性，孟子還說過：

君子所以異於人者，以其存心也。君子以仁存心，以禮存心。（〈離婁下〉）

我們稍後再談「心」的觀念。就以上幾段話來看，可知人的本質在於仁、義、禮之類的品目。但是問題在於：爲何庶民或凡人有可能喪失那做爲人的本質之物呢？我們以可能喪失之物來界說人的本質，又是否恰當？

答覆這些問題的關鍵，在於闡明孟子的「心」概念。孟子所謂的「心」，既非心臟，也非靈魂，而是一種敏感易覺的反省意識6。他對人性的論斷，總結於著名的「心之四端」之說；他宣稱：

無惻隱之心，非人也；無羞惡之心，非人也；無辭讓之心，非人也；無是非之心，非人也。

5　徐復觀，頁一六五。
6　參考本書，頁六四—六七。孟子與荀子的認識方法。

（〈公孫丑上〉）

這四種心其實只是一個心的四種表現。這四種表現，在孟子看來，即代表了「仁、義、禮、智」的「四端」（同上）。這四端內藏於心，使心成爲人之所以爲人的「幾希」。人性的定義，必須落於這個「心」上。孟子說：

> 君子所性，仁義禮智根於心。（〈盡心上〉）

因此，人之性善在於人之心善。但是我們必須注意「心之四端」的「端」字；它表示萌芽而非滿全。這個心善之「端」需要護持、存養與擴充。這就是孟子證實人性向善所取的途徑。

孟子並未就此止步。也還繼續檢查心的性質與起源。他肯定心具有擴充發展的傾向，這種傾向使心顯示爲「評價之心」[7]。假使「評價之心」是指人可以辨別善惡，因而具備行善避惡的可能性[8]，那麼

---

7 孟洛（Donald Munro），《早期中國的人概念》（*The Concept of Man in Early China*）（Stanford: Stanford Univ., 1969），頁四八。

8 劉殿爵（D. C. Lau），〈孟子與荀子的人性論〉，《東方與非洲研究學院學報》（*Bulletin of the School of Oriental and African Studies*），十五卷，三部（一九五三），頁五五〇。

這種心的「擴充發展的傾向」本身是否暗示了某種意義的「訓令之心」[9]？

情形正是如此。評價之心同時也是訓令之心。唯其如此，存其心者才可以稱爲「君子」；因爲存養這種心，就是不僅接受其評價，而且接受其訓令並付諸實踐。所謂「養心莫善於寡欲」（〈盡心下〉）一語即是明證。孟子又說：「學問之道無他，求其放心而已矣」（〈告子上〉），假使這個心只有評價而無訓令，那麼它之放失與否不會那麼重要。明白了心的雙重性格，我們再進一步看看心的來源。孟子總結心之作用皆由於「思」。他曾多次強調「思」的重要，其中最具啓發性的是：

> 心之官則思：思則得之，不思則不得也。此天之所與我者。（〈告子上〉）

這段話說明了心之來源，亦即此一能思之心（由此成爲評價與訓令之心）得自於天。孟子就這樣連繫了天人之際的分隔。因此，與其相信孟子以「道德自律」來取代「外來神旨」，不如肯定孟子以人的「自律」（或「自我立法」）是天所賦與[10]。天人關係是孟子思想中另一個重要是材，不是本章所能討論。我

9　李查志（I. A. Richards）指出，「對孟子而言，心是自身的立法者。」見李氏。《孟子論心》（*Mencius on the Mind*）（London: Kegan Paul, 1932），頁七九。這一點在孟洛書中有詳細討論，見孟氏，頁五八。

10　劉殿爵，頁五五一。秦家懿這一步主張「心」代表了天人合一之象徵與實現。見秦氏《儒與耶》（*Confucianism and Christianity*）（Tokyo: Kodansha International, 1977），頁九一。

們可以肯定的是：人性之所以是向善的，其理由在於它與天的關係11。

(二)荀子

荀子以「人性」代表人所生而有者（〈榮辱〉、〈彊國〉）。他還進一步指出：

> 凡性者，天之就也，不可學，不可事。（〈性惡〉）

荀子基於經驗的觀察，認爲人的「不可學、不可事」之性包含以下三種內容：官能的欲望、官能的能力與性格的可塑性12。荀子似乎以人的本能爲其本性，而其本性自身又是中立的東西。既然如此，他爲何又在〈性惡篇〉一開頭就斬釘截鐵地肯定人是性惡的呢？

荀子肯定「性惡」的理由是：假使人人順著本能的傾向發展而毫無節制，那麼結果「必出於爭奪，合於犯分亂理，而歸於暴」（〈性惡〉）。這樣的結局將徹底毀滅和諧的社會，當然可以稱之爲惡。我們可以同意：荀子在提出性惡論時，心中是以一種道德的及文化的理想主義爲念13。但是，以人性所引發

11 參考本書，頁一二七—一三〇。闡明孔子的天概念。

12 徐復觀，頁二三〇—二三二。

13 唐君毅，《中國哲學原論：原性篇》（香港：人生，一九六六），頁四九。

的結果來界說人性，卻絕不是我們一般所取的定義方式或理解途徑。難道荀子不曾發現人與禽獸之間的差異嗎？假使他發現的話，爲何不透過這種差異來界說人的本質呢？

依荀子之見，人之所以爲人，且異於禽獸之處，「以其有辨也」（〈非相〉）。這個「辨」是指辨別是非善惡的判斷力。人之所以異於土石、草木、動物，而「最爲天下貴」的理由是「人有氣、有生、有知，亦且有義。」（〈王制〉）。因此，「辨」與「義」應該屬於人性，並且在適度推擴之後可以成爲「禮」與「義」——這兩者當然屬於「善」。假使荀子依此一途徑界說人性，他與孟子之間就不會出現任何嚴重的分歧了14。然而事實上，荀子把「禮」與「義」看成人爲造作的結果與後天修成的品德。問題於是變成：荀子如何連繫人的本性與人爲造作？換句話說，假使人性本惡，那麼人爲造作之善由何而來？爲了這個問題，我們必須一步談談荀子的「心」概念。

《荀子》一書的「心」概念在意義上並非前後一致的。我們發現他的「心」概念具有三層旨意：首先，心是人的情感本性中的一項要素。這時，心與耳之好聲、目之好色無異，所以好的是「佚」與「利」（〈王霸〉）。荀子說：「人無師無法，則其心正其口腹也」（〈榮辱〉）。其次，心的地位高於其他官能。「心居中虛，以治五官，夫是之謂天君」（〈天論〉）。這樣的心與孟子所謂的「心」非常近

14　這是孟洛所支持的論點。他從幾個觀點分析荀子的「心」概念，然後論斷：這些觀點都不曾顯示荀子的「心」概念與孟子「心」概念在基本上有任何衝突。孟洛，頁八一。

似。荀子說：「心者，形之君也，而神明之主也，出令而無所受令」（〈解蔽〉）。因此，心似乎也具備「評價」與「訓令」雙重作用。既然這個心屬於人性所具，爲何荀子依舊堅持人性本惡呢？

原因是：在深入考查之後我們發現荀子不以這個心本身做爲衡量萬物之獨立的判準。心若想成爲萬物的判準，必須進入「虛壹而靜」的狀態；進入這種狀態的先決條件則在於「體道」（〈解蔽〉）。這一意義的心，亦即以「道」爲準繩的「心」，才是荀子思想中的關鍵概念

荀子說：「心也者，道之工宰也。道也者，治之經理也」（〈正名〉）15。由此看來，我們無法否認「心」（代表人性）與「道」（代表善）之間是有某種密切關係。我們若認爲荀子心中也有「人性向善論」的想法，並非憑空杜撰16。

(三)《易傳》

《易傳》的主旨在於描述聖人如何沉思默觀天之道（或天地之道）以展示人之道，它特別強調天人關係，而不曾刻意說明心性的本質。因此在人性問題上，《易傳》所提供的資料非常有限。在第二十四卦之下，我們讀到「復，其見天地之心乎！」（復卦：彖）。爲了進一步發揮「復」卦的涵義，孔子（由此

---

15 一般註家多以「工宰」爲「主宰」，其實大有問題。因爲「心爲道之主宰」與荀子全書論道之處完全不合。心必須「知道」、「體道」、「行道」，其角色就像道之執行者，而不是道之主宰。

16 參考本書，頁一〇六—一〇八，及頁一五三—一五五。說明人之道。

文脈絡可知其必爲孔子)特別以得意弟子顏淵爲例，謂其「有不善未嘗不知，知之未嘗復行」(〈繫辭下〉)。以上這兩段話合而觀之，可知天地之心(亦即意願)展現於人之回歸(復)其原初狀態。只要人回歸其原初狀態，就會發現什麼該做與什麼不該做。《易傳》稍後又肯定「復」爲「德之本」(〈繫辭下〉)。我們由此不難體察人性與善相應。《易傳》宣稱：

一陰一陽之謂道，繼之者善也，成之者性也。(〈繫辭上〉)

這個命題所指涉的是整體存在界，但是對於人類而言卻特具意義。《易傳》再度強調：

成性存存，道義之門(〈繫辭上〉)

順著這一路線，自然可以明白爲何聖人「立人之道，曰仁與義」(〈說卦〉)。唯其預設了「人性向善」，才能肯定「繼」善「成」性(繼其善端，成其善性)，才能說明何以「成性存存」(成其善性、持守砥礪)是「道義」之門，也才能宣稱「仁義」是「立人之道」17。

17 參考本書，頁一〇八。

(四)《中庸》

《中庸》對人性的討論非常周全，值得我們特別重視。首先，《中庸》並不認爲人性本善。試看孔子評顏淵的一段話：

> 擇乎中庸，得一善，則拳拳服膺，而弗失之矣。(〈八章〉)

如果「善」是可得可失的，則它不屬於人性本具。

事實上，《中庸》所強調的人性是處於一種總是「傾向」於善的狀態。人性的這種傾向表現於人之「知善」與「行善」的過程。所謂「善」的內容，在《中庸》是指五達道(君臣、父子、夫婦、昆弟、朋友等五倫)與三達德(知仁勇)。《中庸》即以五達道與三達德做爲「知」與「行」的普遍對象，並將它們與對人的普遍要求連繫起來。譬如，《中庸》說：

> 或生而知之，或學而知之，或困而知之，及其知之一也。或安而行之，或利而行之，或勉強而行之，及其成功一也。(〈二十章〉)

這裡提到的做爲「知」與「行」的最後目標之「一」是什麼？就是前面所說的「善」[18]。甚至連聖人所「不勉而中，不思而得」(〈二十章〉)的，也是「善」。我們由此可以推知人性是向善的。接著要問的是：這種向善的人性究竟由何而來？

《中庸》相信人性得自天之命(〈一章〉)。人性與天的接合點是「誠」(〈二十章〉)。「誠者」是天之道，亦即天道眞實無妄，本來如此，不會偏離常軌；「誠之者」是人之道，亦即人須時時存養本來面目，才符合爲人的道理。爲了闡明「誠之者」的涵義，我們最好先弄清楚《中庸》對於一般百姓有何看法。《中庸》談及君子之道時，同時述及一般百姓。

> 夫婦之愚，可以與知焉……夫婦之不肖，可以能行焉。(〈十二章〉)

這段話有兩點值得注意。第一，以「愚」與「不肖」來形容一般百姓，間接顯示了《中庸》對於人的自然狀態是有所不滿的。人光靠維持他的自然生命，不足以做爲一個眞正的人。人還必須砥礪品德，追隨君子的芳表(〈十三章〉、〈十四章〉、〈十五章〉)。第二，一般百姓在「知」與「行」君子之道方面的潛在能力，無疑是受到肯定的。人的這種能力也與「人性向善」的主張相通。

18　參考本書，頁九七—九九。說明善和中、一、知行的關係。

此外，「誠之」若指忠於自身，則人在於自身的同時是否能在本性中發現「善的傾向」？這個問題的答案是肯定的[19]。《中庸》並未就此提出任何邏輯論證，而是邀請人反省自身。以下兩段話極有意義：

㈠「莫見乎隱，莫顯乎微，故君子愼其獨也。」（〈一章〉）

㈡「其次致曲〔隱微之端〕，曲能有誠。」（〈二十三章〉）

這兩段話顯示人性自身具有向善的靈明，並且暗示了密契主義(Mysticism)的可能性。人若反身而誠，自然會逐漸增加這一靈明之光。換而言之，人將從事道德修行以便成爲眞正的人。

最後，《中庸》還肯定「至誠」的要求是不能壓制的（〈十六章〉）。人生來即賦有道德上的辨別能力，能夠區分基本的善惡。人的這種品質使他具備天賦的責任，要不斷「擇善固執」（〈二十章〉）。一個人只要能夠「擇善固執」，亦即能夠「致誠」，則他不僅可以成全自我，還可以推擴影響及於他人與外物（〈二十五章〉）。因此《中庸》相信一個人「致中和」之後，就能使「天地位焉，萬物育焉」（〈一章〉）。

---

19 參考本書，頁一八五—一九六。由人性論以向說性，以及抉擇的方法，證成這一主張。

三、理論之效果

至於「人性向善論」的效果，則上述早期儒家的代表可以共同接受的是以下三點：

㈠任何人都有能力成爲君子（「君子」是指孔子所標舉的理想人格）[20]。孔子自稱不曾見過任何人用其力於仁（努力修德）而能力不足。孟子公開主張：「人皆可以爲堯舜」。荀子（雖然並未提出根本的充足理由）也肯定：「塗之人可以爲禹」。《易傳》強調漸進的修德，其預設則是人有可能成全自我。《中庸》相信：只要一個人「擇善固執」，也就會「雖愚必明，雖柔必強」（〈二十章〉）。

㈡任何人都有責任成爲君子[21]。我們由古典儒家體認了一種責任意識，相當於康德所謂的「無上命令」。做人就是要做一個有德的人；此外別無選擇。人的自然生命的目的是爲了實現他的道德理想。早期儒家無不強調這樣一種「無上命令」。眾所周知，孔子主張「殺身成仁」，孟子主張「舍生取義」。令我們稍覺驚訝的是，荀子宣稱：「君子畏患而不避義死」（〈不苟〉）。《易傳》肯定君子能夠「致命遂志」（困卦：象）。《中庸》則以眞正的堅強爲「國無道，至死不變」（〈十章〉）。人這種成全自己到

---

20 參考本書，頁一三二——一三三，以及一六六。
21 參考本書，頁一四三。由順天命來闡明責任。

完美境界的要求，正是源於向善的人性。

㈢任何人，在成爲君子時，都有責任幫助別人走上成全之途[22]。孔子的一句名言是：「夫仁者，己欲立而立人，己欲達而達人」（〈雍也〉）。孟子把這種責任溯源於天，並且宣稱：

> 天之生此民也，使先知覺後知，使先覺覺後覺也。（〈萬章上，下〉）

荀子雖然有不同的天概念，但是基本想法與孟子無異：

> 宇中萬物生人之屬，待聖人然後分也。（〈禮論〉）
> 天地生之，聖人成之。（〈富國〉）

《易傳》強調聖人的職責是「以通天下之志，定天下之業，以斷天下之疑」（〈繫辭上〉）。最後，《中庸》對於古典儒家爲人設定的最高理想作了以下描述：

22 參考本書，頁一四八—一五〇。

唯天下至誠，爲能盡其性；能盡其性，則能盡人之性；能盡人之性，則能盡物之性；能盡物之性，則可以贊天地之化育；可以贊天地之化育，則可以與天地參矣。（〈二十一章〉）

第四章

擇善固執論

「擇善固執」一語，出自《中庸》二十章，其原文脈絡已經清楚指明那就是「人之道」。試看：

誠者，天之道也；誠之者，人之道也。誠者，不勉而中，不思而得，從容中道，聖人也。誠之者，擇善而固執之者也。

我們暫且將「天之道」存而不論，只就「人之道」作一探討。若以「人之道」爲「擇善固執」，那麼就有兩方面的問題需要解決。首先是系統問題：《中庸》這種主張能否代表古典儒家？亦即，孔子、孟子、荀子、《易傳》是否在關於「人之道」的問題上，以不一定相同的概念或方式，表達同樣的主張？其次是義理問題：如果古典儒家大體上肯定「人之道」就是「擇善固執」的話，他們的根據何在？換言之，他們對於「人之性」必須作一辨明，同時對於人生的終極意義也必須有所交代。

以上這兩方面的問題正是本章試圖剖析的。本章將把焦點置於孔子與孟子的思想，依據《中庸》的線索，配合荀子與《易傳》的資料，闡釋以「擇善固執」做爲「人之道」的理據。

一、「人之道」與「人之性」

儒家的根本關懷是想在「禮壞樂崩」的亂世中，重新奠立價值系統的基礎。以孔子爲例，他的作法是「承禮啓仁」[1]，要由人性的內在趨向中，找出外在規範的源頭，爲已經僵化的禮樂賦以人性的生機。他被儀封人稱爲「天之木鐸」(《論語·八佾》)，因爲他想重建「人之道」，指出人生在世應行的途徑[2]。

但是，「人之道」不能憑空建立，必須依於「人之性」。「人性是什麼？」與「人生該如何？」這兩個問題互爲表裡，不能分割。可惜的是，《論語》一書所載者，多屬孔子與弟子相與問答之言，亦即落於「人生該如何？」的層次，而極少涉及「人性是什麼？」子貢慨嘆：「夫子之言性與天道，不可得

1　參考筆者《儒道天論發微》，頁一一六——一二五。

2　儀封人這段話的全文是：「二三子何患於喪乎？天下之無道也久矣，天將以夫子爲木鐸。」可見「木鐸」原是爲了喚醒天下之人重歸於道(〈八佾〉)。

而聞也。」(〈公治長〉),確是有感而發。然而,既然「人之道」預設了對「人之性」的理解,我們也可以從孔子的言論中,解析出他對人性的看法。

孔子雖然在《論語》中未曾直接說明人性的本質,但是他所隱然接受的基本預設則是:人性向善。理由如下:第一,孔子相信有「共同的人性」,譬如他說「人之生也直」(〈雍也〉),「性相近」(〈陽貨〉)。第二,這種相近的人性在那一點上是共同的呢?換言之,孔子是否談過人性的共同趨向?有的,他曾描述有德者在政治上所表現的功效如下:

> 爲政以德,譬如北辰,居其所而眾星共之。(〈爲政〉)
>
> 無爲而治者,其舜也與。夫何爲哉?恭己正南面而已矣。(〈衛靈公〉)
>
> 子欲善而民善矣。君子之德風,小人之德草,草上之風,必偃。(〈顏淵〉)

我們稍加反省就會明白:假使共同人性不存在,並且假使此一共同人性不是「傾向於善」,那麼上述三句重要的論斷,豈不成了無的放矢或毫無意義?事實上,孔子珍惜傳統的德治理想,只是他進一步注意到人的本性。這一焦點的轉移,不僅反映了時代要求,也表現了儒家人文主義的關懷。

第三,孔子所了解的人性不是抽象的,而是每一個眞實的個人所體現的。他肯定每一個人都有能力行仁,亦即人的向善之性不僅可以被引發,而且可以自動自發地展現。他說:

有能一日用其力於仁矣乎！我未見力不足者。（〈里仁〉）

為仁由己，而由人乎哉！（〈顏淵〉）

仁遠乎哉？我欲仁，斯仁至矣！（〈述而〉）

孔子在此所意圖表達的是：仁是人的內在傾向，以及行仁是人的能力範圍之內的事。我們稱這種主張為「人性向善論」3。人性若是向善，則「人之道」自然不能離善而立。這是孔子「擇善固執論」的背景，稍後再述。在此，可以預先指出的是：《論語》一書的「仁」字，兼含「人之性」、「人之道」與「人之成」三重意思；不過在具體問答中，重點常落在「人之道」上。到了孟子，則理論較為細密，當他以「仁」為「人心」，以「義」為「人路」時，就明顯是以前者為「人之性」，而以後者為「人之道」了。

接著，孟子對人性的看法如何？一般人以為他主張人性本善，其實並非如此單純。

孟子的人性理論體系完備，要點如下：第一、共同的人性是存在的，並且與禽獸有「幾希」的差異，亦即人之所以為人，在於他有「心之四端」。第二，「仁義禮智」源自「心之四端」：一方面，「君子所性，仁義禮智根於心」（〈盡心上〉），亦即人之性善在於人之心善；另一方面，心之四端，

3　關於儒家人性論，請參看本書第三章。

「若火之始然，泉之始達」（〈公孫丑上〉），可見其非處於完成實現的狀態，而是具有擴充發展的傾向。第三，心的這種傾向表現於「評價」與「訓令」，使人分辨善惡與行善避惡。第四，心的來源是「天」：「心之官則思，思則得之，不思則不得也，此天之所與我者。」（〈告子上〉）。如此一來，「人性」之特質、運作與來源都得到明確的交代。孟子所謂「性善」正是指的「人性向善」[4]。

至於荀子，則問題較爲複雜。荀子公然主張「性惡」，理由是：假使人人順著「本能」的傾向發展而毫無節制，那麼結果「必出於爭奪，合於犯分亂理，而歸於暴」（〈性惡〉）。荀子在此以人性（本能）所引發的「結果」來界說人性的「本質」，因而主張性惡。這種說法是站不住腳的。但是我們是否可以爲他辯護，說他主張「人性向惡」呢？不可以。理由如下：第一，荀子若主張「人性向惡」，則他顯然是由「情」與「欲」來理解人性[5]，亦即把人與動物共有的「本能」當做人性，這是得其「類」而失其「種差」，不足以構成有效的定義。第二，荀子並非不知道人所特有的「種差」；他說：「人之異於禽獸，以其有辨也。」（〈非相〉），亦即人能夠分辨是非善惡；又說：人之異於土石、草木、禽獸而「最爲天下貴」，是因爲人「有氣、有生、有知，亦且有義」（〈王制〉）。因此，「辨」與「義」應該是人所特有的「種差」，亦即人是具有善的傾向。唯其如此，荀子才能宣稱「塗之人可以爲禹」，正如

4 關於孟子的「天」概念，請參看筆者《儒道天論發微》，頁一五〇—一六〇。
5 參考本書，頁七七。

孟子之宣稱「人皆可以爲堯舜」是一樣的道理。孟子與荀子的根本歧異並不在人性論，而在於做爲人性論來源之「天論」。問題是，孟荀二人由不同的天論而得出人性論上類似的結論，可見其中必有疑難。在這方面，我以爲是荀子的體系無法一貫6。

《易傳》的主旨不在討論人性問題，我們只能間接推知它的人性觀。在第二十四卦《復卦》彖傳有云：「復，其見天地之心乎。」爲了進一步發揮復卦的含意，孔子特別以顏淵爲例，說他「有不善未嘗不知，知之未嘗復行」（〈繫辭下〉）。以上這兩段話合而觀之，可知天地之心展現於人之「復」其原初狀態。只要人回歸原初狀態，就會發現什麼不該做。這裡我們想到蘇格拉底在《自訴》談到：他自幼年起，凡遇不該做的事，都會有「精靈」出而諫阻。可見「該做」之事順其自然，正代表人性向善；而「不該做」之事則立即使人生出「不安」、「不忍」之心。這其中已充分顯示儒家的立場。《易傳》稍後又肯定「復」爲「德之本」（〈繫辭下〉）。我們由此不難體察人性與善相應。〈繫辭上〉說：

> 一陰一陽之謂道，繼之者善也，成之者性也。

這個命題所指涉的是整體存在界，但是對於人類而言卻特具意義。〈繫辭上〉又說：

6　《儒道天論發微》，頁一七七。

成性存存，道義之門。

順著這一路線，自然可以明白為何聖人「立人之道，曰仁與義」（〈說卦〉）。唯其預設「人性向善」，才能肯定「繼」善「成」性（繼其善端，成其善性），才能說明何以「成性存存」（成其善性，持守砥礪）是「道義」之門，也才能宣稱「仁義」是立人之道。

《中庸》一書的人性觀相當明確。首先，《中庸》並不主張人性本善。試看孔子評顏淵的一段話：

擇乎中庸，得一善，則拳拳服膺，而引失之矣。（〈八章〉）

如果「善」是可得可失的，則它不屬於人性本具。事實上，《中庸》所強調的人性處於一種總是「傾向」於善的狀態。人性的這種傾向表現於人之「知善」與「行善」的過程。所謂「善」的內容，在《中庸》是指五達道（君臣、父子、夫婦、昆弟、朋友等五倫）與三達德（知、仁、勇）。《中庸》即以五達道與三達德做為「知」與「行」的普遍對象，並將它們與對人的普遍要求聯繫起來。譬如，《中庸》說：

或生而知之，或學而知之，或困而知之，及其知之一也。或安而行之，或利而行之，或勉強而

行之，及其成功一也。（〈二十章〉）

這裡提到的做為「知」與「行」的最後目標之「一」是什麼？就是前面所說的「善」。甚至連聖人所「不勉而中，不思而得」（〈二十章〉）的，也是「善」，假使人性不是向善的，則以上種種有關「知」與「行」的說法都將落空！如果追問這種向善的人性由何而來，則《中庸》明白推之於「天」。

二、「擇善」之條件

「擇善」的條件是「知善」。「知善」有兩個重點：一是強調人性「向」善，因此生來就有自然傾向[7]，見父母自然知孝，見兄弟自然知悌；這是孔子與孟子的共同主張，而孟子拈出「良知」一詞，可謂畫龍點睛。二是強調「善」之人際相互性，亦即：善是人際之間的適當關係，因此必須考慮主客雙方的各種處境，才能決定其具體表現方式；換言之，儒家講善，不自限於內在的動機，也不完全依託外在的規範，而是肯定兩者的和諧。由此可見，儒家除了顯發本心的良知之外，十分注重由教育習知後天的規範。

7　參考本書，頁七七起。

先以孔子爲例說明。

孔子雖然自承不是「生而知之者」（〈述而〉），但是他無疑相信有這種人存在。他說：

> 生而知之者，上也；學而知之者，次也；困而學之，又其次也；困而不學，民斯爲下矣！（〈季氏〉）

這裡所謂的「知」，其對象顯然是「人之道」，不然，不知不學之輩就不會被判定爲「下」了。但是，這並不表示孔子認爲只有少數人有良知，而是因爲「性相近，習相遠」，大多數人在獨立行動之前已經受習慣左右而忽略其本心良知。苟非如此，孔子在答覆宰予問「三年之喪」時，就不會反問他：

> 食夫稻，衣夫錦，於女安乎？（〈陽貨〉）

這是把外在的規範（三年之喪）推之於內在的本心之「安不安」。每個人的「安」的標準不一定相同，但是其中明白預設了人人天生都有「知善」的可能。

不過，孔子在《論語》中似乎更爲強調後天的「習知」。他自己「十有五而志於學」（〈爲政〉），又自認爲「好學」過人（〈公冶長〉），及至晚年還自稱「學不厭」（〈述而〉）。如果不好學，只靠天生的性格爲人處事，難免造成一些弊端，如：

好仁不好學，其蔽也愚；好知不好學，其蔽也蕩；好信不好學，其蔽也賊；好直不好學，其蔽也絞；好勇不好學，其蔽也亂；好剛不好學，其蔽也狂。（〈陽貨〉）

因此，若要掌握「人之道」，必須好學。那麼，孔子學什麼？他的學習方法又如何？約而言之，有以下三點：一，學習古代典籍，如詩書禮樂易，因爲那是古人的經驗與智慧；二，好學與深思並重，不僅要「多學而識之」，並且要「一以貫之」（〈衛靈公〉），以統一的思想來貫穿諸般學問[8]；三，好學必須配合修身，透過主體的親證，在德行上日益精進，因此，弟子中唯一好學的顏淵同時是德行科之首座弟子。

《論語》一書由「學而時習之，不亦說乎！」（〈學而〉）開始，到「不知命，無以爲君子也；不知

8　關於孔子的一貫之道，歷來解法或根據曾子所說的「忠恕」（〈里仁〉）或根據孔子在別處答覆子貢所問「可以終身行之者」的「恕」（〈衛靈公〉），或者綜合孔子的基本觀念，定之爲「仁」。這些說法並非無因，但是孔子在此所說的「一以貫之」則明明是針對「多學而識之」，亦即肯定自己有中心思想（思想一貫）。至於這個中心思想是什麼，則環繞著人之道而可以依次定爲「知行一貫」、「生死一貫」、「天人一貫」。這個問題值得另文探討。

禮，無以立也；不知言，無以知人也」（〈堯曰〉）結束，充分顯示孔子「學而知之」的主張，要人努力習知人之道，亦即對於人生應行之道——善，先知之再擇之，然後堅守固執之。若不先知之，則無從選擇。孔子說：

> 蓋有不知而作之者，我無是也；多聞，擇其善者而從之；多見而識之，知之次也。（〈述而〉）

由此可見，知的首要目的是爲了「擇善而從之」，而非「多見而識之」。如果進一步追問「什麼是善？」則《論語》中，凡是論及「問仁」之處，孔子的回答是以「因材施教」，對應於每人的實際性向及能力所揭示之「人之道」的善。譬如，「愛人」，「克己復禮」，「出門如見大賓，使民如承大祭，己所不欲，勿施於人」，「其言也訒」，「先難而後獲」，「居處恭，執事敬，與人忠」等。

再以孟子爲例說明。

孟子首先肯定人有「不慮而知」的「良知」（〈盡心上〉），亦即：「孩提之童，無不知愛其親；及其長也，無不知敬其兄。」這種良知無異於心之四端：「惻隱、羞惡、辭讓、是非」（〈公孫丑上〉），是不待教而有的，但是困難在於：第一，若不「思」之，則恍如其未存；第二，它極易受環境影響而「陷溺」。

就「思」而言，孟子強調：「仁義禮智，非由外鑠我也，我固有之也，弗思耳矣！」（〈告子上〉）

「人人有貴於己者，弗思耳矣！」（〈告子上〉）因此，若不用「思」，則大舜無異於凡人，孟子說：

> 舜之居深山之中，與木石居，與鹿豕遊，其所以異於深山之野人者幾希；及其聞一善言，見一善行，若決江河，沛然莫之能禦也。（〈盡心上〉）

這裡所謂的「聞」、「見」，並非後天習知，而是得一反思先天本性的機會。正如孟子對齊宣王「見牛未見羊」一事的評論：「見其生不忍見其死，聞其聲不忍食其肉。」（〈梁惠王〉），也是以聞見來喚醒「不忍」之心。因此，這種「思」不是概念上的辨明、推論或習知，而是「反身而誠」，展示本心。唯其如此，人之心可操可舍，可存可亡，異於後天知識。孟子說：

> 心之官則思，思則得之，不思則不得；此天之所與我者。（〈告子上〉）

這裡把「天」抬出來，正是爲說明良知本心的基礎，如後來《中庸》所云：「天命之謂性。」（《中庸》一章），即本乎此。

然而，孟子在「牛山之木」一喻之後，引孔子的話來說明：「操則存，舍則亡，出入無時，莫知其鄉者，惟心之謂與！」（〈告子上〉）可見這裡需要一些特殊的機緣或工夫，才能發揮心之大用9。至於一般百姓，則其「心」之陷溺則是常見之事（〈告子上〉）。

一般百姓若無「恆產」，就不會有「恆心」，甚至「放辟邪侈，無不爲已」（〈梁惠王上〉）；此所以孟子周遊各國時，一再呼籲實行足以讓人「養生送死而無憾」的仁政。但是，有了恆產還不夠，同時需要教育。孟子說：

> 人之有道也，飽食、煖衣、逸居而無教，則近於禽獸。（〈滕文公上〉）

教育的目的仍然在於使人知善，以便進而擇善。孟子首先肯定夏商周三代之學都是「明人倫」（〈滕文公上〉），其中要點在於界定正確的行爲規範。但是，孟子念茲在茲的仍是發揮人心本有的善的趨向。他說：「學問之道無他，求其放心而已矣！」（〈告子上〉）只要找回放失的心，妥善保存，再養之、充之、擴之、推之，自然可以左右逢源，無入而不自得了（〈離婁下〉）。曹交希望受業於孟子門

---

9 譬如《中庸》所記孔子一段話：「君子之道四，丘未能一焉：所求乎子以事父，未能也；所求乎弟以事兄，未能也；所求乎臣以事君，未能也；所求乎朋友先施之，未能也」（〈十三章〉）。這是因爲孔子幼年喪父，青年時期喪母，同父異母之兄又先他而死，在朝爲官之時有限，等等原因。這些機緣都是助成人心發用，產生孝、弟、忠、信之德的契機。

下，孟子告訴他：

夫道，若大路然，豈難知哉？人病不求耳。子歸而求之，有餘師（〈告子下〉）

的確，由於人性向善，人之道乃不假外求，只要存養充擴本有的良知，不受外力所影響，就可以走上「擇善固執」的途徑了。

三、「固執」之過程

儒家所說的「固執」，包含三個要點：一，在擇善之後，要終身行之，不倦不悔；二，隨時考慮權宜問題，因爲「善」不是僵化之物，須由內在本心與外在規範配合來界定；三，必要時，可以固執到犧牲生命的程度。

孔子曾以兩句比喻說明固執之難。他說：

苗而不秀者有矣夫！秀而不實者有矣夫！（〈子罕〉）

歲寒然後知松柏之後彫也。（〈子罕〉）

他自己則「學而不厭，誨人不倦」（〈述而〉），到達「發憤忘食，樂以忘憂，不知老之將至云爾」（〈述而〉）的地步。他之所以能夠不厭不倦，正是因爲所擇之善是人之道。就小處而言，「君子無終食之間違仁，造次必於是，顚沛必於是」（〈里仁〉），就大處而言，則可以終身行之者爲「恕」，「己所不欲，勿施於人」（〈衛靈公〉）。我們由孔子的四大憂可以想像他如何用心於擇善固執。他說：

> 德之不修，學之不講，聞義不能徙，不善不能改，是吾憂也」（〈述而〉）

孔子以有恆者爲次於善人之境，頗有深意。他說：

> 善人，吾不得而見之矣，得見有恆者斯可矣。亡而爲有，虛而爲盈，約而爲泰，難乎有恆矣！（〈述而〉）

由此可見，有恆者正是固執於自己所擇之途徑，不受外在環境影響，如此已近於善人了。此中之差別，恐怕在於固執的第二項要點，亦即是否考慮權宜問題。孔子說：

> 不得中行而與之，必也狂狷乎！狂者進取，狷者有所不爲。（〈子路〉）

這段話所說的「狂者」與「狷者」，都是固執某一做人原則的表現，各有所長也各有所偏。由此反省「中行」的作爲，則是「當狂則狂，當狷則狷」，這才是「擇善固執」的勝義。

孔子極爲重視權宜問題。他說：「學，則不固。」（〈學而〉），他刻意避免的四件事是：「毋意、毋必、毋固、毋我。」（〈子罕〉）。有人說他能說善道，總可以爲自己的行爲找理由，他答以：「非敢爲佞也，疾固也。」（〈憲問〉）。爲什麼「固」不好呢？因爲忽略了「善」之人際相互性，亦即善不是執著於小信小義，如「匹夫匹婦之爲諒」（〈憲問〉），只是愚忠；如「言必信，行必果」，只是小人；君子則是「貞而不諒」（〈衛靈公〉），「唯義所適」（〈子路〉）。譬如，君子受環境壓力與別人的一時欺瞞，甚至受到脅迫而立下許諾，那麼在發現眞相或擺脫困境之後，應該知道如果自己堅守信義，就難免「果敢而窒」，甚至「有勇無義爲亂」（〈陽貨〉），反而背離了人生大道。因此，「義」訓「宜」，有其輔「仁」之用。人不能只靠天生向善之性，還須以智慧與勇氣去判斷及選擇「如何」體現善。在通常的情況下，孔子無疑是要人言行一致的，像「古者言之不出，恥躬之不逮」（〈里仁〉），「君子恥其言而過其行」（〈憲問〉）。但是在堅守原則之時，必須考慮「適當」的行動。因此，孔子在評述古代賢者之後，聲稱：「我則異於是，無可無不可」（〈微子〉）。他對顏淵說：用之則行，舍之則藏，唯我與爾有是夫！」（〈述而〉），正是「邦有道，則仕；邦無道，則可卷而懷之」（〈衛靈公〉）這種君子作風。

行動固然要考慮權宜問題，但是原則絕不能放棄。孔子對於隱士的嘲諷，坦然答以：「鳥獸不可與同羣，吾非斯人之徒與而誰與。」（〈微子〉）。雖然「道之不行，已知之矣」（〈微子〉），他依然「知其不可而爲之」（〈憲問〉）。原因無他，滿全人性向善的要求而已。必要時，可以犧牲生命：「志士仁人無求生以害仁，有殺身以成仁」（〈衛靈公〉）。「殺身成仁」一語顯然有「犧牲生命以完成生命」的意思；除非人性向善，否則不易證成何以「爲了善而犧牲生命，竟是完成生命目的」。

孟子也曾以幾句比喻，說明「固執」之重要。他說：

雖有天下易生之物，一日暴之，十日寒之，未有能生者也。（〈告子上〉）

有爲者辟若掘井，掘井九軔而不及泉，猶爲棄井也。（〈盡心上〉）

五穀者，種之善者也，苟爲不熟，不如荑稗。夫仁，亦在乎熟之而已矣。（〈告子上〉）

這三段比喻十分清楚，不需費詞解釋。孟子主張修其「天爵」，天爵即是：「仁義忠信，樂善不倦」（〈告子上〉）。他說：「君子有終身之憂，無一朝之患。」（〈離婁下〉），所憂者即是如何「孳孳爲善」，成爲「舜之徒」（〈盡心上〉）。孟子明白肯定人有「良能」，因此不可自暴自棄，自殘自賊，卻應該努力「集義養氣」，持之以恆地修證內在自我，做個充量盡性的人。

固執久了之後，至少可以像五霸一樣，「久假而不歸，安知其非有也？」（〈盡心上〉）

其次，孟子也注意到固執之權宜問題。他說：「大人者，言不必信，行不必果，惟義所在。」

(〈離婁下〉),這裡就出現如何衡量的困境。以下兩段話可以參考:

可以取,可以無取,取,傷廉;可以與,可以無與,與,傷惠;可以死,可以無死,死,傷勇。(〈離婁下〉)

可以速而速,可以久而久,可以處而處,可以仕而仕,孔子也。……孔子,聖之時者也。孔子之謂集大成。(〈萬章下〉)

要明確論斷自己在什麼處境下「可以」如何,至少須認知外在既成的規範(如:禮)與客觀的形勢,以及主體對自身原則之掌握,再加上主客之間適當關係的評估;然後,再以當下抉擇的勇氣付諸行動。這裡面,智仁勇缺一不可,儒家以「智仁勇」爲三達德,爲引人走向人生目標的三種品德,實在有其道理。由此再看孟子對楊朱、墨翟各偏一隅之批評,以及對子莫執中之批評,就知道他所抨擊的理由是什麼了。他說:

執中無權,猶執一也。所惡執一者,爲其賊道也,舉一而廢百也。(〈盡心上〉)

因此,像「嫂溺」是否可援以手(〈離婁上〉),根本毋須多慮,通權達變可也。但是,這與游移不定、闇然媚世的「鄉愿」截然不同，必須分辨。孟子本人以及他所引用孔子的話，對「鄉愿」的嚴詞批判值得注意，他說：

非之無舉也，刺之無刺也，同乎流俗，合乎汙世，居之似忠信，行之似廉潔，眾皆悅之，自以爲是，而不可與入堯舜之道，故曰「德之賊」也。孔子曰：惡似而非者：惡莠，恐其亂苗也；惡佞，恐其亂義也；惡利口，恐其亂信也；惡鄭聲，恐其亂樂也；惡紫，恐其亂朱也；惡鄉愿，恐其亂德也。君子反經而已矣。經正，則庶民興；庶民興，斯無邪慝矣。（〈盡心下〉）

因此，在人固執於善而面對考驗時，孟子毫不猶豫地堅持立場，視之爲「天將降大任於是人也」（〈告子下〉）。他的看法十分清楚：

士，窮不失義，達不離道。（〈盡心上〉）

雖大行不加焉，雖窮居不損焉，分定故也。（〈盡心上〉）

富貴不能淫，貧賤不能移，威武不能屈。（〈滕文公下〉）

若有必要，則可以犧牲生命。孟子說：

盡其道而死者，正命也。（〈盡心上〉）

生，亦我所欲也，義，亦我所欲也；二者不可得兼，舍生而取義者也。（〈告子上〉）

孔子與孟子對「擇善固執」的理解與肯定，是其他儒家代表所接受的。以下簡述一二。荀子對「擇善固執」的看法也是非常明確的。姑不論「善」之由來問題，荀子無疑肯定其存在。他說：

見善，修然，必以自存也。見不善，愀然，必以自省也。善在身，介然，必以自好也。不善在身，菑然，必以自惡之。（〈修身〉）

以善先人者謂之教。以善和人者謂之順。以不善先人者謂之諂。以不善和人者謂之諛。（〈修身〉）

因此人欲成其修身，首在「擇善」，君子小人之辨亦在乎此。擇善之後須付諸實行，謹愼體驗：

君子之學也，入乎耳，著乎心，布乎四體，形乎動靜。端而言，蝡而動，一可以爲法則。（〈勸學〉）

小人之學也，入乎耳，出乎口。口耳之間則四寸耳，曷足以美七尺之軀哉。（〈勸學〉）

然後必須堅持到底，有始有終：

「其義則始乎爲士，終乎爲聖人。眞積力久則入，學至乎沒而後止也。」（〈勸學〉）這也是「不可須臾舍」的。「爲之人也，舍之禽獸也」（〈勸學〉）。荀子的「人禽之辨」顯然屬於儒家傳統。孟子重心體之仁的呈現發用，荀子重禮教之善的潛移默化。前者講究「集義」，後者講究「積善」。荀子說：

積善而全盡，謂之聖人。（〈儒效〉）

這句話無異於「擇善固執」才能成就聖人。「固執」到最後，還是可以犧牲生命的。荀子說：

權利不能傾也，群眾不能移也，天下不能蕩也。生由乎是，死由乎是，夫是之謂德操。（〈勸學〉）

君子畏患而不避義死。（〈不苟〉）

君子能夠爲「義」而死，因爲「義」正是人之道。

《易傳》的重點在於法天之道以立人之道。天之道是什麼呢？《易傳》說：

說而順，剛中而應，大亨以正，天之道也。（〈謙卦彖傳〉）

動而健，剛中而應，大亨以正，天之命也。（〈无妄卦彖傳〉）

人若法天，就須持守正道。〈乾卦彖傳〉說：

乾道變化，各正性命，保合太和，乃利貞。

但是，持守正道並非易事。〈乾卦文言傳〉說：

知進退存亡而不失其正者，其惟聖人乎！

惟有聖人能夠抵達這種境界。一般人則須下工夫，慢慢地「積」。試看以下兩句話：

積善之家必有餘慶，積不善之家必有餘殃。（〈坤卦文言傳〉）

這兩句話似乎是對一般百姓的勸誡，帶有功利主義的色彩，亦即曉以利害，而不是曉以大義。至於君子，則追隨聖人之後，效法天之道。試舉三例以明：

天行健，君子以自強不息。（〈乾卦象傳〉）

地勢坤，君子以厚德載物。（〈坤卦象傳〉）

君子以遏惡揚善，順天休命。（〈大有卦象傳〉）

眞能如此，則成效立即顯示出來。〈革卦象傳〉的形容如下：「大人虎變，其文炳也。……君子豹變，其文蔚也。小人革面，順以從君子也。」此外，這種自強不息的心志是極爲果決的。〈困卦象傳〉又說：君子能夠「致命遂志」，就是遇到任何困難險阻，也不放棄自己的志向，寧死不負志節。

《中庸》以「擇善固執」爲「人之道」，此在本文之首已略提及，在結論中亦將發揮此義。一般百姓雖然「愚」、「不肖」，但是對於君子之道（實即人之道）依舊「可以與知焉」，「可以能行焉」（〈十二章〉），其原因即在「人性向善」。如果要想化除「愚」（昧於知善）、「不肖」（昧於行善），唯一的辦法即在「擇善固執」。如果擇善固執，則「雖愚必明，雖柔必強」（〈二十章〉）。

這個「明」是指「明乎善」，其最高境界是「至誠如神」：「善，必先知之；不善，必先知之」（〈二十四章〉）。這個「強」是指「中立而不倚」（〈十章〉），其最高境是「至誠無息」：正如天地之「博厚、高明、悠久」（〈二十六章〉）。至於擇善固執要到什麼程度，則「中庸」完全屬於儒家傳統：「國無道，至死不變」（〈十章〉）。

以上所談儒家代表無不強調「擇善固執」，並且無不以「死」爲必要的代價。這種信念顯然是需要說明的，亦即要追問：這種絕對要求由何而來？爲何人的本性中，能出現這種「普遍而必然」的要求？如果人藉死亡以成全生命，則在未死之前，人如何安頓身心？爲了答覆這個問題，必須研究儒家思想的最後關懷，就是：天人合德。

四、人生正途

我們可以爲儒家設定三個問題：一、人性是什麼？二、人生該如何？三、人心想如何？這三個問題首尾一貫，互相關聯，是我們探討儒家系統及其義理時，必須予以全盤思考的。本書作者目前所能提供的答案分別是：一、人性向善；二、擇善固執；三、天人合德。本文特地就「人生該如何？」的「人之道」這一問題，說明「擇善固執」的詳情。在結論中，我們擬試就孔子、孟子與《中庸》，作一詮釋上的印證。

首先，孔子以「仁」統攝「人之性」與「人之道」（引申而至「人之成」），亦即包含「人性向善」與「擇善固執」雙重意思。若將《論語》中弟子「問仁」之處收集一起來看，可知孔子是按照提問者的知能才性與主客環境，指點他們如何「擇善」，但是「固執」則須修行工夫。孔子不輕易許人以仁，原因在此。再者，「不仁者，不可以久處約，不可以長處樂」（〈里仁〉），正因為無法「固執」，故為不仁。又如「君子固窮，小人窮斯濫矣」（〈衛靈公〉），更是明證。孔子稱讚顏淵，因為只有他「其心三月不違仁，其餘則日月至焉而已」（〈雍也〉）。這與《中庸》記載顏淵「得一善則拳拳服膺而弗失之矣」（〈八章〉）對觀，可知「仁」即「擇善固執」。唯有此解，才可說明下面一句話：「君子而不仁者有矣夫，未有小人而仁者也」（〈憲問〉）。

其次，孟子進一步梳理孔子使用的概念，以「仁」指稱「人之性」，以「義」指稱「人之道」。當然，仁義還有其他或寬或緊的解釋，暫不多論。孟子以「人心」說明人性向善，是相當清楚的事實，他又說：「仁，人心也；義，人路也」（〈告子上〉），「仁，人之安宅；義，人之正路」（〈離婁上〉），這是特別以義為「人之道」。他說「夫義，路也；禮，門也」（〈萬章下〉）；「居仁由義，大人之事備矣」（〈盡心上〉）。因此，義與道並舉之處甚多，如「窮不失義，達不離道」（〈盡心上〉），「非其義也，非其道也，一介不以與人，一介不以取諸人」（〈萬章上〉）。至於人之言行，皆「惟義所在」（〈離婁下〉）；要養浩然之氣，則須「集義」；甚至最後可以「舍生取義」，為義而死。由此反思孟子所謂「心之所同然者何也，曰理也，義也」（〈告子上〉），可知「義」在此指人之道（擇善固執），而

「理」即指人之性(人性向善),不是什麼抽象的原理或道理。

最後,《中庸》一書所謂的「中庸」,所指也是「人之道」或「擇善固執」。此中理由須多加說明。《中庸》開宗明義說:「天命之謂性,率性之謂道,修道之謂教」(〈一章〉)。若以人性而論,則因得自於天命,故爲「向善」;順此向善之性(擇善固執),即是人之道;存養修證之即爲人文教化。「道也者,不可須臾離也,可離非道也」,因此這是需要終身行之者。接著,以「中」爲「喜怒哀樂之未發」,顯指人之本性;以「和」爲「發而皆中節」,則指擇善之權宜。這當然極爲不易。不過,「和」與「庸」還有些微差距,因爲「庸」除了和諧適當之外,另有持之以恆的固執義。

〈二章〉曰:「君子中庸,小人反中庸。君子之中庸也,君子而時中;小人之反中庸也,小人而無忌憚也。」若以「擇善固執」解「中庸」,則義全合;再加上「時中」一詞,點出「擇」之權宜考慮的重要。〈四章〉提及「知者過之,愚者不及」,「賢者過之,不肖者不及」,就表示權宜時中之難。〈六章〉以舜爲例,極富解釋性:

> 舜其大知也與!舜好問而好察邇言:隱惡而揚善,執其兩端,用其中於民,其斯以爲舜乎!

如本章所述,「擇善」的條件是「知善」,舜做到了;「固執」的過程須重權宜,舜也做到了。因此,「中庸」的眞義於此可見:「用其中於民」或直稱「用中」,係以「中」爲「善」,以「用」爲

「擇」。持之以恆，總能無過與不及，則爲時中，固執之義亦在其中。

若以舜爲標準，則無怪乎一般人「擇乎中庸而不能期月守也」（〈七章〉），顏淵是努力奉行此道的人，宜乎爲孔門第一弟子（〈八章〉）。「中庸」之難，勝過「天下國家可均也，爵祿可辭也，白刃可蹈也」（〈九章〉）。接著，孔子描述眞正的「強」是「和而不流」、「中立而不倚」、「國有道，不變塞焉」、「國無道，至死不變」（〈十章〉）。強調「固執」之時，切不可忘了「權宜」，「中庸」之難在此。請看〈十四章〉：

> 君子素其位而行，不願乎其外。素富貴，行乎富貴，素貧賤，行乎貧賤；素夷狄，行乎夷狄；素患難，行乎患難。君子無入而不自得焉。

這一切的基礎在於「誠」：只要反身而誠，自可發現內心有向善之趨力，由明善而誠身，由誠身而明善（〈二十一章〉），透過「博學、審問、愼思、明辨、篤行」，自然可以擇善固執了，「人一能之，己百之；人十能之，己千之。果能此道矣，雖愚必明，雖柔必強」（〈二十章〉）。

若有「至誠」之人，則可以盡己性、盡人性、盡物性，參贊天地之化育。《中庸》首章謂「致中和，天地位焉，萬物育焉」，至此可得而證。若由此反觀伊川先生所云：「不偏之謂中，不易之謂庸」，則於理未洽。依本章所論，「中」謂善，「庸」謂「擇而固執」，合之即爲「擇善固執」，即

「人之道」也。如此，「中庸」實爲「用中」，但以「中」冠前，其義或在肯定「善」乃人性所向。人生的努力之途，蓋亦在明其本心趨向，再以智慧與勇氣「擇而固執」之。

第五章 天人合德論

孔子生當春秋衰世，眼見禮壞樂崩，斯文道喪，國人藉以生存之價値系統需要重新予以定位。禮樂傳統雖然代有損益，但是正如《中庸》所云：「非天子不議禮、不制度、不考文」（〈二十八章〉）；如果追問天子這種特權的基礎，則必須訴諸古代的天命觀與德治理想，亦即天子受天所命，又體現至高道德，因此可以制禮作樂，奠定人間的價値系統[1]。

換言之，孔子雖然德爲聖人，卻未能尊爲天子，因而無法紹述周公之業，根據「禮以順天，天之道也」（《左傳》文公十五年）這項原則，重振禮樂教化。孔子好古而不復古，溫故而知新，努力由另一方

1 《禮記．禮運篇》的一句話，可以說明此一要點。文曰：「孔子曰：夫禮，先王以承天之道，以治人之情，故失之者死，得之者生。」詳細討論見《儒道天論發微》，頁九四—九六。

向實現他的志業。這一方向明白展示於以下兩句話中：

禮云禮云，玉帛云乎哉？樂云樂云，鐘鼓云乎哉？（〈陽貨〉）

人而不仁，如禮何？人而不仁，如樂何？（〈八佾〉）

為了防止禮樂淪為僵化的形式，如玉帛與鐘鼓，我們必須探討禮樂與人性之間的關係。孔子在《論語》中經常為弟子解說「仁」，可見這是他重新發現並賦予獨特意義的概念。我們可以肯定的是：「仁」所指涉的是人之性與人之道[2]。於是，原本由天子根據天命觀所制作的禮樂，現在由孔子根據他對人性的洞識予以再造生機[3]。孔子與儒家的構想是：即使天子失德，即使不再有天子，每一個人依舊可以而且應該遵守禮樂規範，並由此滿全人性的基本要求。所謂「不學禮，無以立」（〈季氏〉），「文之以禮樂，亦可以為成人矣」（〈憲問〉），都是明顯的論斷。

因此，人性論自然成為儒家立說的焦點。任何一套人性論都必須涉及三個連貫的問題：一，人性是什麼？二，人生該如何？三，人心想如

2　同上，頁一二三—一二五。
3　同上，頁一一八—一二二。

何？這三個問題的答案環環相扣，形成一個圓融的體系，然後可以用來照明人間一切現象。以儒家爲例，其基本主張是「人性向善」，亦即人性富於行善之潛能，在「二人爲仁」的處境中，可以滿全兩個主體之間的適當關係[4]。因此，善之動力與要求是人性本有，而善之內容與判準則須同時參酌既定規範，如禮樂制度與法令規章[5]。

人性若是向善，則人生該如何？應該「擇善固執」，以智慧掌握「兩個主體之間的適當關係」，亦即選擇向善之性藉以體現的途徑，然後堅持到底，這正好合乎「智仁勇」三達德的指示。而儒家所謂「固執」，還有一項特色，就是：總是以犧牲生命做爲代價，如孔子所云「殺身成仁」，孟子所云「舍生取義」，荀子所云「畏患而不避義死」，《易傳》所云「致命遂志」，《中庸》所云「至死不變」。這種犧牲顯然不是無謂的，而卻是成全生命。換言之，擇善固執的人之道，正是爲了滿全原本向善的人之性[6]。

這裡我們可以追究兩個問題：第一，向善的人性由何而來？第二，人性如何才能得到滿全？這兩個問題分別觸及儒家人性論的起點與終點，而這兩點在理論上又必須同一，以便保證體系的圓融。答案至此已呼之欲出，就是：天。天是儒家人性論的起點與終點。就起點來說，《中庸》所云「天命之謂性」

4 參看本書第六章。
5 同上。
6 參看本書第四章。

(〈一章〉)，作了明白的肯定。就終點來說，則值得進一步申論所謂儒家人性論的「最高理想」——天人合德論。

儒家在「人心想如何？」這個問題上，所要鋪陳的最高理想是「天人合德」。孔子與孟子的「天」概念並非得自玄想，而是由《詩經》與《書經》所清楚昭示，經過長期演變，配合個人體驗，再創造轉化而成的。本章首先將簡述此一發展過程，肯定「天」是儒家所訴求的超越界(或稱「超自然界」)，由此肯定其人性論的特色；其次，將以天人之際爲範圍，說明儒家有知天、畏天、順天、樂天等四種層次的態度；最後，則由人群所構成的橫攝系統與個人所確信的縱攝系統，作雙向互證的解釋，闡明天人合德的境界。

一、天的涵義

(一)天之原始涵義

古代的「天」是個涵義豐富的概念。根據現存較早的文獻，如甲骨文、金文、《詩》《書》《易》三經所載，可知殷人多用「帝」，周人多用「天」，但是帝與天在周初可以互換使用，指涉同一超越者，則是無法否認的事實[7]。所謂超越者（Transcendence，或譯超越界），是藉以說明內存界（Immanence，或譯人間世）之存在緣由與價值基礎的。這樣的「天」對於古人的宗教、政治與道德自然產生直接影響，並且展現重要的面貌。

若以周初文獻為準，我們發現：天所展現的面貌已經相當完備，就是：主宰者、造生者、載行者、啓示者、審判者。以下略作申述：

首先，甲骨文中的帝，主管以下六事：一，風、雲、雷、雨；二，農耕與收成；三，城市建築；四，戰爭；五，人間世之休咎；六，君王之休咎[8]。可見自然界與人文界（即對人世有所評價之意），皆以帝為主宰。這種主宰性格在《詩經》與《書經》以更直接的方式表現於朝代之興替，如：

> 天命玄鳥，降而生商。（《詩經・商頌》）
>
> 昊天有成命，二后受之。（《詩經・周頌》）
>
> 有命自天，命此文王。（《詩經・大雅》）
>
> 天……乃命爾先祖成湯革夏。（《書經・多士》）

---

7 見《儒道天論發微》，第一章〈天與帝的共同意義〉。

8 胡厚宜，〈殷卜辭中的上帝和王帝〉，《歷史研究》，一九五九，第九期，頁二四—二五。

有夏多罪，天命殛之。（《書經．湯誓》）

有命曰割殷，告勑于帝。（《書經．多士》）

皇天上帝改厥元子茲大國殷之命。（《書經．召誥》）

「天」的主宰性格不是憑空而來的，古人相信自然界之所以由天統治，是因爲天是造生者與載行者；而人文界或人間善惡判斷亦由天定奪，則是因爲天是啓示者與審判者。以下依次說明。

就天是造生者來說，我們讀到：

天生烝民，有物有則，民之秉彝，好是懿德。（《詩經．大雅》）

天生烝民，其命匪諶，靡不有初，鮮克有終。（《詩經．大雅》）

天作高山，大王荒之；彼作矣，文王康之。（《詩經．周頌》）

對人言「生」，對萬物言「作」或「造」（《易經屯卦彖傳》有「天造草昧」一語），因此可以用「造生者」形容天[9]。造生之天對人的意義，不止在於爲自然生命找到本源，更在於說明人類與生具有的道德

9　《莊子．天下篇》有「上與造物者遊」一語，可見古人對於萬物，有某種型態的受造觀念，相對的才有「造物者」

品質究竟如何。譬如：

惟天生民，有欲無主乃亂。（《書經．仲虺之誥》）

君惟乃知民德，亦罔不能厥初，惟其終。（《書經．君奭》）

如果欲望使人難以維持善性，「天」又該怎麼辦？在此，天顯示爲載行者，一方面承載自然界的續存，一方面保障人間世的安穩，如：

上天之載，無聲無臭。（《詩經．大雅》）

天佑下民，作之君作之師，惟其克相上帝，寵綏四方。（《書經．泰誓》）

由此已可略見「天命」與「德治」雙重理想的基礎。君王必須代天行道，是所謂「天工，人其代之」（《書經．皋陶謨》）。君王亦因此稱爲「天子」10。就此而論，「天」又表現爲啓示者與審判者，亦

（續）一詞。本章所採「造生者」一詞，係由對物用「造」，對人用「生」所合成的概念，應可反映原始對天的想法。

10 古書中，對「天子」一詞及其角色，較爲完整的敘述是《尚書．洪範》裡的：「凡厥庶民極之，敷言是訓是行，以近天子之光。曰天子作民父母，以爲天下王。」

即：天以某種方式昭示人類應行之道或是非善惡的判準，並由此斷定吉凶禍福。

啓示之天以三種途徑表現自己：一是占卜，二是民意，三是君王的智慧。各舉一二例句爲證：

寧王遺我大寶龜，紹天明。（《書經．大誥》）

予惟小子，不敢替上帝命，天休於寧王，興我小邦周。寧王惟卜用，克綏受茲命，今天其相民，矧亦惟卜用。（《書經．大誥》）

天棐忱辭，其考我民。（《書經．大誥》）

天視自我民視，天聽自我民聽。（《書經．泰誓》）

昔在殷王中宗，嚴恭寅畏，天命自度。（《書經．無逸》）

弗造哲，迪民康，矧曰其有能格知天命。（《書經．大誥》）

君王所知的天命，固然可以用來建立人間的價值系統，但是首要條件則是君王必須自己具備最高道德。《書經．洪範》論及「皇極」，即以「大中」爲教，期許君王奉行「絕對正義」，以便成爲天子，原文有一段：

無偏無陂，遵王之義，

無有作好，遵王之道，
無有作惡，遵王之路。
無偏無黨，王道蕩蕩。
無黨無偏，王道平平。
無反無側，王道正直，
會其有極，歸其有極。

這段話以連續十個「無」字構成的語詞來形容受天所命的王道，正是為凸顯「絕對正義」之無上要求11。天之審判者性格在此充分顯示出來。奠定此一標準與要求之後，才可能出現如：「惟上帝不常，作善降之百祥，作不善降之百殃」（《書經・伊訓》）與「天道福善禍淫」（《書經・湯誥》）之類的說法。

綜合以上所論，可知天之五種性格中，主宰者原為眾人所信仰，造生者與載行者亦為眾人所接受，而啓示者與審判者則須借助於天子之德，才可得以彰顯。具體說來，古代天子制禮作樂，界定人間宗教、政治、道德方面規範，安立價值系統，也是依據天之這兩種性格。若天子失德，則天之這兩種性格

11　詳細討論，參看筆者，〈宗教語言的意義問題〉，收於《當代西方哲學與方法論》（台北：東大，一九八八），頁一〇九—一一一。

無從落實，禮漸壞樂漸崩，人間價值系統亦將趨於模糊，連帶還使天之其他三種性格受到影響。不幸的是，這正是春秋時代初期，儒家出現之前的一般社會狀況。

(二)天概念之轉化

根據《左傳》與《國語》，我們發現春秋時代的「天」概念顯示重大轉變。轉變的線索大致如下：首先，啓示之天與審判之天原本以絕對正義爲要求，設定善惡是非之標準，並由此產生吉凶禍福。現在，吉凶禍福照樣存在，善惡是非的標準卻模糊了，於是令人無奈而盲目的命運逐漸凸顯。《詩經》中只有三處談及「命運」：「實命不同」、「實命不猶」（〈國風．召南〉），與「不知命也」（〈國風．鄘〉），可見「命運」概念較爲晚出；並且，由百姓責怪天之不義與不仁，正好反映了傳統所信之天是公義的與仁愛的。必待天之淪爲昏昧，命運才能歸咎於天，如下述引文所示：

> 浩浩昊天，不駿其德。……舍彼有罪，既伏其辜。若此無罪，淪胥以鋪。（《詩經．小雅》）
>
> 昊天孔昭，我生靡樂。視爾夢夢，我心慘慘。（《詩經．大雅》）

以此爲背景，不難明白春秋時代的「天」何以逐漸喪失值得尊敬的地位，並成爲許多戰爭與惡行的藉口[12]。至於天與命運相涉，也清楚表現於許多語句中，如《左傳》所云：

> 成王定鼎於郟鄏，卜世三十，卜年七百，天所命也。（宣公三年）
>
> 周德雖衰，天命未改。（宣公三年）

「天命」在此已與「德」無關，成爲命運之天了。順此以往，配合陰陽五行的理論，就形成戰國時代的陰陽家了。儒家並不否定命運，而是提出「使命」概念來制衡，藉以繼承天之原始涵義。此點稍後再述。

其次，造生之天與載行之天也隨著天子失德而轉變，最明顯的例子：昊天（偉大的天）淪爲蒼天（自然的天）。譬如《詩經》中有：

> 悠悠蒼天，此何人哉！（〈國風〉）
>
> 蒼天蒼天，視彼驕人，矜彼良人。（〈小雅〉）

12 《儒道天論發微》，頁八八—八九。

古人仰望穹蒼，以之爲天，但是並未視之爲今人所謂的自然之天。自然之天在「天地」並稱時最爲明顯，而「天地」一詞在周初極爲罕見，《書經・泰誓》有「惟天地，萬物父母」，《書經・周官》有「寅亮天地」，但是這二篇疑非周初之作13。《詩經・小雅》始見「謂天蓋高，不敢不局；謂地蓋厚，不敢不蹐」一語。

到了春秋時代，「天地」一詞逐漸習用，「自然之天」才得以凸顯。然而即使如此，它也不是純粹物質之天，譬如《左傳》有「君履后土而戴皇天，皇天后土，實聞君之言」（僖公十五年）；「我食吾言，背天地也；重怒難任，背天不祥」（同上），可見天地皆可聞人之言，並定人吉凶。同時，天地與人之間還有相應的關係：「周將亡矣！夫天地之氣，不失其序；若過其序，民亂之也」（《國語・周語上》）

總之，「天」概念之豐富涵義並未完全喪失，其性格也以間接方式運作於春秋時代，如以神祇扮演天之審判者功能，並以禮樂扮演天之載行者功能14。然而，前者受制於「民神雜糅」（《國語・楚語下》），無法維持公義；後者陷於「禮壞樂崩」，隨著國家解體而式微。無怪乎此時理性論與懷疑論同時勃興，「哲學的突破」已如箭在弦上。

---

13 參看屈萬里，《尚書釋義》（台北：中華文化，一九五六），〈序論〉，頁一二—一三。
14 《儒道天論發微》，頁九〇—九三。

至此，我們可以歸納天的七種性格。最原始的五種是：主宰、造生、載行、啓示、審判；稍後衍生的兩種是：自然與命運。它們之間的關係是：第一，天仍是主宰，只是功能未必始終彰顯；第二，造生與載行原是針對自然界(包括人的自然生命)而有，現在轉化爲自然；第三，啓示與審判原是針對人文界(特別涉及人的價値生命)而有，現在轉化爲命運。

(三)孔子的天概念

面對這種新的處境，孔子與孟子毫不遲疑地開展出儒家一派。他們的依憑是：深入認識傳統，由《詩經》與《書經》中掌握「天」之原始涵義，藉以充實自然之天，並點化命運之天。他們的創舉是：正確體悟人性，肯定人性向善，與生具有成全自我之使命，並推溯人性之本源於天。他們的志業是：爲禮樂規範再造生機，將其基礎安立於人性中，使兩者相輔相成，人間秩序永遠穩定。這一切的歸結則是人人皆可達成「天人合德」的至高理想。以下簡述孔子與孟子的天概念。

孔子的天概念包括四點：

第一，以天爲自然界，但是這並非指涉純粹物質之天。孔子曾想效法天之無言而有爲，他說：「天何言哉？四時行焉，百物生焉，天何言哉？」(〈陽貨〉)這句話孤立來看，不易得解，難怪有人認爲它指出「天能言而不言」[15]，也有人就此論斷天是「非人格的」[16]。如果放在本章的脈絡裡來看，就十分清楚：它表示孔子接受傳統的信念，認爲天是四時行與百物生的動力所在，是即所謂載行之天與造生之天。孔子甚至十分注意自然界的變化，「迅雷風烈必變」（〈鄉黨〉），朱熹的註解認爲孔子這種回應是「所以敬天之怒」，可以參考。

第二，以天爲關懷人世的主宰。儀封人並非孔子的學生，但是在與孔子會談之後，說了一句含意甚深的話：「天下之無道也久矣，天將以夫子爲木鐸」（〈八佾〉）。可見孔子使他相信兩件事：一是天仍然負責天下之有道與無道；二是天賦予孔子木鐸的使命。這種主宰之天還同時監管人的行爲，如「獲罪於天，無所禱也」（〈八佾〉），「吾誰欺，欺天乎」（〈子罕〉），「予所否者，天厭之，天厭之」（〈雍也〉）。我們由此不得不認爲孔子接受了《詩經》與《書經》中，相當原始的主宰之天[17]。

---

15 參看馮友蘭，《中國哲學史》（上海：商務，一九四六），頁八三。

16 參看熊十力，《讀經示要》（台北：廣文，一九六 ），卷一，頁一四；劉述先，〈儒家哲學的宗教涵義：其傳統面貌與現代意義〉（英文），載於《東西哲學》(*Philosophy East and West*)卷二一，期二（一九七一），頁一五七起。

17 美國漢學家史華慈(B. Schwartz)認爲，在《論語》中「我們發現孔子相當重視他個人與天的關係；他並不僅僅把天當作內在於自然與社會的『道』，而是把天當作一位超越而清醒的意志主體，對他（孔子）的救贖使命深感興趣。」見史華慈，〈古代中國的超越界觀念〉（英文）"Daedalus"，一九七五。這段話頗爲客觀中肯地說出孔子的天概念的特色。

第三，以天爲孔子使命的本源。前面一段已經一併談到使命，同時暗示天之啓示與審判功能了。更明顯的是以下幾句：

文王既沒，文不在茲乎。天之將喪斯文也，後死者不得與於斯文也。天之未喪斯文也，匡人其如予何？（〈子罕〉）

天生德於予，桓魋其如予何！（〈子罕〉）

不怨天，不尤人，下學而上達，知我者其天乎。（〈憲問〉）

五十而知天命。（〈爲政〉）

必須先有天命，然後孔子才能知之。孔子同時相信只有天知道他的所作所爲是爲了什麼——是爲了天所賦予的使命嗎？應當如此，所謂「天生德於予」一語的「德」字即指此而言。理由有三：一，「德」若指人人共有的天性，則孔子不宜聲稱「桓魋其如予何！」二，「德」若指後天修成的品德，則孔子何以在他處承認「德之不脩」（〈述而〉）爲他的四憂之首？三，因此，「德」應該是指孔子異於其他所有人的一種獨特性質。我們由以上幾句話合而觀之，可知那正是天所給他的特殊使命。也許孔子當時想到古代「天命有德」的傳統，就是肯定自己既然受天所命，則必有相應之德。

第四，以天爲命運。這方面的看法是春秋時代普遍接受的。《論語》中相關的語句有：

道之將行也與，命也；道之將廢也與，命也。（〈憲問〉）

子夏曰：商聞之矣，死生有命，富貴在天。（〈顏淵〉）

亡之，命矣夫，斯人也，而有斯疾也。（〈季氏〉）

顏淵死，子曰：噫，天喪予！（〈先進〉）

鳳鳥不至，河不出圖，吾已矣夫。（〈子罕〉）

由此可見，孔子並未忽視命運的存在，如果這種命運也須訴諸於天，那麼孔子對天的信念是否會改變呢？綜合以上四點論述，可知孔子珍惜天的原始涵義，正視天的轉化過程，同時由自己的體驗著手展示天的新貌：在命運之旁，喚醒人的使命[18]。我們由孔子標舉「君子」的道德芳表做爲百姓楷模，從他強調仁重於生命，可以得知：儘管《論語》缺乏系統論述，孔子對於闡明人性的努力仍然清晰可辨。他想說明：人的使命在於成全人格，因爲他有向善的本性，而後者可以推源於天。孟子在這方面的理論更爲完備，謹略述於後。

18　《儒道天論發微》，頁一三二—一三七。唐君毅對孔子的義與命的討論，結論與本文相似，見唐氏，《中國哲學原論：導論篇》（香港：人生，一九六六），頁五一六—五一八。

(四) 孟子的天概念

孟子的天概念由於徵引古書原典甚多，而顯示明確的傳統性格。首先，天是造生者與載行者，試看：

詩云：天生烝民，有物有則。民之秉彝，好是懿德。（〈告子上〉）

書云：天降下民，作之君作之師，惟曰其助上帝寵之四方。（〈梁惠王下〉）

伊尹曰：天之生此民也，使先知覺後知，使先覺覺後覺也。（〈萬章上〉）

以上幾句話肯定天是造生者，同時對人而言亦扮演載行者的角色。古代由君與師「代行天工」，這種作為推而廣之，可以喚醒人人自覺其天賦本性原是可貴的，所謂「堯舜與人同耳」（〈離婁下〉），「人皆可以為堯舜」（〈告子下〉），則是孟子所要特別強調的。

其次，天是主宰者與啓示者。前者如：

詩云：畏天之威，于時保之。（〈梁惠王下〉）

孟子曰：順天者存，逆天者亡。（〈離婁上〉）

太甲曰：天作孽，猶可違；自作孽，不可活。（〈離婁上〉）

詩云：永言配命，自求多福。（〈離婁上〉）

孟子一方面以天爲主宰者，同時有意凸顯人的自主責任，認爲「禍福無不自己求之者」（〈離婁上〉），這並不表示人可以與天畫清界限，而是相信人之道（自求多福）與天之道（永言配命）是協同一致、互相對應的。至於啓示之天，則指天是啓示「人之道」的本源，但並不主動干預人間的一切。試看：

孟子曰：天與之……天不言，以行與事示之而已；薦之於天而天受之，暴之於民而民受之。（〈萬章上〉）

泰誓曰：天視自我民視，天聽自我民聽。（〈萬章上〉）

孟子曰：民爲貴，社稷次之，君爲輕。是故得乎丘民而爲天子。（〈盡心下〉）

天的啓示作用似乎移轉到民意上，這其中的關鍵在於：人民已經覺悟「人人有貴於己者」（〈告子上〉），不能再依賴天子的媒介，必須自行掌握「人之道」，因爲它得自「天之道」，所謂「誠者天之道，思誠者人之道」（〈離婁上〉）正是此一轉化之最好證明。

然後，天的審判者性格清楚顯示爲命運與使命兩面，這是孟子「天」概念最大的成就。先就命運來

說，

莫之爲而爲者，天也；莫之致而致者，命也。（〈萬章上〉）

君子創業垂統，爲可繼也；若夫成功，則天也。（〈梁惠王下〉）

孔子進以禮，退以義；得之不得，曰有命。（〈萬章上〉）

無奈的命運可以歸之於天，但是並不因而抹煞人的使命；人還是應該按照人之道行事。試看：

修身以俟之，所以立命。（〈盡心上〉）

君子行法以俟命而已矣。（〈盡心下〉）

盡其道而死者，正命也。（〈盡心上〉）

天下有道，以道殉身；天下無道，以身殉道。（〈盡心上〉）

這幾句話充分發揮了孔子的未竟之意，把審判之天由命運轉向使命，因爲人性與生具有向善的動力，是一等待被實現的潛能。所謂「仁也者，人也；合而言之，道也」（〈盡心下〉），若能以自然生命

(人)去實現價值生命(仁)，就是人生應行正道，寧死不負此志；而人與仁原本內在相屬[19]。孔子「承禮啓仁」的大業至此燦然完備。依儒家之說，人人具有向善的本性，只須存養充擴之，即可成爲聖人，聖人所至之境爲「天人合德」。

儒家其他代表的天概念，雖有重點上的差異，如荀子強調自然之天，但是大體上都以「天人合德」爲人性論之極詣[20]。以下將就「天人之際」與「天人合德之雙向互證」繼續討論，重心仍在孔子與孟子的思想，但是亦不忽略其他代表的見解。

二、天人之際

如上所述，孔子與孟子不僅充分理解「天」的原始涵義，同時認清春秋時代隨著「禮壞樂崩」而出現的「天」之轉化。他們知道，若要安頓人間的價值系統，不能單靠天，還須人自己挺立起來。天人之際的問題乃成爲儒家的重要關懷。在進行討論之前，有兩點說明：一、天概念至此已經顯露其時代困境，儒家必須探究如何使天成爲命運與使命的共同本源，亦即「天命」一詞的用法異於往昔。二、「天

19　參看史次耘，《孟子今註今譯》(台北：商務，一九七　)，頁一三九。
20　關於荀子天論的特點，參看《儒道天論發微》，頁一六四—一六七。

命」一詞的使命涵義，使受命之人體悟「人之道」，相對於此，則由天命衍生「天之道」一詞，逐漸通用。因此，雖然儒家屢言天命與天道，我們仍以「天」綜括之，並分別就「知天、畏天、順天、樂天」四方面來界定人所取的態度。

(一) 知天

孔子自述生平進境時，曾說「五十而知天命」（〈爲政〉），他所知的「天命」是什麼？我們不妨先從原文脈絡認識他的路徑。孔子「三十而立」，顯然是立於禮樂，因爲他兩次強調「不學禮，無以立」，又對禮樂發表許多精湛見解。「四十而不惑」則表示他對於人間事理，從歷史文化的傳承，朝代帝王的更迭，到個人的出處進退，都有充分了解。接著就須「下學而上達」（〈憲問〉），尋找生命的終極本源，明白古人「天」的概念各種涵義，如上節所述。他所知的天命，可以指涉三方面：一是傳統的「天命有德」，如「咨爾舜，天之曆數在爾躬」（〈堯曰〉），以及他一再讚美古代聖王堯、舜、禹等人的卓越美德，可以爲證。二是後起的「命運之天」，如：伯牛有疾，孔子說「命矣夫」，顏淵死，孔子嘆「天喪予」，再加上子夏轉述的「死生有命，富貴在天」，可以爲證。三是孔子洞識人性向善之後，所楬櫫的「使命」，從「君子去仁，惡乎成名？」（〈公冶長〉）到「無求生以害仁，有殺身以成仁」（〈衛靈公〉），可見此一使命之眞切必要。孔子知天命，因此可以由他個人開始，無懼生死，在面臨危局時，以天爲其訴求（〈述而〉，〈子罕〉），進而要求別人「朝聞道，夕死可矣」（〈里仁〉）以及「不知命，無以爲君子也」(〈堯曰〉)。換言之，「知天命」須同時認清命運與使命，並以使命爲行事依違的準則。

孟子對於天的認識極爲完備。除了傳統的涵義之外，孟子還使用許多與天有關的術語，像「天爵」、「天吏」、「天時」、「天殃」、「天道」、「天性」等。他對於天的作爲也頗有個人的體悟，如「天將降大任於是人也」(〈告子下〉)，「夫天未欲平治天下也」(〈公孫丑下〉)這兩段話，都是明確的例子。除此之外，他還清楚肯定：「盡其心者，知其性也，知其性，則知天矣」(〈盡心上〉)；這裡已經告訴我們「知天」的途徑了。孟子的理由是什麼？首先，由盡心到知性，是因爲孟子掌握人與禽獸的幾希之異在於「心之四端」(〈公孫丑上〉)，由此界說人性；這四端是開始而不是完成，必待人之存養充擴才可體現善行。換言之，「盡心」意指透過「思」來操存本心(〈告子上〉)，同時能夠反身而誠，滿足四端之要求，由此可以「知性」，亦即知道人性是向善的。孟子的意思十分清楚，他說：「人性之善也，猶水之就下也。人無有不善，水無有不下」(〈告子上〉)，若「下」指水之「向」，則「善」亦指人之「向」，殆無可疑。其次，再由知性到知天，因爲人的向善之性具有內發的要求，對人發出評價與訓令；後者必須推源於天，才能圓滿解釋。孟子說：「心之官則思，思則得之，不思則不得，此天之所與我者」(〈告子上〉)；天與人的關係原本密切：「夫仁，天之尊爵也，人之安宅也」(〈公孫丑上〉)。仁爲天人交聚之所，而天人之道亦可得而言之：「誠者，天之道也；思誠者，人之道也」(〈離婁上〉)。這時所知之天就是賦予人使命的天，而完成人的使命就是走向天人合德的不二法門。

荀子一再並稱「天地」一詞，意在凸顯天之自然面；同時肯定「天職」是「不爲而成，不求而得」（〈天論〉），近於盲目的命運。若以自然與命運來指涉天，則荀子對天的態度是不難想像的：

> 天能生物不能辨物也，地能載人不能治人也；宇中萬物生人之屬，待聖人然後分也。（〈禮論〉）
>
> 故君子敬其在己者，而不慕其在天者。（〈天論〉）
>
> 大天而思之，孰與物畜而制之，從天而頌之，孰與制天命而用之！……故錯人而思天，則失萬物之情。（〈天論〉）

荀子這種立場，就他批判自然之天與命運之天而言，是屬於儒家的。至人應該「明於天人之分」，對自然採取態度，不可混同天與人：聖人應該「不求知天」（〈天論〉），對命運採取態度，然後管好人間之事。荀子將天之載行者及審判者功能交託於禮，由此形成本身理論的困境[21]，他承認：「凡禮……是百王之所同，古今之所一也，未有知其所由來者也」（〈禮論〉）。至於荀子的人性論，也有一些理論上的

21 《儒道天論發微》，頁一七六—一七八。

困難，譬如他雖然發現「辨」與「義」是人之異於禽獸之特色，但是並未以此來界說人性，卻由人的本能、欲望以及由此衍生的後果來理解人性22。但是就人性論的效應而言，如人皆可以成爲君子，也應該成爲君子，同時人與人之間有互相成全的義務等，這些大體仍屬儒家傳統。

《易傳》的基本觀點是由體察天之道以安排人之道，其中所云之天，主要有二種用法：一是天地並稱之天，二是依附傳統信念而有評價含義的天。前者表現爲大生廣生之德，後者則對吉凶禍福有所貞定：所謂「觀乎天文，以察時變；觀乎人文，以化成天下」（〈賁卦彖傳〉），可以說明此義。天道與人道有相應的一面，譬如「天道虧盈而益謙……人道惡盈而好謙」（〈謙卦彖傳〉），因此深入知天，是聖人的必要條件，所謂：「天生神物，聖人則之；天地變化，聖人效之；天垂象，見吉凶，聖人象之」（〈繫辭上〉）。

《中庸》的主旨在於說明：人之性與人之道，如何與體現在自然秩序中的天之道聯繫起來？若人之道與天之道相應，所謂「誠者，天之道；誠之者，人之道」（〈二十章〉），那麼人之性亦當與天之命有關，即所謂「天命之謂性」（〈一章〉）。這種兩兩對應的理論架構，顯示《中庸》爲儒家集大成之作。就「知天」而言，《中庸》主張：「故君子不可以不修身，思修身，不可以不事親；思事親，不可以不知人；思知人，不可以不知天」（〈二十章〉）。理由何在？在於一旦知天，就能知道人性向善的基礎，

22 同上，頁一六八—一七一。

進而知道依此向善之性事親以及修身。人性若是向善，人之道除了「擇善而固執之」（〈二十章〉），還會有別的可能嗎？

(二)畏天

古人對天既敬且畏。春秋時代的天概念逐漸轉化，我們由當時許多互相勸誡的話，可以察知這種態度已經難以維持了。《左傳》有：「敬之敬之，天惟顯思，命不易哉」（〈僖公廿二年，成公四年〉），「胡不相畏，不畏於天」（文公十五年）。為何不再畏天？因為人們不再知天了。孔子說：君子「畏天命」，又說：「小人不知天命而不畏也」（〈季氏〉）。知天之後，自然會在消極方面畏天，並在積極方面順天。

本段先就畏天來說。前面提及孔子「迅雷風烈必變」，表示「敬天之怒」。他在言語上明白承認：「獲罪於天，無所禱也」（〈八佾〉），「予所否者，天厭之」（〈雍也〉），「吾誰欺？欺天乎」（〈子罕〉），皆出於同一心態。他行為上則有：五十五歲辭官不居，周遊列國，雖經顛沛造次，仍然堅持奉行天所賦予的使命。連子路都明白：「道之不行，已知之矣」（〈微子〉），但是孔子不改初衷，以致一位主管城門的人都認為他是「知其不可而為之者」（〈憲問〉）。孔子為何會有這種特殊行止呢？配合他的年齡來看，這正是知天命之後的畏天命。孔子曾經感嘆「莫我知也夫」，然後說：「不怨天，不尤人，下學而上達，知我者其天乎」（〈憲問〉），若非知天畏天，如何能說出這句話？

孟子經常援引古書，提醒當時的政治領袖保持畏天態度。如：「天之方蹶，無然泄泄」（〈離婁上〉），「天誅造攻自牧宮，朕載自亳」（〈萬章上〉），「畏天之威，于時保之」（〈梁惠王下〉），因爲畏天者可以「以小事大」，可以「保其國」（〈梁惠王下〉）。他還相信「順天者存，逆天者亡」（〈離婁上〉）。但是一般領袖既不知天，又如何畏天順天呢？孟子於是敘述孔子的表率，再說明自己的理想，都是出自「懼」，由文脈可知是由於畏天。孟手說：

世衰道微，邪說暴行有作，臣弒其君者有之，子弒其父者有之。孔子懼，作春秋。春秋，天子之事也；是故孔子曰：知我者其惟春秋乎！罪我者其惟春秋乎。（〈滕文公下〉）仁義充塞，則率獸食人，人將相食。吾爲此懼，我亦欲正人心，息邪說，距詖行，放淫辭，以承三聖者；豈好辯哉？予不得已也。（〈滕文公下〉）

孟子既說「懼」，又說「不得已」，可見其畏天之誠懇態度。

荀子在這方面雖然也強調聖人與君子的責任，但是是否出於畏天呢？他的考慮是：人生而有欲，順其欲而不加限制，則將導致社會大亂，「先王惡其亂也，故制禮義以分之，以養人之欲，給人之求」（〈禮論〉）。在此，荀子用「惡」而不用「懼」，似乎並未想到「畏天」的問題。

《易傳》認爲「作易者，其有憂患乎」；易之道，「其道甚大，百物不廢，懼以終始，其要無咎」；易之爲書也，「其出入以度，外內使知懼，又明於憂患與故」（〈繫辭下〉）。這裡一再談到的「懼」與「憂患」，都是擔心人之道不能符合天之道，使性命之理黯而不彰。唯其知天畏天，故能憂患恐懼。

《中庸》以「誠之者」爲人之道，所畏者在內不在外，其中所引兩句《詩經》的話值得參考。一是：「相在爾室，尚不愧於屋漏」（〈三十三章〉）；二是：「神之格思，不可度思，矧可射思」（〈十六章〉）23。人性是天命的體現，人心自有善惡判準，只須反身而誠，就可以掌握人生正途。

(三) 順天

順天是知天之後的積極表現。孔子在「五十而知天命」之後，接著就是「六十而順」，所順者天命也。關於「六十而順」一語，《論語》一向記爲「六十而耳順」，解者多依朱註：「聲入心通，無所違逆，知之至，不思而得也。」但是綜觀《論語》與儒家代表的典籍，都沒有人特別談起「耳」的作用，更沒有人發揮「耳順」的道理。倒是有許多論及「順天命」的。就文字考據上主張「耳」爲衍文者，有陳鐵凡、于省吾、程石泉等先生24，就義理通貫上主張「耳」爲衍文者，有馮友蘭、沈有鼎、唐

23 《儒道天論發微》，頁二一三—二一四。

24 參看程石泉，《論語讀訓解故》（台北：先知，一九七五），頁一四。

君毅等先生25。我們還可以由孔子生平行事證之。孔子周遊列國時，多次陷於危局，皆以「天」爲訴求對象，如聲稱：「天生德於予，桓魋其如予何！」「天之未喪斯文也，匡人其如予何！」其意似爲：我正在順天之命，你們又能奈我何？他甚至可以說服儀封人去相信「天將以夫子爲木鐸」，可見其順天之心志。

不僅如此，孔子自承知天命，畏天命於前，怎能不順天命於後？並且，由此接上「七十而從心所欲不踰矩」，也是十分自然的結果，是即天人合德之境。順天包含則天，孔子曾盛贊堯的偉大：「惟天爲大，惟堯則之」（〈泰伯〉）。

孟子引述孔子所云「惟天爲大，惟堯則之」（〈滕文公上〉）一語，又明白主張「順天者存，逆天者亡」（〈離婁上〉）。孟子的創造性詮釋，在於：以「仁」爲天之尊爵（〈公孫丑上〉），以行仁者爲「天吏」，可以「無敵於天下」（〈公孫丑上〉），順天的成效不可等閒視之。就以個人來說，也應該做到「事天」：「存其心，養其性，所以事天也」（〈盡心上〉）。只要操存本心，讓心之四端如「火之始然，泉之始達」，就可以發現向善之性；養其性則是滿全向善之性的要求，讓它如牛山之木日益豐茂，

25　馮友蘭，〈新原道〉，收於《貞元六書》（下）（香港：一九七二），頁二四。馮氏此書提及沈有鼎亦有此說，惜未註明出處。另外，唐君毅亦以孔子「從心所欲不踰矩」爲代表「天德流行」，同時以「六十而順」為代表「順天」。馮友蘭〈新原人〉（收於同書）談境界時，提及知天、事天、樂天、同天，與本章所論可以相通，但詮釋之方式及範圍則大異其趣。

就是「事天」的正途。由於孟子相信心是「天之所與我者」，因此可以循此途徑事天。我們在強調孟子的心性論時，不宜忽略其本源在於天論。

荀子認爲，先王制作禮樂時，並未抹煞天的示範作用。他說：「禮有三本：天地者，生之本也；先祖者，類之本也；君師者，治之本也；」「故禮，上事天，下事地，尊先祖而隆君師」（〈禮論〉）。更明確的說法是：「上取象於天，下取象於地，中取則於人」（〈禮論〉）。天、地與人的關係仍然密切。至於荀子所云：「君子大心則天而道」（〈不苟〉），則與孔子、孟子的立場並無殊異。

《易傳》重視天人相應，對於順天也有許多明白的指示。譬如：

君子以遏惡揚善，順天休命。（〈大有卦象傳〉）

利有攸往，順天命也。（〈萃卦象傳〉）

順乎天而應乎人。（〈兑卦象傳〉）

天之所助者，順也。（〈繫辭上〉）

從《易傳》這幾句話去反省孔子的「六十而順」，配合孔子晚而喜易，「讀易韋編三絕」[26]，可知我們

---

26 參看《史記・孔子世家》。

的解釋不是出自臆測。孔子六十歲時，已做到順天命的要求了。

《中庸》兼顧傳統的受命思想與君子的實際作爲，其中透露順天的主張。試看：

詩曰：「嘉樂君子，憲憲令德，宜民宜人，受祿於天；保佑命之，自天申之」，故大德者必受命。（〈十七章〉）

君子既然受命於天，則其順天而行的結果是令人矚目的：「君子動而世爲天下道，行而世爲天下法，言而世爲天下則」（〈廿九章〉）。然而，君子之道也是一般夫婦可以「與知」、可以「能行」的（〈十二章〉）；因爲人性向善，只須明善，即可誠身（〈廿章〉），亦即努力「擇善而固執之」，堅持下去則「雖愚必明，雖柔必強」（〈廿章〉）。

(四) 樂天

樂天的態度與天人合德的境界十分接近，差別只在前者爲一態度而後者爲一境界。有此態度者未必達此境界。凡是困處逆境而不怨不尤，甚至甘之如飴者，都屬於樂天的態度。《易傳》所謂「樂天知命，故不憂」（〈繫辭上〉），正是標準寫照。

孔子自稱「飯疏食，飲水，曲肱而枕之，樂亦在其中矣」（〈述而〉），又說「發憤忘食，樂以忘憂，不知老之將至云爾」（〈述而〉），這是明白提到「樂」。至於行爲表現，則他不論順逆，經常唱歌，「子於是日哭，則不歌」（〈述而〉）。《史記．孔子世家》說他：在鄭國與弟子離散時，自嘲爲「喪家之狗」，但是即使困於陳蔡之際，卻照樣「弦歌不輟」。弟子中以顏淵最能師法這種精神。孔子說：「賢哉，回也！一簞食，一瓢飲，在陋巷，人不堪其憂，回也不改其樂。賢哉，回也！」（〈雍也〉）推究其故，是顏淵能夠樂天。即使是九夷之地，「君子居之，何陋之有？」（〈子罕〉）這也是因爲能夠樂天。

樂天並不限於身處困境，而是日常生活中也可以表現的。孔子曾要弟子言志，子路、冉有、公西華說過之後，輪至曾皙，他說：「莫春者，春服既成，冠者五六人，童子六七人，浴乎沂，風乎舞雩，詠而歸。」孔子喟然嘆曰：「吾與點也！」（〈先進〉）爲何稱許曾皙呢？因爲他的志向是配合時空環境（時屬莫春，地近沂水），約集一群朋友，隨著興之所至，享受生命情趣。這正是樂天的表現。

孟子先就政治領袖而論，認爲：樂天者可以「以小事大」，可以「保天下」（〈梁惠王下〉）。其次，談到樂天的具體內容是「仁義忠信，樂善不倦」，亦即所謂「天爵」（〈告子上〉）。如果「王天下」還不夠快樂，那麼只有「樂天」可以勝任了，孟子提到三種：父母俱存，兄弟無故；仰不愧於天，俯不怍於人；得天下英才而教育之（〈盡心〉）。稍加分析，可知：父母兄弟的存在，隨時可以喚起我孝弟之心與仁義之行；俯仰無愧，是因爲存心養性，滿全向善要求；教育英才，則保障了斯文傳承。三者皆可溯源於樂天的態度。由於天是宇宙萬物的大本，如果能夠樂天，也就可以像孟子一樣聲稱：「萬物皆備於我矣，反身而誠，樂莫大焉」（〈盡心〉）。

《中庸》關於樂天著墨不多，其中有一段話卻具有代表性，充分彰顯儒家的樂天精神：

君子素其位而行，不願乎其外。素富貴，行乎富貴；素貧賤，行乎貧賤；素夷狄，行乎夷狄；素患難，行乎患難。君子無入而不自得焉。（〈十四章〉）

「無入而不自得」一語，總結了我們對知天、畏天、順天與樂天的討論，也是儒家就「天人之際」所能展示的典型態度，由此所指向的境界則是「天人合德」了。

三、天人合德之雙向互證

「天人合德」是儒家人性論的最高理想。我們可以由兩個方向證明此一理想，這兩個方向又是相互為用的，因此稱之為雙向互證。其一是橫攝系統，以人群社會之共同福祉來印證天人合德；其二是縱攝系統，以個人生命之絕對要求來體現天人合德。如果借用莊子的術語，可以說：前者屬於外王，後者屬於內聖，兩者相輔相成27。

這種雙向互證在理論建構上，係基於人性向善與擇善固執兩種主張。首先，由於人性只是趨向而非完成，因此不能離開「二人爲仁」的脈絡去得到實現。「善」是指由一主體發出動力要求，配合既存規範，確定內容與判準，然後付諸行動，故儒家所謂之「善」爲「兩個主體之間適當關係之滿全」。因此，人之行善，必自「做了一件對某一主體爲善之事」開始；此人只可稱爲「對某人而言爲善」。如此，所謂「善人」是指他「滿全他與所有相關主體之間的適當關係」。這是何等困難之事。難怪孔子會感嘆：「善人吾不得而見之矣，得見有恆者，斯可矣」（〈述而〉）。「有恆者」一詞暗示我們時間因素之重要，亦即只要人活著，他的向善本性就會發出動力要求，他就還有新的責任須滿全，因此擇善固執自然成爲人之道；同時，人也始終不能自認成全，如孔子就說：「若聖與仁，則吾豈敢？」（〈述而〉）

向善的本性使人努力成爲善人與聖人。在此一過程中，人群社會隨之走向理想境地。但是，「向」之一字又允許人有自由，允許人因任何理由而違背本性要求，旦旦而伐之，造成惡事與惡人。此一可能性亦使人群社會可以陷於「天下無道」，此時擇善固執就須訴諸縱攝系統，從「說大人，則藐之」到「雖千萬人，吾往矣」，甚至不惜犧牲生命。此一犧牲正是完成，同樣可以臻至天人合德。

27 「內聖外王」一語出自《莊子・天下篇》，但是常被用來解說儒家的理想，或許因爲它與儒家《中庸》的「德爲聖人，尊爲天子」一語，義頗相通而詞句較爲簡明扼要。

以下將分別剖析儒家代表有關天人合德之觀點，附帶將涉及有關自律他律與德福一致的問題。

(一) 孔子

先就橫攝系統來說。孔子深通古代歷史，對於聖王的志業心嚮往之。聖王即是天子，以「克相上帝，寵綏四方」爲職責。因此，言天人合德，或人生至境，自當以聖王爲具體典範。孔子曾說：博施於民而能濟眾，已足稱「聖」，「堯舜其猶病諸」（〈雍也〉）；又說：「修己以安百姓，堯舜其猶病諸」（〈憲問〉）。這種連堯舜都全力以赴、唯恐不及的事，用孔子的話來說，就是「夫仁者，己欲立而立人，己欲達而達人」（〈雍也〉）。理由是人性向善，因而人不可能孤立地成全自我。

孔子重視外王功業的程度，恐怕比一般人想像的要大。從他對管仲的評價可以爲證。孔子批評管仲「器小、不儉、不知禮」（〈八佾〉），影響所及，「仲尼之徒無道桓文之事者」（〈梁惠王上〉），連孟子也不屑學習管仲（〈公孫丑下〉）；但是另一方面，孔子也說：

> 管仲相桓公，霸諸侯，一匡天下，民到於今受其賜。微管仲，吾其被髮左衽矣。（〈憲問〉）
>
> 桓公九合諸侯，不以兵車，管仲之力也。如其仁，如其仁。（〈憲問〉）

由於管仲對人群社會的貢獻，孔子公開承認他「如其仁」。這是極高的讚美，因爲《論語》中孔子從不輕易以仁許人。孔子自己栖栖皇皇，希望得君行道，聲稱「如有用我者，吾其爲東周乎」（〈陽貨〉），他自信可以改善東周這種衰頹的局勢，達成治國平天下的大業。當弟子請他談談抱負時，他說：「老者安之，朋友信之，少者懷之」（〈公冶長〉），這是橫攝系統之滿全，大同世界之理想。

然而，如果以爲孔子只求入世從政，又是極大的誤解，他雖然反對隱士作風，認爲「鳥獸不可與同群，吾非斯人之徒與而誰與」（〈微子〉），不過他也深心嚮往「隱居以求其志，行義以達其道」（〈季氏〉）的風格，他更與愛徒顏淵互期：「用之則行，舍之則藏，唯我與爾有是夫」（〈述而〉）。一個人能夠有所不爲，才能夠有所爲。那麼，孔子對一般人所要求的「有所爲」是什麼？

這個問題已經進入縱攝系統的領域了。孔子的一句話正好提供兩個系統之間的環扣：

> 篤信好學，守死善道。危邦不入，亂邦不居。天下有道則見，無道則隱。（〈泰伯〉）

如果追問爲何要「守死善道」，就會觸及死亡與人性成全之間的關係。孔子如果沒有一套完備的人性理論，亦即說明人爲何而生與爲何而死的道理，他如何可能宣稱「朝聞道，夕死可矣」（〈里仁〉）？這個「道」是人之道，亦即從向善的人性所發出之「擇善固執」的要求。固執到什麼程度呢？可以犧牲生命。孔子說：

志士仁人，無求生以害仁，有殺身以成仁。（〈衛靈公〉）

「殺身成仁」之「成」字值得注意，它表示一個人完成了生命的根本要求。這是以德合天，回歸大本。當然，並非人人有此極端之考驗機會，那麼就應該努力修德行善，最後也可以達到如孔子「七十而從心所欲不踰矩」（〈爲政〉）的程度，這是自律與他律相融，德福一致的具體表現。孔子以他個人的生命印證了他的學說，無怪乎儒家可以源遠流長，澤被千古。

(二)孟子

孟子以「仁政」期勉當時的政治領袖，著眼在於橫攝系統的作法。所謂「仁政」，必須注意實際的生活處境，像「夫仁政，必自經界始」（〈滕公文上〉），「養生喪死無憾，王道之始也。七十者衣帛食肉，黎民不飢不寒，然而不王者，未之有也」（〈梁惠王上〉）。何以孟子那麼有把握？一方面得自歷史的昭示，「三代之得天下也以仁，其失天下也以不仁」（〈離婁上〉）；另一方面得自他對人性的了解，「民之歸仁也，猶水之就下，獸之走壙」（〈離婁上〉），他引述孔子所云：「德之流行，速於置郵而傳命」（〈公孫丑上〉）。這些都可以歸結於人性向善的道理。在人群社會中，「老吾老以及人之老，幼吾幼以及人之幼」（〈梁惠王下〉）是完全符合人性要求的，由此推知「樂以天下，憂以天下，然而不王者，未之有也」（〈梁惠王下〉）。姑不論是否爲政，人皆以「與人爲善」爲至德，因爲善須在人際之間得到滿全。孟子以舜爲例，說：

大舜有大焉，善與人同，捨己從人，樂取於人以爲善。自耕稼、陶、漁以至爲帝，無非取於人者。取諸人以爲善，是與人爲善者也。故君子莫大乎與人爲善。（〈公孫丑上〉）

不過，正如孔子的情形，有德者未必可以受命爲王，孟手同意子貢對孔子的盛讚：

見其禮而知其政，聞其樂而知其德，由百世之後，等百世之王，莫之能違也。自生民以來，未有夫子也。（〈公孫丑上〉）

換言之，「天人合德」的境界兼具內聖外王雙重效應，若外王受制於客觀條件，內聖仍是一個人可以而且應該實現的。孟子在這方面的見解十分明確。如果「天」欲平治天下，孟子自認「舍我其誰」（〈公孫丑下〉）；但是他也顧及現實，「得志，與民由之；不得志，獨行其道。」（〈滕文公下〉）

如何「獨行其道」呢？孟子主張一個人要做「大丈夫」：「富貴不能淫，貧賤不能移，威武不能屈」（〈滕文公下〉）。這種大丈夫是與「大人」一脈相承的，而所謂大人就是要「養其大者」（〈告子上〉），「居仁由義」（〈盡心上〉），也就是把心之四端存養充擴，擇善而固執之。孟子由「大體」

「小體」之分所形成的「身心合一論」，無疑是儒家人性論的合理主張。身心若爲合一，人天亦可合德。以下試申此義。

孟子說：「形色，天性也。惟聖人然後可以踐形。」(〈盡心上〉)

「形色」是人的有形可見的身體，是與生具來的，可以稱之爲「天性」。但是天性只是那自然的形體生命嗎？顯然不只是如此，否則下半句話就說不出來了。「惟聖人然後可以踐形」，何以「踐形」那麼困難？爲什麼「踐形」即可爲聖人？「踐形」不過是滿全天生的形體生命的潛能罷了，爲何會產生如此大的效果？原因就是：人性向善。我的自然生命本身就富於向善的潛能，亦即其中涵有價值生命的源頭，兩者一起運作發展；因此，滿全自然生命，就須一併滿全其向善的潛能，亦即實踐仁義禮智，成就完美人格。換言之，滿全自然生命(踐形)，就是成就價值生命(爲聖人)。人與生具有一種使命：要以他的自然生命爲憑藉，來完成他的價值生命。

遇到考驗時，必須「窮不失義，達不離道」(〈盡心上〉)，「雖大行不加焉，雖窮居不損焉」(〈盡心上〉)。若有必要，則可以犧牲生命，孟子說：

> 盡其道而死者，正命也。(〈盡心上〉)
>
> 生，亦我所欲也；義，亦我所欲也；二者不可得兼，舍生而取義者也。(〈告子上〉)

「舍生取義」一語的「取」字値得注意，它表示：「義」是「生」的目的所在，亦即：價値生命是自然生命的目的，因此犧牲生命正是成全生命。這也是以德合天，回歸大本。

即使未曾面臨「舍生取義」的抉擇，人也應該隨時「集義」。如何是「集義」？孟子以各種方式闡述這個道理，其中兩句話頗具代表性：

> 非其義也，非其道也，一介不以與人，一介不以取諸人。（〈萬章上〉）
>
> 行一不義，殺一不辜，而得天下，皆不爲也。（〈公孫丑上〉）

從對待一人一物到號令天下萬民，都以「義」爲原則。唯其如此，才可培養「浩然之氣」：至大至剛，並且「塞於天地之間」（〈公孫丑上〉）。若非身心合一，孟子無法聲稱「志，氣之帥也」，「氣，體之充也」，也無法斷言由集義可以生出浩然之氣；若非天人合德，孟子又如何想像浩然之氣可以塞於天地之間？文天祥〈正氣歌〉所云「天地有正氣」一語，顯然得自孟子的啓發。孟子筆下的「君子」涵蓋發心立志者與煥然成德者；就後者而言，已臻大人與聖人之境，如「夫君子所過者化，所存著神，上下與天地同流」的自然結果，「所過者化」無異「大而化之之謂聖」，「所存者神」配合「聖而不可知之之謂神」（〈盡心下〉）來看，豈非已達神妙莫測、不可名狀之「天人合德」？

(三)荀子

荀子對天人關係的看法，自始就把焦點放在聖賢與君子身上，所謂「天地生君子，君子理天地」，聖人與君子可以被尊爲「天地之參」（〈王制〉）。所以爲「參」者，是根據天地的法則制作「禮樂」。禮樂雖然構成人類社會的判準，但是成效卻是全面的。荀子說，由於禮，「天地以合，日月以明，四時以序，星辰以行，江河以流，萬物以昌」（〈禮論〉），這句話似乎肯定了：人制訂禮之後，透過禮與萬物建立適當的關係，並因而能與萬物相融爲一。荀子的禮與仁義相需相成，他說：

> 君子處仁以義，然後仁也；行義以禮，然後義也；制禮反本成末，三者皆通，然後道也。（〈大略〉）

因此，禮涵蓋了人之道。人若依禮而行，則可達成前述與天地萬物之相洽關係。這也是某一類型的天人合德。

再就生命困境之抉擇來看，荀子一方面主張擇善固執，他說：「其義則始乎爲士，終乎爲聖人。眞積力久則久，學至乎沒而後止也」（〈勸學〉），這是「不可須臾舍的」，「爲之人也，舍之禽獸也」（〈勸學〉）。這種「人禽之辨」屬於儒家傳統。他又說：「積善而全盡，謂之聖人」（〈儒效〉），意即：擇善固執才可成就聖人。「固執」到最後，還是要犧牲生命，他說：

> 權利不能傾也，群眾不能移也，天下不能蕩也。生由乎是，死由乎是，夫是之謂德操。（〈勸學〉）
>
> 君子畏患而不避義死。（〈不苟〉）

君子能夠爲「義」而死，因爲「義」正是人性所要求的成全。荀子這種信念符合本章對天人合德所作之描述。

(四)《易傳》

《易傳》的內容廣大悉備，就「天人合德」而言，有三點可說：一是聖人在横攝系統上的表現，二是君子在縱攝系統上的努力，三是絕對要求與普遍效應。

所謂聖人，在《易傳》皆指古代聖王，這是因爲《易經》反映上古史實的緣故。譬如商以來，唯帝王可以祭祀上帝，「益卦爻辭」有「王用享於帝吉」，「渙卦象傳」則有「先王以享於帝立廟」，「鼎卦象傳」亦有「聖人亨以享上帝」。其次，〈繫辭下〉提及與作易有關之人，無一不是古代帝王，如包犧、神農、黃帝、堯、舜與文王。接著，聖人與萬民、天下總是對稱並舉，充分顯示偉大的統治功效，如「聖人神道設教而天下服矣」（〈觀卦彖傳〉）。「聖人感人心而天下和平」（〈咸卦彖傳〉）。最後，聖人體現了天之道，不僅法天而且與天地並稱，扮演互補的角色。譬如，「天地之大德曰生，聖人之大寶曰位」（〈繫辭下〉），這個「位」字足以顯示大德，如：「天地養萬物，聖人養賢以及萬民」（〈頤卦彖傳〉）。聖人所爲者，有三方面：「以通天下之志，以定下天下之業，以斷天下之疑」（〈繫辭上〉）；聖人需有最高的品德、能力與智慧，才足以滿全此一任務。

其次，君子在《易傳》中是典型的人物，始終朝著天人合德的理想而努力。「德」字在此，明指道德上的志節，如「遏惡揚善」（〈大有卦象傳〉），「見善則遷，有過則改」（〈益卦象傳〉）。具體的例證在各卦象傳比比皆是，試列舉一二於後：

「君子以果行育德」（蒙卦），「君子以振民育德」（蠱卦），「君子自昭明德」（晉卦），「君子反身脩德」（蹇卦），「君子以多識前言往行，以畜其德」（大畜卦），「君子以順德，積小以高大」（升卦），「君子以常德行，習教事」（習坎卦），「君子以居賢德善俗」（漸卦）等。

何以我們認爲這是走向天人合德呢？試看乾坤二卦之象傳即可肯定：

天行健，君子以自強不息。（乾卦）

地勢坤，君子以厚德載物。（坤卦）

順此以往，君子將在某一程度上肖以聖人；

> 唯君子爲能通天下之志。（〈同人卦彖傳〉）
> 君子尚消息盈虛，天行也。（〈剝卦彖傳〉）
> 君子所居而安者，易之序也；所樂而玩者，爻之辭也。（〈繫辭上〉）

最後，面臨極端處境時，君子當然選擇儒家的老路：「致命遂志」（〈困卦象傳〉），寧死不負志節。爲了說明君子與天人合德的關係，最好的辦法莫過於先肯定大人是君子的更高一層人格表現，如「大人虎變，其文炳也。……君子豹變，其文蔚也」（〈革卦象傳〉），然後引述（〈乾卦文言傳〉）一段話：

> 夫大人者，與天地合其德，與日月合其明，與四時合其序，與鬼神合其吉凶，先天而天弗違，後天而奉天時；天且弗違，而況於人乎，況於鬼神乎！

儒家「天人合德」的理想在《易傳》這段話得到明白的宣示。然而，原始要終，透徹發揮此一理想的則是《中庸》。

《中庸》提及六位聖人，就是堯、舜、文王、武王、周公與孔子，其中五位皆「有德有位」，符合「故大德者必受命」（〈十七章〉）的原則，只有孔子例外。然而孔子的盛德難以比擬，《中庸》說：

> 譬如天地之無不持載，無不覆幬，譬如四時之錯行，如日月之代明。（〈卅章〉）

孔子「有德無位」，由此轉化「天命」為普遍的召喚，要求每一個人成就道德上的完美境界。也因而使天人合德成為每一個人的內在企求。換言之，聖人是人人可以做成的，天人合德也是人人可以實現的。

(五)《中庸》

如何著手呢？關鍵在於「誠」。聖人一方面體現天道，如「誠者天之道也」，「誠者，不勉而中，不思而得，從容中道，聖人也」（〈廿章〉）。另一方面，聖人又是人道的典型，因此所謂「知人」，即指「百世以俟聖人而不惑」（〈廿九章〉）。聖人是天人合德的例證，天道與人道貫通之處，即在誠；「誠之者，人之道也」（〈廿章〉）。「誠之」即是「致誠」，具體步驟是「擇善固執」（〈廿章〉）。

人之道依於人之性而開顯，是所謂「率性之謂道」（〈一章〉），因此人性必與善有某種內在關聯；人性又源自天命，是所謂「天命之謂性」（〈一章〉），那麼天命是什麼？

《中庸》在此不曾忽略自然之天，而其成就正是由自然之天，或兼言天地之道，配合傳統天命思想，形成一個圓融體系。試看：

天地之道，可一言而盡也；其爲物不貳，則其生物不測。（〈廿六章〉）

詩曰：惟天之命，於穆不已。蓋曰：天之所以爲天也。於乎不顯，文王之德之純。蓋曰，文王之所以爲文也。純亦不已。（〈廿六章〉）

天地的自然現象如何與文王之德發生關聯呢？如果天之本來面目只是生生不已，它又如何與「善」（德）拉上關係？答案是：得自天命的人性本身即是向善的。只須誠之，或反身而誠，即可知此性。所謂「自誠明，謂之性；自明誠，謂之教」（〈廿一章〉）；由誠身而明善，是爲本性；由明善而誠身，是爲教化。到了「至誠如神」的地步，則是「善，必先知之；不善，必先知之」（〈廿四章〉）。只要一個人忠於自身（誠），將在本性中發現內在光明；人藉此光明可以明辨善惡，並自覺有責任依循這種向善的本性。人若依循這種本性到達完美的地步，則將可以參贊天地之化育，達成天人合德的理想。再簡述一次《中庸》首章的涵義：由於天命於人的本性是向善的，順著這種本性即是擇善固執的人之道，致力於此道之修行即是教化的目的。修行到最後，則回歸大本之天，這時不止是個人生命之成全，同時也形成「天地位焉，萬物育焉」（〈一章〉）。天人合德的勝義仍然以〈廿二章〉的描述最爲完備，文曰：

惟天下至誠，爲能盡其性；能盡其性，則能盡人之性；能盡人之性，則能盡物之性；能盡物之性，則可以贊天地之化育；可以贊天地之化育，則可以與天地參矣。

儒家人性論的最高理想即在於此。

第六章 人的自律性問題

「自律性」概念必須放在人性的脈絡裡面來理解，後者涉及「人性是什麼？」「人能夠成為什麼？」「人應該成為什麼？」三大問題[1]。這三大問題的答案都依於人性與善的關係，如果這種關係得

---

1 有關「自律性」概念，參看項退結編譯，《西洋哲學辭典》（台北：先知，一九七六），頁五三—五四。筆者補充說明如下。人的行為合乎道德，並不等於說它是道德的；正如行為結果異於行動動機。一行為是否道德的，應就其動機評斷。動機若是為了個人幸福，為了道德情感或性向，或者為了神意好惡與賞罰，則稱為他律動機，由此無法產生道德行為。於是情況十分清楚；無自律即無道德，凡道德皆出於自律。其次，單靠自律仍不足以構成道德，因為自由是另一先決條件。自律與自由之間的關係，雖可說是互補，但仍有一張力存在。因此，肯定人有自律性並不等於肯定人有道德，而只是肯定人有成為道德的可能。接著，自律性說是理性為自己立法，不接受外來命令；也可說是只為了善或義務行為，不為其他目的。本文兼取兩者，並以後者為優位。因此，自律性使人的行為在本質上即有道德傾向，即有建構善或價值之要求。亦即，善端在內不在外。若以善端圓滿具足，是為絕對的

到肯定，「自律性」才有其定位，也才有其意義。但是，「善」可以就判準、動力與內容三方面來理解；只有三者皆為人性本具，如以善的判準在內不在外，善的動力在己不在人，善的內容在我不在他，這時才可論斷是完全的或絕對的自律性。那麼，儒家的自律性屬於何種型態呢？

本章所論儒家之人的自律性問題，基本論點為：第一，儒家皆以善的動力為在己不在人，但是善的內容與判準則須內外兼顧。第二，儒家兼具橫攝系統與縱攝系統，亦即在人群社會的脈絡中體現善，同時也肯定自我成仁取義的至高要求。第三，儒家的自律性因而不是絕對的，也不是排他的；此中理解關鍵在於：儒家以人性之本質無異於其「能夠」與「應該」；換言之，人性並非本善，而是向善。為顧及儒家代表各自的特色，擬分別就典籍進行討論，並將前述三項論點融合於其中，這是避免含混籠統或以偏概全的較好辦法。

一、孔子

就善之內容與判準來說，兩者常是同時並現的。孔子肯定這兩者可以求之於外。孔子本人以「好

(續)

自律性。若以善端只是一種等待被實現之潛能或趨向，至於如何實現，則須考慮既存的規範，此可稱為相對的自律性。本文所論儒家的自律性顯然屬於後者。

學」自許，所學者除了《詩》、《書》等典籍之外，更有禮樂，藉以立身處世。他自己「三十而立」（〈爲政〉），顯然是「立於禮」，因爲「不學禮，無以立」（〈季氏〉）。禮樂當然有純屬形式的部分，如玉帛與鐘鼓，但是孔子說「禮云禮云，玉帛云乎哉？樂云樂云，鐘鼓云乎哉？」（〈陽貨〉）由此可見，孔子強調形式並非禮樂的全部。

禮樂的內涵若能使人立身處世，則應該與善有關。譬如孔子回答顏淵問仁時，就說：「克己復禮爲仁」（〈顏淵〉），然後又詳細說明：「非禮勿視，非禮勿聽，非禮勿言，非禮勿動。」引申來看，凡是合乎禮的視聽言動，就是仁，也就是善的；這不是以禮爲善之內容與判準嗎[2]？

就具體的行爲表現來看，孔子認爲：「恭而無禮則勞，愼而無禮則葸，勇而無禮則亂，直而無禮則絞」（〈泰伯〉）。離開禮，簡直無法成就善行了。不過，孔子不是也說過：「人而不仁，如禮何？人而不仁，如樂何？」（〈八佾〉）這句話是否又懷疑禮樂的規範作用呢？未必。如果人性就是仁或善，那麼這句話表示：要成全這種仁，正是需要禮樂發揮作用。如果人性可以仁也可以不仁，那就表示只有仁是與禮樂相應的，也證明禮樂與善的密切關係。無論如何，這句話與前述「克己復禮爲仁」合而觀之，不能得出人性是仁，因而圓滿具足（不需禮樂），可以自己爲善，自己立法自己服從之類的結論。

2　禮當然不是善之唯一內容與判準，因此「克己復禮」不能解爲：克制自我，回復於禮；應該解爲：以實踐禮來約束自我，或者自爲主宰去實踐禮。如此內外兼顧，才可說是「仁」。詳細討論，見《儒道天論發微》，頁一一八—一二二。

其次，就一般的學習來說，孔子強調樹立外在典型。他說：「就有道而正焉，可謂好學也已。」（〈學而〉）政治上的領袖必須體現善行，最好是自己成爲「善人」，像「善人教民七年」（〈子路〉）「善人爲邦百年」（〈子路〉），如此才可能化民成俗。如果人性本善，不多此一舉[3]？除了自己行善，做爲典型之外，還要「舉直錯諸枉，則民服」（〈爲政〉），「舉善教不能，則勸」（〈爲政〉）。儒家固然重視啓發人的內在本性，但是絕不忽略外在規範的必要性。

不僅如此，聞見之知也扮演關鍵的角色。孔子說：「三人行必有我師焉，擇其善者而從之，其不善者而改之」（〈述而〉）。孔子憂心自己「聞義不能徙，不善不能改」（〈述而〉）。此外，「見善如不及，見不善如探湯」（〈季氏〉），「見賢思齊，見不賢而內自省也」（〈里仁〉）。離開這些見聞之知，道德之知無法自行孕生。孔子甚至說：「朝聞道，夕死可矣。」（〈里仁〉），肯定生命的終極判準也可以透過「聞」而得知，亦即由外得知，那麼何況是善呢[4]？

3　孔子還有幾句話預設了人性向善的信念，就是：

　　爲政以德，譬如北辰，居其所而眾星共之。（〈爲政〉）

　　無爲而治者，其舜也與。夫何爲哉？恭己正南面而已矣。（〈衛靈公〉）

　　子欲善而民善矣。君子之德風，小人之德草，草上之風，必偃。（〈顏淵〉）

4　由「朝聞道，夕死可矣」一語，可知此「道」爲說明生死道理者，亦即闡明人爲何而生與爲何而死的因由。此道以聞而得，可見並非純屬人可以自悟者。

總之，從孔子對「學」的強調，可知善的內容與判準絕不能排除外在因素。他說：「吾嘗終日不食，終夜不寢，以思，無益，不如學也。」（〈衛靈公〉），可見光靠求之於「內」的思是不夠的，還須求之於「外」的學。同時，這裡說的「學」，應該含括善的判準。若不好學，寸步難行：「好仁不好學，其蔽也愚；好知不好學，其蔽也蕩；好信不好學，其蔽也賊；好直不好學，其蔽也絞；好勇不好學，其蔽也亂；好剛不好學，其蔽也狂。」（〈陽貨〉）

然而，談到善之動力，自然是源自於內的。這方面最明確的語句是：

> 仁遠乎哉？我欲仁，斯仁至矣！（〈述而〉）
>
> 爲仁由己，而由人乎哉？（〈顏淵〉）
>
> 有能一日用其力於仁矣乎，我未見力不足者。（〈里仁〉）

善的動力固然源自於內，但是這三句話並不意謂人就是仁，只是指出人有行仁的動力，同時這種動力並不十分可靠。我們可以針對上述三句話，再參考幾句孔子的言論。

如果「我欲仁，斯仁至矣」爲眞，孔子爲何又說：「若聖與仁，則吾豈敢？」（〈述而〉）難道「仁」有不同的涵義？如果「爲仁由己」爲眞，那麼「克己復禮」（〈顏淵〉）的「克己」又該如何解釋？難道同一段話裡的兩個「己」字就有不同用法？如果「有能一日用其力於仁矣乎，我未見力不足者」爲眞，那麼爲何三千弟子只有顏淵一人可以「其心三月不違仁」（〈雍也〉）？同時，孔子以「未見」的全稱語法還說過：「吾未見能見其過而內自訟者也」（〈公冶長〉），「吾未見好德如好色者也」（〈子罕〉、〈衛靈公〉）。後面這兩句話若非過於誇張，就表示人的劣根性相當嚴重，不是靠有能力行仁就可以抹煞的。那麼，孔子對人性的看法是什麼[5]？

首先，人性不是本善的。孔子說過：「君子有三戒：少之時，血氣未定，戒之在色；及其壯也，血氣方剛，戒之在鬥；及其老也，血氣既衰，戒之在得」（〈季氏〉）。如果把「血氣」劃歸人性之外，恐怕不會是孔子的原義。如果眞是如此，則人性空蕩蕩的，就是純善又有何用？換言之，孔子絕不是任何類型的唯心論者，同時在善之問題上也不是動機論者。人是活在人群脈絡之中的，因此應該追求的「益者三樂」是：「樂節禮樂，樂道人之善，樂多賢友」（〈季氏〉）；同時要結交的「益者三友」是「友直，友諒，友多聞」（〈季氏〉），希望藉此達成「以友輔仁」（〈顏淵〉）的目標。這是善之橫攝系統。

至於善之縱攝系統，則專門就其動力而言。出發點是孔子回答宰我問三年之喪時，所說的「於女安乎？」（〈陽貨〉）以心之安不安來做爲外在規範的基礎。外在規範固然體現了善之內容與判準，但是如果缺乏內在的動力，就有可能陷於僵化。換言之，如果沒有外在規範，人還是具有內在要求。這種要求

5　孔子在《論語》關於人性有四句話，但皆未涉及人性善惡的問題。如：「性相近也，習相遠也」（〈陽貨〉），「人之生也直，罔之生也幸而免。」（〈雍也〉），「惟上智與下愚不移」（〈陽貨〉），「中人以上，可以語上也；中人以下，不可以語上也」（〈雍也〉）。

就是孔子所說「人能弘道，非道弘人。」（〈衛靈公〉）的依據。其最高境界是「志士仁人，無求生以害仁，有殺身以成仁」（〈衛靈公〉）。如何達成這一步呢？爲何人可以爲了仁而犧牲生命？一方面因爲他有所畏，孔子說：「君子有三畏：畏天命，畏大人，畏聖人之言」（〈季氏〉），另一方面因爲他有所成：成全生命的根本要求。爲了說明這一點，必須提出新的理解方式，亦即所謂「人性向善論」6。

人性是一趨向，是一等待被實現的潛能。此潛能本身充滿動力，表現行善之要求。動力由內而發，成之於外，因此善之內容與判準是兼顧內外的。換言之，善既非客觀之物，亦非主觀之物，而是「兩個主體之間適當關係之滿全」。一個孤立的主體是無所謂善惡的，甚至無法自認其爲一主體7。必待另一主體出現，形成「二人」爲「仁」的處境與條件，然後兩者之間也就有一「適當關係」等待被滿全，也就有善之可能性與必要性。

問題是「適當關係」如何界定？這時必須參考每一傳統的既成規範，如禮樂制度。孔子強調學習，立於禮樂，正是因爲禮樂是成就善行的條件。無禮樂，則人與人之間的適當關係無從定位，行善的內在動力亦無由實現。禮樂是外在的規範，亦是相對的，會隨著時代而興革損益，因此必須時時以內在的動

6 參看本書第七章。

7 在此可能有二問題：一是自我反省，二是慎獨，是否爲善？自我反省若爲善，是因以自我同時爲主體與另一主體，對其反省或採取適當態度，因此並未超出此一界說。至於慎獨，則尚未涉及善惡，只是存思本心，預備自己更容易正確選擇善的行爲。

力去貞定之。但是，若無禮樂，則民無措施其手足，更談不上實現人性了[8]。

其次，爲何說向善？就個人而言，若適當關係未能滿全，則有不安之感；就群體而言，只須領導者體現善行，則可無爲而治，因爲他樹立典型於上，使百姓的向善本性得到聞風景從的機會。孔子重視教育與政治，其基本立場就在人性向善論上。

這種立場以一個字來說，就是「仁」。孔子的「仁」兼具「人之性」、「人之道」與「人之成」三義。由此可以解開「仁」字歧義的困難。譬如，「我欲仁，斯仁至矣」係就人之性而言：人性向善，因此隨時隨地可以發出向善的動力。「若聖與仁，則吾豈敢！」係就人之道而言：人之道是「擇善固執」，蘊涵無窮的與至高的要求，自然不易達成[9]。孔子不輕易許人以仁，則是就「人之成」而言。

《論語》中，弟子問仁之處，孔子因材施教，答以「人之道」。人之道必須配合實際的情況來判斷，因此各有途徑，但是關鍵在於「擇」，此亦爲「智」之事。所擇之「善」爲源自人性之內在動力，此爲初起之「仁」，等待被實現；至於「固執」則須「勇敢以行之」。孔子強調的「智仁勇」，《中庸》稱之爲「三達德」，確爲正解。中庸又以五倫爲「五達道」，因爲人類社會的基本脈絡以之爲主。

8　孔子回答子路問爲政時，提及：「名不正，則言不順；言不順，則事不成；事不成，則禮樂不興；禮樂不興，則刑罰不中；刑罰不中，則民無所措手足。」（〈子路〉）

9　《中庸》明白肯定人之道是擇善固執（二〇章）；儒家在這方面的見解，請參看本書第四章。

五達道與三達德，在《中庸》中界定之爲「善」，這也是孔子人性論的自然結果10。

結論是：孔子眼中的人，在道德上當然有自律性，但是這種自律性只限於向善的動力與要求，不足以完成善。善的內容與判準必須配合外在規範去衡度。因爲：善一離開人際脈絡，根本無法實現。因此，人的自律性既不是圓滿自足的，也不是排他的，更不是絕對的。

然而，這種說法能否解釋孔子「殺身成仁」的主張呢？當然可以。第一，兩個主體之間的適當關係不是可以孤立衡度的，譬如：人不能因爲孝順父母而違背公義，此公義即指更大的人際脈絡之要求。忠孝不能兩全時，人可以大義滅親，也可以歸隱事親。第二，若天下無道，人堅持向善本性則有殺身之禍，此時若做不到「無道則隱」，則只有「以身殉道」，因爲我可以把人際脈絡突破時空限制，進入人性脈絡。這種人性脈絡必須追溯到孔子的天命思想，由之獲得絕對的基礎。孔子的「畏天命」與「五十而知天命」，配合《中庸》的「天命之謂性」來看，清楚肯定人性的成全要求可以溯源於天命11。換言之，孔子論人的自律性時，兼顧橫攝系統與縱攝系統，亦即兼顧人群社會與天命信念，由此顯示博厚的氣象與高明的理想。

10 依《中庸》六章「舜好問而好察邇言，隱惡而揚善，執其兩端，用其中於民，其斯以爲舜乎！」可見「中庸」可以解爲「用中」；「中」指善，「用」指擇而固執，合之則爲擇善固執。再就「喜怒哀樂之未發謂之中」（一章）看來，「中」指未發而能發之狀態，亦即人性是向善的，是等待被擇而固執之的。

11 參看本書第五章。

二、孟子

孟子對於人性問題提出較爲完備的論述，但是基本架構仍是兼顧內外，不偏廢縱攝系統與橫攝系統。他的人性論承自孔子的向善論，再以獨特的身心合一論來證成。

人要成就他的生命目的，必須在一人群社會中。此一社會是否合宜，直接涉及政治與經濟的施行。孟子在〈梁惠王篇〉與〈滕文公篇〉一再強調「仁政」以及足以養民的經濟建設。他說：「惟仁者宜在位……上無道揆，下無法守」（〈離婁上〉）。人民能否行善，顯然直接受外在環境的影響。如果善的行爲體現在領導者身上，自然風動草偃，民心歸附[12]。

如果條件不具備，一般百姓沒有「恆產」，就談不上「恆心」，甚至「放僻邪侈，無不爲已」（〈梁惠王上〉）。不僅如此，有了恆產，還不夠，需要教育。孟子說：「人之有道也，飽食、煖衣、逸居而無教，則近於禽獸」（〈滕文公上〉）。教育的重要由此可見。古代聖王無不以教育爲念，「學則三代共之，皆所以明人倫也。人倫明於上，小民親於下」（〈滕文公上〉）。這些說法並非否定人有行善之

12　孟子的相關語句有：「以德行仁者王」（〈公孫丑上〉），「保民而王，莫之能禦也」（〈梁惠王〉），「苟行王政，四海之內皆舉首而望之，欲以爲君」（〈滕文公下〉）。

動力，而是指出善之內容與判準有得自於外者。

孟子關於舜這位典型聖主，說過兩段話値得並觀之：

舜之居深山之中，與木石居，與鹿豕遊，其所以異於深山之野人者幾希；及其聞一善言，見一善行，若決江河，沛然莫之能禦也。（〈盡心〉）

大舜有大焉，善與人同，捨己從人，樂取於人以爲善。自耕稼、陶、漁以至爲帝，無非取於人者。取諸人以爲善，是與人爲善者也。故君子莫大乎與人爲善。（〈公孫丑上〉）

這兩段話肯定了以下兩點：第一，人有行善之潛能與動力，但必須「聞見」善行，知道其內容與判準之後，才可自己付諸實踐；第二，善之基礎在於人際相互性，因此必須「捨己從人」與「樂取於人以爲善」，才能達成眞正的善：「善與人同」。換言之，一個人光靠自己靜坐觀心，是談不上什麼善不善的[13]。

當然，聞見可以使人呈現不忍之心，如齊宣王對於牛，「見其生不忍見其死，聞其聲不忍食其肉」

13　我們並不否認靜坐觀心的重要；就像愼獨一樣，它可以使人明其本心之所向，培養更果決的毅力等。但是，它與善並無必然關係。

(〈梁惠王上〉)，但是這種不忍之心只是善之動力，並非善之完成。沒有人會因爲齊宣王不忍心殺羊或殺牛，就說他是善人。他要做個善人，必須將不忍之心推擴到其他主體，善待百姓，施行仁政。善之完成依舊在於「兩個主體之間的適當關係」上。

就善之動力來說，孟子明白肯定人有「惻隱之心、羞惡之心、辭讓之心、是非之心」(〈公孫丑上〉)，這四心正是「仁義禮智」四善之「端」。「端」這個字用得好，說明是開始而不是完成；而「火之始然，泉之始達」(〈公孫丑上〉)更生動地描繪這種「趨力」狀態。這四端當然是「我固有之」(〈告子上〉)，但是有「善端」卻不等於有「善」[14]。孟子並未因而主張人性本善。

人的善端如果得到存養充擴，就可以成就完美的人格。但是這並不是一件容易的事。孟子借用孔子的話說：

> 操則存，舍則亡，出入無時，莫知其鄉；其心之謂與？(〈告子上〉)

14　孟子先言四心，再言其爲仁義禮智，然後肯定這些是「我固有之也」(〈告子上〉)。但是我們不應忽略孟子在另一處言四心時，只言其爲仁義禮智之「端」，然後說「人之有四端也，猶其有四體也」(〈公孫丑上〉)。我們以爲：前者從脈絡來看，既先言其心，則仁義禮智係就心之所向而言，非謂人已有仁義禮智四德。後者則清楚論斷心只有善端，尚須存養充擴才可成就四德。合而觀之，善端之說較爲周全，並且配合孟子其他語句來看，也較爲相洽。

如果「心」必須時時操存，請問是誰在操存？又如何操存？孟子的答案應該是「思」，因爲「思則得之，不思則不得」（〈告子上〉）。但是「思」不又正是「心之官」嗎？於是眞相變成：心能思也能不思；若思，則是得之，則是操存；若不思，則是不得，則是舍亡，所謂「放其良心」即是指此而言。問題於是變爲：「心」能思，也應該思，但是卻有時不思，形成「放心」。孟子說：「學問之道無他，求其放心而已矣」（〈告子上〉）；這句話可以有兩種解法：一是不必努力於「學問」，只須持守本心；二是努力於學問的目的是爲了持守本心。這兩種解法各有理據，但是後者顯然較符合孟子系統，因爲若是前者，則何必單提「學問」，還可以提「處世」、「生活」等等。「學問」指博學、審問，代表後天的努力。難道由後天的努力可以明其本心嗎？

孟子至少有一段話可以支持這種解法。他在談及「天將降大任於是人也」時，強調「苦其心志」，「動心忍性」，「困於心，衡於慮，而後作」（〈告子下〉）。爲何如此？因爲心除了能夠不思之外，還會爲外物所蔽；或者可以說，不思即是受蔽，像「耳目之官不思，而蔽於物」（〈告子上〉）一樣。另一種情況則是受到外在環境的不當影響，像水原是向下流，卻可以因爲山勢使然而向上激，心也可能因爲「其勢則然」（〈告子上〉）而迷失。

由於後天的努力可以明其本心，所以「天之生此民也，使先知覺後知，使先覺覺後覺也」（〈萬章上〉），那些後知後覺之士才有可能被覺。但是，先知先覺之士是如何得覺的呢？這個問題一時不易回答，因爲像舜這樣的聖王在前面所引的敘述中也是後來才覺的[15]。以上這一大段討論是要說明：人雖有善之動力，心之四端，但並非像當體呈現那麼容易就可以應用的。

以上就橫攝系統已有充分說明，至於縱攝系統，則可以由四端說起。「有四端而自謂不能者，自賊之也。」（〈公孫丑上〉）。四端可以經存養充擴而成就仁義禮智，是所謂善也。人若往這個方向努力，可以成爲像堯舜（〈告子下〉）一樣的聖人。這種動力與要求是絕對的：人應該「舍生取義」（〈告子上〉）。如果追問絕對要求的根源，則「盡心知性知天」與「存心養性事天」是最清楚的答案，亦即肯定心是「天之所與我者」（〈告子上〉），因而可以展示絕對的基礎。以此爲基礎，可以進而宣稱「萬物皆備於我」（〈盡心上〉），以及「所過者化，所存者神，上天與天地同流」（〈盡心上〉），因爲天地萬物與我們人類皆有同一本源[16]。

再就「舍生取義」的人性論背景來看，則人性向善論是正確的理解。孟子以人心說人性，自然得其大體；人心所同然者是「理義」，「理義之悅我心，猶芻豢之悅我口」（〈告子上〉），這雖然是一句比喻，但是亦說明理義只是心之所悅，而非心之本身所具。換言之，人心是「向」理義或「向」善的。孟子在與告子論辯時，雖然言辭有力，但仍十分謹慎，他說：

15　孔子曾說自己不是生而知之者（〈述而〉），《中庸》則明白肯定有生而知之者（二〇章）。兩者所指未必是同一件事，如前者可能兼含德性之知與見聞之知，後者則專就德性之知而言。此問題值得再作探討。

16　參看本書第五章的相關討論。

> 人性之善也，猶水之就下也。人無有不善，水無有不下。（〈告子上〉）

「水」的比喻十分恰當；正如「下」是水之「向」，而非水之「性」，「善」也是人之「向」，而非人之「性」。另一處說：「乃若其情，則可以爲善矣，乃所謂善也」（〈告子上〉），這裡的關鍵字是「若」，亦即「順」。必待順行人性之實，而後可以爲善，可見性只是向善，而非本善。

孟子的「牛山」之喻也說明同一道理。山之本性既非濯濯光禿亦非草木盛美，而是「能夠」發出萌芽。人的本性既非本善亦非本惡，而是「能夠」行善。亦即，人性是向善的。孟子又以身心合一論爲之證成：人的形體自然反映或表現其內在精神。孟子說：

> 存乎人者，莫良於眸子。眸子不能掩其惡。胸中正，則眸子瞭焉；胸中不正，則眸子眊焉。聽其言也，觀其眸子，人焉廋哉？（〈離婁上〉）

這段話是肯定眼睛爲靈魂之窗，這個窗不但可以讓主體向外觀看，也讓主體的內在狀態被外人觀看了。眼睛是身體組織之一，所表現的卻是內心之「正與不正」。此之謂身心合一論。孟子又說：

> 君子所性，仁義禮智根於心。……其生色也，睟然見於面，盎於背，施於四體，四體不言而

喻。（〈盡心上〉）

心中有了仁義禮智，居然會生出溫潤和悅之色，以致面、背、四體皆受影響，讓別人一看就可以分辨。再看下面一段：

仁之實，事親是也，義之實，從兄是也，智之實，知斯二者弗去是也，禮之實，節文斯二者是也，樂之實，樂斯二者。樂則生矣，生則惡可已，惡可已則不知足之蹈之手之舞之也。（〈離婁上〉）

這段話前面講的是仁義禮智樂，後面就接上「手舞足蹈」了。似乎不如此，不足以表現內心之充實愉悅。

因此，孟子的身心合一論並非混同身心爲一，而是以身爲心之自發外顯，兩者自然相契，並無所謂的靈肉衝突或身心聯繫問題。這並不表示孟子的想法較爲天眞或理論較爲粗糙；相反的，他完全清楚身心之間的關係問題，亦即以身爲「小體」，並以心爲「大體」。

孟子論及「養氣」時，不僅貫通小體大體，而且融合人性與天地。他說：

我善養吾浩然之氣。……其爲氣也，至大至剛，以直養而無害，則塞於天地之間。其爲氣也，配義與道，無是，餒也，是集義所生者，非義襲而取之也。（〈公孫丑上〉）

爲何氣與道義有關？氣是「體之充」，屬於小體，道義則屬於大體，由心之四端而來，這兩者如何聯繫？孟子說：「志，氣之帥也」，這就是答案了。「志」是「心之所之」，以心來領導氣，以大體來領導小體，就能產生至大至剛的浩然之氣，並且充塞於天地之間。至於爲何浩然之氣可以充塞於天地之間，則是因爲孟子體認到人性向善之最後依據是那做爲宇宙萬有大本的「天」。

孟子又說：

形色，天性也。惟聖人然後可以踐形。（〈盡心上〉）

這句話是理解孟子人性論的關鍵。「形色」是人的有形可見的身體，是與生具來的，可以稱之爲「天性」。但是天性只是那自然的形體生命嗎？顯然不只是如此，否則下半句話就說不出來了。「惟聖人然後可以踐形」，爲什麼「踐形」那麼難？爲什麼「踐形」之後，可以爲聖人？「踐形」不過是滿全天生的形體生命罷了，爲何會有如此大的效果？原因只有一端，就是：人性向善。我的自然生命本身就富於向善的潛能，亦即其中涵有價值生命的源頭，兩者一起發展，因此，滿全自然生命，就必須一併滿全其向善的潛能，亦即實踐仁義禮智，成就完善人格。換言之，滿全自然生命（踐形），就是建立價值生命（成為聖人）：如果了解孟子大體小體之分，就會明白其中一而二，二而一的關係了。做人就是做好人，實然與應然在人身上原本是合一的。關鍵還是在於孟子說的「思」；思則得之，不思則不得。所得者，是在人的命運（繫於自然生命者）之旁，發現人的使命（緣於價值生命）。

人的使命因而也是與生具來的。只要是人，就有一個使命：要以他的自然生命為憑藉，來完成他的價值生命。

然而，在「踐形」的過程中，遇到嚴重挑戰時，又該如何？孟子借用魚與熊掌的比喻，主張：

> 生，亦我所欲也；義，亦我所欲也。兩者不可得兼，舍生而取義也。（〈告子上〉）

問題又來了：我連生命都捨棄了，還能取得義嗎？為什麼說：「舍生而取義」？除非「義」正是我的「生」之目的所在。亦即，價值生命是自然生命的目的，因此犧牲生命並非無謂的犧牲，而正是完成生命。這不是犧牲，而是成全。人性向善論的勝義，亦在於此。

若由人性向善論的立場來理解人的「自律性」，就會發現儒家並不主張絕對的、完全的與排他的自律性。理由簡單說來，就是：善不是純屬主體內在的事。一個主體只有行善之內在動力，若要實現它，就須配合外在既成的規範與內容，並且落在兩個主體之間的適當關係上。後者又可以定位在更廣的人群脈絡裡，甚至突破時空限制，顯示絕對要求。結合橫攝系統與縱攝系統，人的生命是身心合一、內外互動的，並且還可以無限提升其人格境界。

第七章

人性向善論的理據與效應

關於人性的問題，各種說法紛然雜陳，我們無法簡單辨別孰是孰非。我們可以肯定的是：任何文化傳統在其根源上，都有一套明確的人性論；同時，任何現存的社會都有某種價值觀，這種價值觀也是建立在人性論上面的。因此，當一個社會面臨轉型期，或者當一種文化面臨挑戰期，此時的迫切問題是：傳統的人性論是否仍舊有效？

在此，關於「有效」的考慮，可以分兩個步驟來看。第一，我們是否應該根據新的條件，如人類社會各種新的現象，進行全面而深入的反省，由此重新界說人性？或者，第二，我們接受原有的人性論，肯定人類的普遍永恆性質正是如此，但是卻需要以現代的語言及觀念加以詮釋，才能使其再生活力，對現代人產生指引作用。

以上兩個步驟中，先秦儒家如孔子與孟子之所為，正是前者。我們的工作，即為後者而拋磚引玉。

但是，顯然可見，後者必須依於前者。若前者原本無法自證其說，任何文飾或引伸都將失其依據。因此，本章論述的前提是：儒家的人性論可以證成。然而，關於儒家的人性論有何內涵，本身即是一個需要明辨的問題。本章將以「人性向善論」爲中心觀念，進行以下的詮釋及論證。

一、理據

㈠談起儒家的人性論，一般人就會聯想到兩句話，一是「孟子道性善，言必稱堯舜」（《孟子・滕文公上》），二是「人之初，性本善」（《三字經》）。儒家經典作品與通俗啓蒙教材合作之下，影響乃既深且遠。性善果眞指涉性本善嗎？性本善又是什麼意思？我們首先要簡單考察基於此一立場的三種說法。

第一種說法認爲人性本來是善的。這種說法又有粗糙與精細之別。粗糙的是指一般人幼稚的信仰，天眞地以爲人性本善，而從不思索人間何以有惡的問題。精細的則是指某些學者的作法，一方面把人性推源於天地，認爲天地既有好生之德，人性自然也是善的；另一方面把人間的惡歸咎於人欲或所謂的「氣質之性」1。無論粗糙或精細，這種說法的致命缺點是混淆了事實與價值，以爲「人性」這種事實

1 自張橫渠提出「氣質之性」的觀念，宋明儒者多所引用。初見於《正蒙・誠明篇》。

與「善」這種價值是可以等同的。「事實」是與生所具，「價值」則須個人自覺及自由選擇之後，才可呈現。進而言之，天地之間的生化現象只是自然界的均衡作用，與善惡無關；同時，人欲若是惡之根源，難道它不是依於人性而有的？這種人性還可以稱爲本善嗎？

第二種說法認爲所謂人性本善，並不是像前面所述的以爲人性在實然上是善的，而是指人的「價值意識內在於自覺心」[2]，亦即人心本有自覺能力，由此孕生價值意識，再引發善行。然而問題在於：自覺心所生的價值意識本身，並非善，而只是對善惡之分辨，由此可以引發善行，也可以引發惡行。王陽明顯然注意到這個問題，所以會說「知善知惡是良知」[3]。當然，良知除了知善知惡，同時也會要求人行善避惡。但是單就「人有良知」而論，仍不足以言人性本善。

第三種說法借助康德的哲學架構，區分感觸界與智思界，相對於此，人有習心與本心；就本心可言人之道德自律性，甚至肯定「心之自發的善性」[4]。更明確地說：「心悅理義，心即理義，此心與理義(道德法則)爲必然地一致」[5]。然而，這樣就可以認定心是善的嗎？如果把「善」界說爲「道德法

2 勞思光，《中國哲學史》(台北：華世出版社，一九七五)卷一，頁九九。

3 出自王陽明的四句教：「無善無惡心之體，有善有惡意之動，知善知惡是良知，為善去惡是格物。」引自王龍溪，〈天泉證道記〉。

4 牟宗三譯註，《康德的道德哲學》(台北：學生書局，一九八二)，頁二七七之「案」。

5 同上，頁二六一之「案」。

則」，與外在行為之間沒有必然關係，那麼此說未必不通。但是，此說由心善推至性善[6]。結果依然是：「人人都有這個善性，問題是在有沒有表現出來。」[7]這句話顯示了人性本善的難解之結：沒有表現出來的善，可以稱做善嗎？這個疑點指向「善」的界說。有趣的是，大多數性善論者從未認眞澄清他們筆下的「善」有何意義。

總之，儒家的性善論不論如何解釋，即使借用西方的心理學理論與哲學架構，也無法證成人性本善的結論。這裡牽涉的問題有三：一是名詞定義，二是觀念理解，三是經典詮釋。我們依序探討如後，希望藉此說明人性向善論的義旨。

㈡首先，我們為「善」下一界說。初步反省如下：善是對人的行為所作的一種評價，評價的標準不只是行為的動機，也不只是行為的結果，而必須同時考慮行為之動機、結果與目的。動機若是善的，稱為善意，這是善行的出發點，但是光有善的動機，不足以成就善行。反之，善的結果卻未必出自善的動機，也可能是無心所為。若是加入目的，則行為之自主性才得以顯豁。行為主體有一目的，配合動機與結果，成就了善行。換言之，善不能脫離一個在行動中的人，而加以抽象地界定。

不過，人生無時不在行動，那麼哪些行動與善有關呢？凡是行動之目的涉及另一人，亦即另一主體

6　同上，頁三一七之「案」。
7　牟宗一，《中國哲學十九講》，（台北：學生書局，一九八三），頁八〇。

者，才有善的問題出現。因此，善惡判斷只適用於人際之間。如果將它推廣用於人與自然界或鬼神界之間，則是間接立基於人際之間的關係。譬如，我們責怪一個破壞自然生態的人，是因為他的行為可能危及大家的福祉或後代子孫的利益。就人與自然界的關係而論，只有「物競天擇，適者生存」或「相依相存，共生共榮」可說，沒有善惡問題。

因此，「善」的界說是：「人與人之間適當關係之實現」。第一個「人」是指個人或行動之主體，第二個「人」是指另一人或另一人組成的人群。此二者不相遇則已，相遇則必有某種關係；有關係，則必有適當與否的判斷；一旦付諸行動，則有實現與否的結果。舉例來說，子遇父，則適當關係為孝，實現之即為孝行，此為一善。有孝，則可有不孝，是為惡。由此引伸，則一切道德品目，如孝悌忠信，以及一切相反的惡行，就可以得到解釋了。儒家自孔子特別標舉「仁」字，以其「從人從二」，蓋早已洞識人的生命過程無不須在「人與人之間」，實現其適當關係，以滿全人性之要求。

其次，如此界說的「善」當然不可能與生具有，因此不宜說人性本善，只宜說人性向善。「向」又是何義？一、它代表人的生命是動態的，亦即不斷在行動中成長，其中只有傾向或趨勢。二、此傾向具體表現在人的自由選擇的能力上，亦即人有自由，可以順此傾向，也可以逆之。三、此傾向自由而發，具有指引作用，因此人雖有自由，卻非漫無方向，而其方向即是針對著「善」。簡單說來，為善則心安，為惡則心不安；心之安不安是自然的反應，也就是人性的「向」的明證。至於如何判斷「善」以及如何說明「安」對每一個人顯示的不同程度，則是本章稍後才會觸及的問題。

界說了「善」與「向」之後，必須接著指出何以如此理解人性。

㈢人的存在最爲特殊，除了自然生命的新陳代謝之外，還有自由選擇的能力，可以塑造自己。因此，思考人性問題時，首先要避免的就是以人爲物，詢問「人是什麼？」我們所能詢問的只是：「人可以成爲什麼？」以及「人應該成爲什麼？」「成爲」一詞，充分彰顯了人的自由與責任。離此而思考人性，都是歧途。因此，詢問「人之性」無異於詢問「人之向」。宇宙萬物，唯人如此。

其次，人之初生，充滿兩方面的潛能。其一，自然生命之發展與萬物無別；但是，另有依自由所建構之價値生命則大異其趣。初生之人無善惡之分，臨死之人則難逃善惡之分。因此，說人性本善或本惡者，即是無視於此一事實。但是，能否說人性與善惡無關，原是無善無惡？或者說人性並無所向，原是可善可惡？

以無善無惡來說，是爲人性之「事實」與善惡之「價値」劃清界線。這種作法忽略了一點，就是唯有人的世界才有價値之「應然」問題存在。因此，人性若是無善無惡，則人間亦不應有善惡，有的只是利害，一切爲了生存而已。但是這與人的道德經驗完全不符。人間有善惡，則善惡必與人性有關。

以可善可惡來說，是肯定人有自由可以選擇，但是不承認人對善有內在的傾向或聯繫。善惡或者來自社會的習俗，或者取決於大多數人的利益，如此而已。甚至個人內心的安不安，也可以視爲後天環境的影響。此說看似有理，其實忽略根本的一點：人心何以會不安？在此須分辨二者：一是古今中外的人，在安不安的程度上各不相同；二是凡是人都有心安不安的經驗。心安不安的程度，當然受到後天的影響，但是「何以人心會不安？」這個問題才是關健。由此入手，人性就不只是可善可惡的了。

總結以上所言，人性向善論是以人性爲一活潑、動態的力量，此力量表現爲傾向，所針對的是「人與人之間適當關係之實現」。那麼，這是不是儒家的想法呢？

㈣孔子生當禮壞樂崩的轉型期，禮樂代表人間的價値系統，亦即人群藉以分辨善惡的依據。「禮壞樂崩」的第一種解釋是禮樂不興以致百姓「無所措其手足」（〈子路〉）；第二種解釋則是禮樂淪爲形式儀節，像玉帛鐘鼓，而缺乏人的內心眞情配合。這兩種解釋可以並存，而孔子尤重後者。「人而不仁，如禮何？人而不仁，如樂何？」（〈八佾〉）一語可以證明。我們暫以「仁」代表善——善意或善行皆可，則人之仁與不仁，顯然是後天的選擇結果。

但是，關於善惡的判斷，又有先天的依據。宰我請教孔子「三年之喪」時，先談禮樂規範，即是接受世俗以善惡判斷在於外在行爲的想法。孔子的回答卻是要他反省內心，「於女安乎？」（〈陽貨〉）這就是肯定了善惡判斷的眞正基礎在於心安與否。禮樂難免因時因地而損益，心安與否則是普遍而永恆的人性經驗。因此，人性即在於人之「向」的動態展現。所向者，善也，仁即是對這種向善狀態所作的描述。

對先秦儒家而言，「善」並非抽象的理想，而是具體指涉人與人之間的適當關係。孔子如此，孟子亦然，至《中庸》則明確標舉「五達道」，目的要人明善誠身，則所謂「道」應爲「善之道」，「曰：君臣也，父子也，夫婦也，昆弟也，朋友之交也。」（《中庸》二十章）由此期許之義、親、別、序、信，以及其他各種道德品目，無不落在人際之間才有可能實現。這種善豈是與生所具？人與生所具者，向善而已。

進而言之，孔子明確論性，只有「性相近，習相遠」（〈陽貨〉）一語。若性本善，則必曰「性相同」；性向善，才可以說「性相近」，並且無礙於「習相遠」。此外，本善論者還須面對一連串的挑戰。如：孔子說過，「富與貴是人之所欲也」（〈里仁〉），「吾未見好德如好色者也」（〈子罕〉）、〈衛靈公〉），可見人有欲與好，非本善論者所可想像，而向善論者則可歸之爲：對人際之間「適當關係」判斷之失誤，由此推知後天教化之重要。孔子甚至針對血氣，提醒少年、壯年與老年，各要有所「戒」（〈季氏〉），可知他對人性的了解，是以身心兼顧爲原則。本善論者必須離身言心，或者重心輕身，而無法如向善論者可以兼顧身心。孔子還說過，「善人吾不得而見之矣，得見有恆者，斯可矣」（〈述而〉），由有恆者可以漸近於善人，可見人性正是向善而非本善。孔子從不輕易許人以「仁」，亦是出自類似的心態。

扣緊「向善」的信念，孔子有關政治思想的三段話可以迎刃而解。一是「爲政以德，譬如北辰，居其所而眾星共之」（〈爲政〉），二是「無爲而治者，其舜也與，夫何爲哉，恭己正南面而已矣」（〈衛靈公〉），三是「子欲善而民善矣，君子之德風，小人之德草，草上之風，必偃。」（〈顏淵〉）。

由於相信「向善」是人的內在本性，孔子才可以聲稱：「仁遠乎哉？我欲仁，斯仁至矣。」（〈述而〉）「爲仁由己，而由人乎哉？」（〈顏淵〉）「有能一日用其力於仁矣乎？我未見力不足者。」（〈里仁〉）人的主體性、能動性、可完善性，無不立基於人性向善的事實上。

孟子的說法更爲直接。首先他以「仁義禮智」爲善，然後強調個人有「惻隱、羞惡、辭讓、是非」四心。此四心正是四善之「端」（〈公孫丑上〉）。「端」字用得十分精當，如火之始然，泉之始達，必須存而養之，擴而充之，才可以成就善。「牛山之木」的比喻（〈告子上〉），指出山之本性不是濯濯，也不是花木盛美，而是具有生長花木之「潛能」，只須不再日日伐之，讓它有機會實現本性。同理，人的本性，既非本惡也非本善，而是具有行善之潛能，亦即向善，只須存養充擴之。

再者，「人之所以異於禽獸者幾希」一段（〈離婁下〉），通常我們只注意到人與動物之別或所謂「種差」，在於人有道德生命，但是更重要的是「庶民去之，君子存之」這八個字。若是做爲仁義禮智根源的四心可以「去」或「存」，就表示人的心是活潑的、動態的，可以自覺也可以不自覺，亦即沒有一定的所謂「本善」的質素。反之，以去存來說明「向善」，則無不合。善是須經後天的努力，才可能實現的。

孟子最明顯的斷語是下述比喻：「人性之善也，猶水之就下也。人無有不善，水無有不下。」（〈告子上〉）。正如「下」是水之向而非水之性，「善」也是人之向而非人之性。其理甚明。人性向善，並不保證人一定行善，只能保證人在行善時快樂，而行惡時則不安。這與我們所見的人類經驗十分契合。

總之，由「向善」說人性，不僅可以解釋人類的共同經驗，亦即道德方面的自主、自由、責任與人格尊嚴，也可以使儒家的全盤理想，如《大學》的三綱八目所昭示者，得以依序運作，證成一套完整的哲學立場。至於先秦儒家的其他代表，如《荀子》、《易傳》、《中庸》，也都屬於於此一立場。現在要做的，是繼續探討向善論的邏輯後果。

二、開展

㈠肯定人性向善之後，接著要問是：人生的正途何在？或者，應該如何安排人生？這即是「人之道」的問題。孔子少談人之性而多談人之道，原因或許有二：一是人之性涉及人類經驗的先決條件，需要高深的形上學思辨才可說明；二是他對弟子因材施教，所教者即爲針對每一弟子的實際處境所提示的「人之道」。換言之，人性都是向善的，但是每一個具體的人對於善的認識與選擇，卻未必正確，因此需要求學問道，參考老師的明示。

《論語》中，孔子與弟子對話時，所談幾乎都是如何彰顯特定情況下的「人之道」。《中庸》對於人之道作了明確的解釋：「誠之者，人之道……誠之者，擇善而固執之者也。」（《中庸》二十章）。因此，「人之道」的具體作法就是「擇善固執」。既然人性是向善的，人的一生當然應該擇善固執，別無他途。但是，問題卻在於如何擇善；同時，又要如何固執，固執到什麼程度，必須犧牲生命嗎？這些問題引導我們繼續思考。

㈡「擇善」就是當行爲主體面對另一人時，對於雙方之間「適當關係」所作的選擇。一般而言，人不能脫離既有的群體，群體則必有既成的規範，如禮樂制度，其中對於善惡的判斷是明確的。因此，擇善首須知善，亦即學習群體既成的規範，孔子十分注重學禮，認爲「不學禮，無以立」（〈季氏〉），他自己則在三十歲時，依禮而立身處世（〈爲政〉）。孔子向來主張由學習而開拓視野，知書達禮，走上人生正途。其中重要原因即是爲了可以「多聞，擇其善者而從之」（〈述而〉）。

然而，群體的規範畢竟是因時因地而制宜，並且單單由外在行爲及其結果來斷定的。就像「三年之喪」的討論所指示的，我們判斷善惡還須兼顧人心之安與不安。因此，善須考慮主體的感受。孔子談到禮時，主張「寧儉」，談到喪時，主張「寧戚」（〈八佾〉），充分說明內心感受是善行的基礎。如果忽略內心感受，輕則成爲「巧言令色」的小人（〈學而〉），重則成爲「鄉愿，德之賊也」（〈陽貨〉）。

接著，既然行動與另一人有關，則須考慮他的期許。同樣是「孝」，各人作法未必相同，只看能否讓各人的父母感覺快樂，亦即能否滿足各人父母的期許。孔子要人對父母「又敬不違，勞而不怨」（〈里仁〉），孟子直接明說：「惟順於父母可以解憂。」（〈萬章上〉），其他品德亦無不如此。天下人都說某人是孝子，但若他的父母說他不孝，他畢竟仍不能稱爲孝。孟子說，有一個人在此，越人拿箭射他，他談笑自若不以爲意，但是他的哥哥拿箭射他，他就傷心之至痛哭流涕了（〈告子下〉）。越人與哥哥的同樣行爲，在此人卻反應迥異，這是因爲他對兩人的期許完全不同。由此可知，一行爲之善惡也須考慮對方心中的期許。

問題在於：如果既成的規範、行動者內心的感受、對方的期許三者之間互相衝突時，又該如何抉擇？事實上，這是十分常見的現象，造成人間是非難辨、恩怨複雜。老師的作用於此凸顯出來。老師必須了解學生的性格，才能因材施教，太畏縮的，要「進之」，太急躁的，要「退之」（〈先進〉）。弟子請教「仁」，亦即人生正途，孔子的回答居然是各不相同，這實在是教育史上值得注意的事。爲何各不相同？因爲「善」對每一個人原本有別，必須慎「擇」。孔子在弟子問仁、問政、問孝等處，所給的答案都是提供弟子在選擇時的參考。所能提供的參考畢竟有限，弟子終究必須自己進至「不惑」的程度，明白事理，自行判斷。《論語》全書以「不知命，無以爲君子也；不知禮，無以立也；不知言，無以知人也」（〈堯曰〉）這段話做爲總結，可見理性上的解悟——「知」——在立身處世上的重要性，因爲那正是「擇善」之先決條件。人之需要良師益友，其理甚明。

然而問題依舊存在。三項考慮要件互相衝突時，應該如何取捨？這是權宜問題，我們在稍後討論「固執」時再談。在此可以先行肯定的是：由於社會既成的規範難免因時因地而損益，並且單單著眼於行爲的外在表現，所以對它不可盲目堅持。其次，由於行動對方的期許也有變數，如他可能認識不清、欲望過多、主觀太強，造成與實際情況極大的差距，甚至根本無法得到滿足。譬如，老師期許學生奉行「一日爲師，終身爲父」的教條，要學生終身聽話；這種期許很可能就會落空。在學生而言，也許只好對他敬而遠之了。因此，眞正做爲最後判準的是行動者內心眞誠的感受。我們所能負責而無法逃避的，難道不正是這種感受嗎？儒家難道不是以「求得心安」、「問心無愧」爲基本主張嗎？《中庸》以「擇善固執」一語來說明「誠之者」，正是畫龍點睛的手筆。至於「固執」的含義則如下述。

㈢儒家所說的「固執」，包含三項要點：一是，在擇善之後，要終身行之，不倦不悔；二是同時考慮權宜問題，因爲「善」須因時因地因人來加以界定；三是，在必要時，可以犧牲生命。

就第一項要點來說，孔子向來重視恆心，他說：「苗而不秀者有矣夫！秀而不實者有矣夫！」（〈子罕〉），又說：「歲寒然後知松柏之後彫也」（〈子罕〉）。孟子的比喻則是：「有爲者辟若掘井，掘井九軔而不及泉，猶爲棄井也」（〈盡心上〉）；「五穀者，種之美者也，苟爲不熟，不如荑稗。夫仁，亦在乎熟之而已矣」（〈告子上〉）類似的比喻告訴我們人生行善必須有恆，如此堅持下去才能符合向善人性的自發要求。《易傳》的「天行健，君子以自強不息」（《易經・乾卦・象傳》），《大學》的「苟日新，日日新，又日新」（《大學・傳二》），都是最佳注解。

孔子以「學而不厭，誨人不倦」（〈述而〉）自許。他以「有恆者」爲進至「善人」理想的必經之途，確有深意。但是，把握某一善行持之以恆，卻仍有未足，如「狂者進取，狷者有所不爲」，因爲更高的境界是「中行」（〈子路〉）。「中行」就是注意到時宜或「權宜」的條件了，如「當狂則狂，當狷則狷」，以及《中庸》所言「素富貴，行乎富貴；素貧賤，行乎貧賤」（《中庸》十四章）。

孔子極爲重視「權宜」。他說：「學，則不固。」（〈學而〉），他刻意避免的四件事是：「毋意、毋必、毋固、毋我。」（〈子罕〉）。有人說他能言善道，總可以爲自己的行爲找理由，他答以：「非敢爲佞也，疾固也。」（〈憲問〉）。爲什麼「固」不好呢？因爲忽略了「善」之人際相互性，亦即善不是執著於小信小義，如「匹夫之婦之爲諒」（〈憲問〉），只是愚忠；如果「言必信，行必果」，只是小人；君子則是「貞而不諒」（〈衛靈公〉），「唯義所適」（〈子路〉），譬如，君子受環境壓力與別人的一時欺瞞，甚至受到脅迫而立下許諾，那麼在發現眞相或擺脫困境之後，應該知道如果自己堅守信義，就難免「果敢而窒」，甚至「有勇無義爲亂」（〈陽貨〉），反而背離了人生大道。因此，「義」訓「宜」，有其輔「仁」之用。人不能只靠天生的向善之性，還須以智慧與勇氣去「判斷」及選擇「如何」體現善。

其次，孟子也注意到固執之權宜問題。他說：「大人者，言不必信，行不必果，惟義所在。」（〈離婁下〉），這裡就出現如何衡量的困境，以下兩段話可以參考：

> 可以取，可以無取，取，傷廉；可以與，可以無與，與，傷惠；可以死，可以無死，死，傷勇。（〈離婁下〉）

> 可以速而速，可以久而久，可以處而處，可以仕而仕，孔子也。……孔子，聖之時者也。孔子之謂集大成。（〈萬章下〉）

要明確判斷自己在什麼處境下「可以」如何，至少須認知外在既成的規範（如禮）與客觀的形勢，以及主體對自身原則之掌握，再加上主客之間適當關係的評估；然後，再以當下抉擇的勇氣付諸行動。這裡面智仁勇缺一不可。由此再看孟子對楊朱、墨翟各偏一隅之批評，以及對子莫執中之批評，就知道他所抨擊的理由是什麼了。他說：

執中無權，猶執一也。所惡執一者，爲其賊道也，舉一而廢百也。（〈盡心上〉）

因此，像「嫂溺」是否可援以手（〈離婁下〉），根本毋須多慮，通權達變可也。但是，這與游移不定，閹然媚世的「鄉愿」（〈盡心下〉）截然不同，必須分辨。然後，行動固然要考慮權宜問題，但是原則絕不放棄。孔子對於隱士的嘲諷，坦然答以：「鳥獸不可與同群，吾非斯人之徒與而誰與」（〈微子〉）。雖然「道之不行，已知之矣」（〈微子〉），他依然「知其不可而爲之」（〈憲問〉）。原因無他，滿全人性向善的要求而已。必要時，可以犧牲生命；「志士仁人無求生以害仁，有殺身以成仁」（〈衛靈公〉）。「殺身成仁」一語顯然有「犧牲生命以完成生命」的意思；除非人性向善，否則不易證成何以「爲了善而犧牲生命，竟是完成生命目的」。

在人固執於善而面對考驗時，孟子毫不猶豫地堅持立場，視之爲「天將降大任於是人也」（〈告子下〉）。他的看法十分清楚：「雖大行不加焉，雖窮居不損焉，分定故也。」（〈盡心上〉）「富貴不能淫，貧賤不能移，威武不能屈」（〈滕文公下〉）若有必要，則可以犧牲生命。孟子說：「盡其道而死者，正命也。」（〈盡心上〉）「生，亦我所欲也，義，亦我所欲也；二者不可得兼，舍生而取義者也。」(〈告子上〉)孔子與孟子對「擇善固執」的看法也是非常明確的。

(四)前文述及孔子所說的「殺身成仁」，與孟子所說的「舍生取義」。這兩句話極富理趣。殺身與舍生都是犧牲了生命，坦然就死，但是爲什麼明明死了卻又說是「成仁」與「取義」呢?「成」或「取」是指完成與獲得;難道人生的目的正在於此?正在於仁與義?仁與義既是「善」的體現，那麼人生目的豈不在成就善了?是的，根據人性向善論，自然可以肯定人生目的即在成全這種最原始的向善要求。不過，我們仍可追問:即使成全了人性的要求，爲了善而犧牲了生命，或者說這種犧牲正是實現了生命，那麼這是如何一種境界?又須如何來印證呢?

三、效應

這兩個問題觸及儒家的信仰層次，簡言之，可以用「天人合德」來回答。孔子在生命面臨困境，甚至死亡的威脅時，多次以「天」爲訴求對象。(〈子罕〉、〈述而〉)。孟子更直接主張人應該「存心、養性、事天」(〈盡心上〉)。詳細討論暫略[8]。若要印證，則可參考孔孟一生兼具「知其不可而爲之」與內在的悅樂精神，以及臨死之問心無愧、心安理得的情懷。

8　請參考《儒道天論發微》(台北，聯經，二〇一〇)，有關孟子部分。

儒家人性論在應用時，會產生何種效果？對個人而言，它指出安身立命之道；對群體而言，它提供安邦治國之途；對人類而言，則昭示世界大同的理想了。由這些效應來看，更可以印證人性向善論之可信及可行。

㈠人性除了向善，自然還有向眞與向美的潛能，由此表現爲求知與審美的需要，再結晶爲知識與藝術。儒家對於知識與藝術向來是肯定的，但是並非漫無標準，其標準即爲「善」，考慮它能否助益人的向善本性。爲何特別以善爲最後依歸？原因或有二端：一是求知能力與審美天賦是人人不同的，而後天的配合環境也無公平之可能；二是知識與藝術的價值必須落實在群體中，而群體生活的首要規律則是「人際之間的適當關係」——亦即善——得以實現。換言之，一個人在其一生中，有可能避開知識與藝術的陶冶，如文盲或終身汲汲於實務者，但是卻無可能避開與其他人發生任何一種型態的關係，亦即無法徹底離群索居，而不去理會內心向善的要求。因此，以「向善」說人性，必然優於以「向眞」或「向美」說人性。

就個人而言，若要安身立命，首先必須正視自然生命之網，由父母子女的關係開始，推及家庭與家族中的各種親情，擴充到鄰里鄉黨、老師學生、朋友同道、長官部屬、工作伙伴、社會國家，甚至天下人類等。生命中的一切處境，面對不同主體時的每一狀況，都應該思考：這人是誰？他與我有何適當關係？我要如何實現此一關係？這種思考的答案是因人而異的，甚至對不同時地的同一人也難免有別。人生乃顯示爲動態的與開展的，一個人若想滿全此一向善的要求，則除了「三達德」之外並無捷徑。三達德以「智」為首，因人際關係複雜難定，「擇善」自非容易之事。其次是「仁」，要配合內心眞誠的感受，因任何善的行動皆以主體自覺其向善意願為前提，虛偽或形式只能造成鄉愿。然後是「勇」，因任何人際行為皆有相互影響，堅持善途則須化解自我中心，才能己立立人，己達達人，這是非勇不足以成功的。到了必要時機，尚須犧牲生命，是為大勇。

其次，儒家重視教育，而教育內涵又以行優於知，至少也要「以文會以，以友輔仁」（〈顏淵〉），絕不忽略成德之教。這方面的問題，宋明儒者作過許多討論。今日值得強調的是：由於人性向善，所以任何人都不能免於「日新又新」的要求，這種由內而發的動力是隨著生命而存在而開顯的。因此當孔子說「若聖與仁，則吾豈敢」（〈述而〉），並非自謙，而是實情；當孔子說「聖人吾不得而見之矣，……善人吾不得而見之矣……」（〈述而〉），並非純屬感喟之語；然後當孔子不願許人以「仁」時，心中所想的也是：再如何完善的人格，仍有向更高的善進展之可能；或者，由反面來看，人的「向」善，也蘊涵了隨時犯錯而墮落之可能。人生在世，能不愼乎？

由人性向善而擇善固執，關鍵在於「有恆」，因此不可須臾疏忽，所謂「造次必於是，顚沛必於是」（〈里仁〉）；同時至死方休，所謂「死而後已，不亦遠乎」（〈泰伯〉）。然而，當一個人誤入歧途時，也不宜對他失望。天下沒有完全的善人，也沒有完全的惡人。只要活著，就有挑戰，也就有希望。「君子莫大乎與人為善」（〈公孫丑上〉），幫助別人走上善途，實為人生樂事。因此，儒家的教育觀是對每一個人抱著希望，此希望並非出自教育家個人的良善心意，而是出自對人人皆有向善本性的信念，然而所須教者乃辨明：對向善本性的自覺，對擇善之考慮，以及如何完成人生目的。如此，由近及遠，自個人修身到家國天下之太平，不是有可能依序實現嗎？接著，再就群體來看。

㈡人群聚居而成社會及國家，自然會有政治問題。孟子說過：「徒善不足以爲政，徒法不能以自行。」（〈離婁上〉）這句話顯示儒家從不幻想一個全靠性善的人所組成的烏托邦。相反的，人的具體生命是互相依存的，因此外在的制度規範與權責分配，對於人性之發展與完成必有某種聯繫。換言之，人性須是如此這般，以致人群社會的政治措施也有一定的依違標準。因此，儒家人性論除了肯定人性向善及其引伸諸義之外，對於人的具體生命的理解則是「身心合一論」。人是身心合一的，所以政治的目標就顯得明確了。

孔子論爲政之道，基本原則十分清楚，當然是要君民一起走上仁義之途。國家的存在，目的是爲了謀求全民的福祉，而全民的眞正福祉即是人人的向善本性可以充分實現。政治的一切措施莫不著眼於此，必須使人的形體生命不虞匱乏，再專務於道德修爲。否則，爲了生存競爭，人的向善本性極易受到壓抑、扭曲，人生幸福也就如同空中樓閣了。因此，孔子認爲治國的步驟是：庶之、富之、教之（〈子路〉）；或者，足食、足兵、民信（〈顏淵〉）。求得衣食無缺、安全無虞，再施以教化、啓發善德。

孟子的見解更直接也更詳細。「仁政必自經界始」（〈梁惠王上〉），可謂開宗明義。結論是「是故明君制民之產，必使仰足以事父母，俯足以畜妻子；樂歲終身飽，凶年免於死亡；然後驅而之善，故民之從之也輕。」這段話談到生存與行善的先後順序不容置疑。這是一般老百姓。理由很簡單：

> 無恆產而有恆心者，惟士爲能。若民，則無恆產，因無恆心。苟無恆心，放辟邪侈，無不爲已。（〈梁惠王上〉）

人生活在世界上及人群中，他與環境之間有互動關係，亦即互相影響。若生存條件惡劣，則人的向善本性自然不易伸張，只有少數豪傑之士可以做到「君子固窮」（〈衛靈公〉），堅持人生之正途。因此，人性向善論完全符合孔子與孟子對於政治及社會所提出的規畫辦法。

其次，就世界大同的理想來說，它也只能建立在人性向善論的「善」的觀念上。不論《禮運大同篇》是否孔子之意，孔子以「老者安之，朋友信之，少者懷之」（〈公冶長〉）爲個人志業，則殆無可疑。在此可以設想：人類社會無法達到人人皆聖的境界，因此「以先知覺後知，以先覺覺後覺」（〈萬章上〉），讓大家都明白人生正途，總是必要的；然後少數人以其智慧、品德與能力，負起政治上的領導責任，爲民謀福，讓大家都有可能實現向善本性，也是唯一可行之道。此時，「善」的觀念若是模糊不清，則儒家理想亦將瓦解。

再回到前面的界說，「善是人與人之間適當關係之實現」。在此，「人與人之間」可以近由一人對另一人著眼，也可以遠及一人對天下萬民來說。政治領袖的角色即落實於此。「善」的這一界說，使人明白儒家代表何以皆深具使命感，要「樂以天下，憂以天下」（〈梁惠王下〉）。

聖賢之輩與政治領袖的「善」是普及全民的，所以非到全民皆得安頓，絕無法自認爲實現了

「善」。孔子兩次提及堯舜都未必無憾的事，就是「修己以安百姓」（〈憲問〉），以及「博施於民而能濟眾」（〈雍也〉）。可見他心中的「善」是如何的廣延，及於全民。另有一處，談及管仲的功過，孔子與他的弟子，甚至後來的孟子亦然，對管仲並無好感，但是正因為管仲幫助齊桓公九合諸侯，一匡天下，「民到于今受其賜；微管仲，吾其被髮左衽矣」（〈憲問〉），所以孔子破例說，「如其仁，如其仁」（〈憲問〉）的斷語。理由即是：管仲所行之善，已是一個政治領袖對百姓的高度貢獻了。儒家必須入世承擔責任，因為人性原來向善，而「善」又不能離人群而定位。孔子對隱士所發之語：「鳥獸不可與同群，吾非斯人之徒與而誰與！」（〈微子〉）絕不是出自英雄氣概，而是出自洞識人性的深刻智慧。

問題是：如果生當亂世，天下無道，又該如何自處？孔子曾經想過「無道則隱」（〈泰伯〉），「舍之則藏」（〈述而〉），甚之避居九夷之地（〈子罕〉）；孟子亦認為「窮則獨善其身」（〈盡心上〉）。但是這些念頭都起不了作用，因為人性畢竟是向善而不能脫離人間以求得實現的。這時訴諸的則是個人向上的訴求，亦即向著超越界求其最後歸依。此超越界即是「天」。儀封人謂孔子是「天將以夫子為木鐸」（〈八佾〉），孔子本人亦多次以天為其使命之本源（〈子罕〉），而其五十歲之「知天命」更為明證。孟子論「天」之語更為明確周全，不暇細論9。

一般人未必明此，儒家如何自認其眞，答案在於快樂。儒家的快樂絕非任何一種世俗觀點可解，而

9 參考《儒道天論發微》第六章。

是配合人性與天道而有之快樂。孔子、顏淵、孟子無不如此。以孟子為例，勝過帝王的快樂有三（〈盡心上〉）：「父母俱存，兄弟無故，」係出於人性向善之考慮。「仰不愧於天，俯不怍於人」，後半句亦為行善之範圍，前半句則值得細索，何以「不愧於天」為樂？此「天」不宜強解為心，而是心之本源，是人生之來源與歸宿，一切行事之最後判準。「得天下英才而教育之」則是考慮到社會之發展與進步——如何使人間更適合人之滿全其向善本性？

縱使努力之後一無所得，儒家之樂卻仍然洋溢。「曾點言志」的一段話（〈先進〉），顯然配合了天時、地利、人和，從容自在，無入而不自得。這種立場顯示了儒家的人性論在深刻關懷人間時，還有超越人間，與自然大化相洽，進而享受悠遊無待的快樂。這種哲學可以名之為開放的人文主義。

第二部

餘論

第八章 儒家的充實之美

一、引言與背景

我們探討儒家的思想，首先要明白它的背景。中國古代文化史上，最重要的大事莫過於西元前十二世紀末期，周公之「制禮作樂」。禮樂制作之後，一般百姓的生活才有所規範，各種層次的價值也得以安立。人活在世界上，有其自然生命，包括生老病死的過程，但是這個自然生命本身就是目的嗎？或者，自然生命只是一個條件或憑藉，為了讓人實現另外一個目的？就後者來說，這另外一個目的又是什麼？人天生即有選擇的能力，透過選擇可以掌握及建立自己的價值生命。那麼，自然生命與價值生命之間的關係如何？這個問題是每一時代的人都必須面對及答覆的。周公制禮作樂，就是以禮樂為價值系統的基礎。有了禮樂，就有教化；有了教化，一般百姓才能安身立命。但是，這個傳統只維持了四百多年，到春秋時代就逐漸瓦解了，形成所謂的「禮壞樂崩」。

「禮壞樂崩」的嚴重後果是我們今天難以想像的。試看孟子的描述：「臣弒其君者有之，子弒其父者有之」（〈滕文公下〉），這代表人倫之間的秩序蕩然無存。面臨這種嚴重的處境，任何有心之士與有識之士都會設法去應付的。九流十家就在這種情況下應運而生。他們都希望爲國家、爲百姓找出一條讓人可以生存下去的途徑，亦即所謂的「人之道」。換言之，他們都想建立新的價值系統。

新的價值系統不可能由復古而得。孔子雖然「述而不作，信而好古」（〈述而〉），極其嚮往周公的理想，以致經常「夢見周公」（〈述而〉），但是恢復禮樂傳統仍然不可能。原因何在？在於周朝的禮樂建立在君權的基礎上，而這個君權又以「天」之絕對權威爲依據。「天子」是「天之子」，上承天命，下爲萬民之君與師。天子制作禮樂，乃順理成章的事。但是禮壞樂崩之後，早已時移勢易，「天子」徒留其名而已。《中庸》有云：「有其德無其位，不作禮樂；有其位無其德，不作禮樂。」只有德位兼備的聖王，才能制作禮樂。這種時代已經過去了。以孔子爲例，他就是「有其德無其位」，有聖人之德而無帝王之位，因此也無可奈何。

於是，孔子要尋找新的途徑，不再由具體落於外在形式的禮樂來規範人的內心，卻要設法揭示人性的本然眞相，就是由人的內心去說明人的自然生命之究竟目的。因此，儒家的偉大在於承先啓後；具體說來，就是「承禮啓仁」：把禮樂承接下來，轉化成爲人的內在心性，「仁」，再以仁爲基礎，說明人間規範之必然性與普遍性。由此可知，何以儒家具有特別深刻的人文關懷。《論語》記載，孔子屢次遭遇「隱士」，如長沮、桀溺、荷篠丈人、楚狂接輿等，他們認爲「滔滔者天下皆是也，而孰以易之！」(〈微子〉)因此遁世隱居，並對孔子的作風表示批評意見，但是孔子仍然堅持「鳥獸不可與同羣，吾非斯人之徒與而誰與？」(〈微子〉)

儒家由孔子開始就具備的這種人文關懷，在後代人或現代的我們看來，卻時常將它理解爲「倫理學」。把儒家當做倫理學，是見樹不見林的偏見。儒家並不是只講倫理學，因爲它還有形上學爲其根據。它的學說是建構在對實在界(如天、地、人)本身的理解上。換言之，儒家是一套完整的哲學系統，我們可以談它的倫理學，也可以談它的形上學或知識論，同時也可以談它的美學。儒家有它的美學，因爲任何一種哲學只要肯定了人的形體或有形生命，就必須對美學作某一程度的說明或交代。我們是由這個角度來了解儒家的美學思想。

二、孔子論具象之物

首先，我們爲「美」下一個最簡單的定義。人透過感官對於具象之物(如形體、顏色、聲音)採取一種態度，其目的不是爲了求知(此屬於理智)，也不是爲了行動(此屬於意志)，而是自然影響主體的感受(此屬於情感)，使主體產生愉悅。美就在上述過程之中展現出來。這其中涉及三樣東西：具象之物、主體感受與主體最後達成的境界。我們就由這三方面來談儒家美學。以下先論孔子，再論孟子，最後作一總結。

孔子關於「具象之物」，談到三類：一是自然界，二是人的形體與現存器物，三是人的行為表現與社會風氣。以下分述之。

孔子對於自然界的東西，如山、水、樹木、秧苗，並無直接的興趣，因此從來不把自然界的東西當做美的對象，不會為了欣賞而欣賞。他欣賞自然界時，總是把它所表現的特質，在人的身上找到相對應的情感；然後以自然界為比喻或象徵，說明人的主體狀態。譬如他說過：「智者樂水，仁者樂山」(〈雍也〉)。水性活潑流動，表示人在變化萬千的現實處境中可以隨遇而化，不受沾滯。山則顯示一人內心沉靜穩定，不僅臨危不亂，而且安之若素。再者，子在川上曰：「逝者如斯夫，不舍晝夜」(〈子罕〉)，孔子的興趣不在於河水的流速，而在於感嘆人的時間與生命之奔逝不反，暗示我們應該及時努力進德修業。他又說過：「譬如為山，未成一簣，止，吾止也；譬如平地，雖覆一簣，進，吾往也」(〈子罕〉)，他以此說明人的努力之主動性與責任性，道德上的成敗完全操於自己。「苗而不秀者有矣夫；秀而不實者有矣夫」(〈子罕〉)，有的苗不開花，有的苗開了花而不結果。這說明一個人在世上為善，不能見好就收，還應該繼續努力，讓它開花結果。「歲寒然後知松柏之後彫也」(〈子罕〉)，孔子對松柏本身並無興趣，不去管它美不美，卻只看它對於人生有何啓示，亦即經得起嚴格考驗的才是眞正的志節。

由此可見，松柏、秧苗、山、水這些自然界的事物，其本身不足以成為審美觀賞的對象，卻只是被孔子拿來做爲比喻，暗示人生的應行之道。

其次，就人的形體與現存器物來說，則在《論語》中有稱之爲「美」的。這裡所謂的「美」是指什麼?是指「合宜」，正如亞里斯多德爲「美」所下的定義，須具備「秩序、勻稱、明確」三個條件。同時，美還指「精巧」與「富麗」。合宜、精巧、富麗三者，就是這裡所謂的美，譬如，子夏曾引《詩經》「巧笑倩兮，美目盼兮，素以爲絢兮」（〈八佾〉）來向孔子請教。「美目」之爲美，因其合宜，如黑白分明、比例勻稱。再者，「不有祝鮀之佞，而有宋朝之美，難乎免於今之世矣」（〈雍也〉）。宋朝是個美男子；說他美，並無關於人格，只是說他身材合宜、面貌姣好、看來俊俏而已。孔子又說過，「如有周公之才之美，使驕且吝，其餘不足觀也已」（〈泰伯〉）。這裡所說的「美」，是指周公才華洋溢，如品質精巧的人中龍鳳，但是它與「善」無關，因爲他也可能「驕且吝」。孔子對大禹極爲推崇，稱讚他「惡衣服而致美乎黻冕」（〈泰伯〉）。祭祀時的衣冠之「美」，顯然指其精巧富麗而言。美也用來形容玉，如子貢所謂「有美玉於斯」（〈子罕〉），意亦近此。子貢又曾形容孔子學問之偉大，說：「不得其門而入，不見宗廟之美，百官之富」（〈子張〉）。稱宗廟爲「美」，因其富麗堂皇，令人嘆爲觀止。

以上是《論語》中，以「美」形容人的形體、材質與現存器物的例子。這時所謂之「美」，著重客觀表現出來的外在「形式」，如合宜、精巧、富麗等，並未及於美的「內涵」，如以下所要談的「善」。

第三，人的行爲表現與社會風氣，亦可稱爲美，這時就涉及善了。試看：「君子成人之美，不成人之惡；小人反是」（〈顏淵〉）。這裡以美通於善，見人行善，則促成之。從政的要訣之一是「尊五美，屛四惡」（〈堯曰〉），五美是指「惠而不費、勞而不怨、欲而不貪、泰而不驕、威而不猛」，這顯然與爲政者的品德有關，亦即牽涉於善。孔子的學生有若說：「禮之用，和爲貴，先王之道斯爲美」（〈學而〉）。先王之道是指依據禮樂，相沿成習的社會風氣而言，此風氣符合人的品德修養所需，可以稱之爲美。至於「里仁爲美」（〈里仁〉），這四個字更明顯地把美等同於善，或者「以美爲善之表現形式」。

但是，以美爲形式並以善爲內涵，難免讓人產生疑慮：善不是屬於道德範圍內的事，因而與意志相繫嗎？美不是針對個人情意感受而發的嗎？這兩者可以混淆嗎？這個問題正是凸顯儒家美學特色的關鍵，我們暫且擱下，稍後自然可以得到解答。

三、孔子論詩與樂

「美」除了形式與內涵之外，更重要的是它的作用，因爲它不能離開一個特定的人之主體感受而存在。就主體感受來說，孔子特別強調人文產品，如「詩」與「樂」。歷來研究孔子美學思想者，莫不著力於此，可謂十分正確。

詩指古詩，經孔子刪訂爲三百零五篇，是他的主要教材之一。詩有兩個作用，一是功利的，二是抒情的。功利的作用與美學無關，屬於實際的效果。譬如：「誦詩三百，授之以政，不達；使於四方，不能專對；雖多，亦奚以爲？」（〈子路〉）可見當時學詩，可以培養內政外交方面的人才。「不學詩，無以言」（〈季氏〉），學詩之後，才知道進入上層社會該談什麼，該如何談。古人所謂念書，離不開學詩，因爲其中包含立身處世的各種道理。孔子說：「人而不爲周南召南 ，其猶正牆面而立者與！」（〈陽貨〉）當然，談詩的兩種作用，最完整的一段話是：

「詩，可以興，可以觀，可以羣，可以怨。邇之事父，遠之事君，多識於草木鳥獸之名。」（〈陽貨〉）這段話的前半段稍後再論。後半段「邇之事父，遠之事君，多識於草木鳥獸之名」，是指詩之功利的作用而言，談不上美不美。

詩還有抒情的作用，譬如：「關雎，樂而不淫，哀而不傷」（〈八佾〉）。藉著詩，人的情感自然中和地發抒出來，相應於人心的要求，因此可以寓教化於抒情之中，孔子說：「詩三百，一言以蔽之，曰『思無邪』」（〈爲政〉）。現在我們再回到前面引述的一段話，「詩，可以興，可以觀，可以羣，可以怨」，稍作分析。

首先，「興」是指人在讀詩時，興起內心的感受，激發起內心的原始願望。說得更清楚一些，就是使一個人把原先被世俗遮蔽的自我呈顯出來。一般人活在世間，總是隨俗從眾，接受世俗的規範，眞正的自我就被掩藏了。讀詩之時，內心的情感自然流露。因此「興」使一個人甦醒內心的情感，生出好善惡惡之心，不能自已。眞正的自我興發起來之後，做爲一個主體的人就有了出發點，可以度一個屬於人的生活。

「觀」就是照亮、照明，讓你透過詩照明你的生命力所要發展的方向。

「羣」是讀詩之後，產生人與人之間相應的感受，可以互相感通，促成社會的和諧關係。

至於「怨」，看來是消極的抱怨，其實不然。人的情緒願望總有受阻難伸之時，久之難免積怨。儒家一向以順性爲教，主張順著人性發洩適度的需要，因此積怨亦當設法化解，讀詩即爲重要方法。

由此可知，孔子論時，重在引發一個人內心眞正的情感，觀照之、疏導之，給它一個合理的方向，使人與人同情交感，社會亦趨於和諧快樂之境。

但是，光靠詩，還不足以讓一個人進入成全的地步。孔子說：「興於詩，立於禮，成於樂」（〈泰伯〉）。可見人還需要「樂」的涵養。

「樂」是什麼?樂的範圍比詩更廣。古詩皆可入樂，可以「弦歌之」；不過，古詩畢竟是前人所作，固然可以興觀羣怨，但是對於一個特定的人面臨特定的處境所生之特定心緒，則未必可以全盤照顧到。大體說來，「樂」的運作有二途：一是聆聽別人演奏，二是自己親自演奏。這兩者差別頗大。自己演奏，也包括唱歌在內，無疑是更容易發抒胸臆、求得自我安頓的。詩是讀古詩，亦即別人作的詩，其成效足以「喚醒」屬於人性共同的情感，但是若要使一個人「安頓」自己，則還需樂。樂不但可以演奏別人的作品，還可以演奏自己的心聲。孔子對樂的重視要超過對詩的重視，原因之一在此。

談到「樂」，最好先描述孔子的為人風格。一般人的印象裡，總以為孔子道貌岸然、刻板無趣，好像他天生就是為人師表的：「望之儼然，即之也溫，聽其言也厲」（〈子張〉）。至於「夫子溫良恭儉讓」（〈學而〉），也是形容他循規蹈矩、謹言慎行的模樣。事實上，孔子有他活潑自在、親切可喜的一面。他的樂教可以說明這一點。

孔子「十有五而志於學」（〈為政〉），所學除了當時可以讀到的《詩經》、《書經》之外，對於需要配合實際演練的禮與樂，則需求教於高明之士。《史記．孔子世家》說孔子問禮於老子，習樂於師襄，並非無根之談。我們且看孔子「習樂」的這一段：孔子學鼓琴於師襄，依次「習其曲」、「習其數」、「習其志」，就是先後學會了一首樂曲的基本旋律、高低節奏，與作曲者的心志所在，這已經難能可貴了。但是孔子還要追根究底，「得其為人」，由樂曲看出其作者「黯然而黑、幾然而長、眼如望羊、如王四國，非文王，其誰能為此也！」遇到像孔子這種學生，做為老師的師襄當然要「辟席再拜」了。

孔子習樂之後，還要「正樂」。他說：「吾自衛反魯，然後樂正，雅頌各得其所」（〈子罕〉）。這是因為當時已經陷於「禮壞樂崩」的困境，孔子自覺有責任保存禮樂並發揚之。〈孔子世家〉記載：「三百五篇，孔子皆弦歌之，以求合韶、武、雅、頌之音，禮樂自此可得而述。」

他對樂曲的結構與進展，自有一番心得。他曾告訴魯大師：「樂其可知也。始作，翕如也；從之，純如也，皦如也，繹如也；以成。」（〈八佾〉）

接著，孔子的「愛樂」也是有名的。《論語》有一段令人費解的話：「子在齊聞韶，三月不知肉味。曰：不圖為樂之至於斯也」（〈述而〉）。孔子是講究飲食之道的，所謂「食不厭精，膾不厭細」（〈鄉黨〉），規矩多得很；他當然很能欣賞鮮美的肉味，但是在聆聽大舜的韶樂之後，居然三個月之久無法分辨肉味，食而不知其味，因為韶樂的美感遠遠超越視覺、味覺之上。由此亦可知，人是一個整體，美感通於人之內心，可以使人忘我。孟子後來聲稱人有「大體」、「小體」，以心為大、以軀體為小，亦可說脫胎於此。儒家的美學著重主體感受，而且是內在心靈的感受，應該是沒有問題的。音樂本身美不美，還不夠，必須同時考慮到欣賞主體的感受能力。感受能力高者，甚至可達無聲之樂的境界，如莊子之「天籟」。

孔子對音樂的品鑑，也透露了他的美學思想的另一層面貌。「子謂韶，盡美矣，又盡善也；謂武，盡美矣，未盡善也」（〈八佾〉）。由此可知，美與善是可以分開的，但是又有內在的關係。美側重在指涉樂曲的形式，善側重在指涉樂曲的內涵。形式與內涵完全相契，是盡美又盡善；不然，可能盡美而未盡善，如武樂終有代商而起之革命意味，不得不訴諸格於形勢之行動，不若韶樂之雍穆和平，恆久自然，盡美盡善。但是，我們可以追問：為什麼善對於美，似乎占有優位呢？這不是混淆道德與美感嗎？唯一的解答是：孔子主張「人性向善」，而美亦相應於人性之需要，因此必以善為其最後判準。此中詳情稍後再述。

現在，要談到孔子的「用樂」。孔子的音樂生活是十分豐富的。《論語》記載：「子於是日哭，則不歌」（〈述而〉），這句話說明孔子的感情十分眞摯，如果某一天哭了，就不唱歌；反過來說，如果他某一天不哭，通常都是會唱歌的，可見他之愛樂。的確如此，請看：「子與人歌而善，必使反之，然後和之」（〈述而〉）；他喜歡與人一起唱歌，獨樂樂不如眾樂樂，唱得開心還堅持別人再唱一遍，自己則以和聲相應。他不僅在安定的日常生活裡愛好音樂，在面臨艱難險阻時，也不改本色。譬如他周遊列國，困於陳蔡，絕糧數日，依然「弦歌不衰」（《史記·孔子世家》）。甚至在生命走向終點臨近死亡之前，孔子也唱出他的心聲：「太山壞乎，梁柱摧乎，哲人萎乎！」（《史記·孔子世家》）

前面提及孔子的「哭」，究竟發生在什麼情況之下呢？《論語》中令人印象深刻的一次，是他爲愛徒顏淵之死而哭。孔子哭得非常傷心，以致別的弟子認爲老師過於哀慟了，他回答說：「有慟乎？非夫人之爲慟而誰爲！」（〈先進〉）他對弟子寄望之殷，由此可見。至少我們知道他的兒子，及弟子顏淵、子路都先他而死，這些情況下孔子是會哭的。

孔子以音樂教徒，使他的弟子也熱愛音樂。譬如，子游爲武城宰時，讓老百姓也習樂。孔子聽到弦歌之聲，莞爾而笑，對子游戲稱：「割雞焉用牛刀！」子游答得好：「昔者偃也聞諸夫子曰：『君子學道則愛人，小人學道則易使也！』」（〈陽貨〉）這裡子游明白肯定，「弦歌」表現的是「道」，即人生應行之道；這又是美與善接合的例證。

子路也曾彈瑟，但是或許囿於性格，如魯莽（〈先進〉）、好勇（〈公冶長〉）、剛強（〈雍也〉）等，而難有進境。孔子說：「由之瑟，奚爲於丘之門！」門人因此不敬子路；孔子趕緊補充一句：「由也，升堂矣！未入於室也」（〈先進〉）。這是孔子愛護弟子的地方。

孔子可以透過演奏樂曲來表達心意。譬如他曾擊磬於衛，有一個荷蕢而過的人聽了就說：「有心哉，擊磬乎」（〈憲問〉）。這些隱士智慧過人，是孔子眞正的對手，但是彼此不相爲謀，也是無可奈何的事！

以上就孔子習樂、正樂、愛樂、用樂四方面說明之後，可見他的整個生命充滿了審美的情操。然而，樂的最主要作用是什麼？這一點才是孔子的關心所在。

孔子重視樂，希望透過樂來開顯人性眞相。《論語》中有兩句話應該合而觀之。

一是：「禮云禮云，玉帛云乎哉？樂云樂云，鐘鼓云乎哉？」（〈陽貨〉）

二是：「人而不仁，如禮何？人而不仁，如樂何？」（〈八佾〉）

就樂而言，鐘鼓只是表現的工具或形式，不足以充分彰顯其內涵；樂的內涵則是「仁」。如果有樂而無仁，固然流於僵化的外在形式，虛有其表；但是有仁而無樂，亦缺乏適當的管道可以抒發人性之常。因此，樂有「輔仁」的作用。孔子希望「以樂輔仁」，用音樂來幫助一個人成就他天生的仁性。

爲什麼樂可以輔仁呢？前面提過，詩可以興發一個人內在的原始情感，樂則更進一步：「樂自中出，禮自外作」（《禮記．樂記》）。「樂也者，動於內者也」，「音者，生於人心者也，樂者，通倫理者也」。更重要的是：只有音樂是無法作僞的。《禮記．樂記》說：

德者，情之端也；樂者，德之華也。金石絲竹，樂之器也。詩言其志也，歌詠其聲也，舞動其容也，三者本於心，然後樂器從之。是故情深而文明，氣盛而化神，和順積中，而英華發外，唯樂不可以爲僞。

因此，音樂可以主動而且直接地展現一個人的內在眞我。這種內在眞我是與善有關的。《禮記・樂記》說：「致樂以治心，則易直子諒之心油然生矣。」「易直子諒」是指「和易、順暢、慈祥、誠實」，這些善德原本潛藏於人心之中，而樂可以引而出之。爲了說明善與美的這種關係，康德的觀點可以做爲參考。康德說過：「美是道德善的象徵。」（見《判斷力批判》）這句話的意義十分深刻。

在康德看來，人的理性只能抵達現象界，無法企及本體，但是人的意志卻可以在道德實踐時企及本體，或至少設定本體的存在，如自我、世界與上帝。因此，說「美是道德善的象徵」，是要提高審美判斷的地位，讓人在其中見到本體世界，亦即將人的自我直接展現出來。眞我一旦展現，人生的方向與途徑就不辨自明了。

四、人文美的境界

那麼，在孔子看來，美所能帶人達成的最高界是什麼?所謂「興於詩，立於禮，成於樂」的「成於樂」又是什麼意思？

這裡必須附帶說明的，還是要借用康德的術語，就是「美具有無目的之目的性」。美不能有目的，否則難免涉及功利實用，但是它在無目的的時自然又合於一個目的，如人格之自然陶冶、氣質之自然變化、人生之自然幸福。就孔子的美學思想而言，美所成就的三個境界是：快樂、自然、成全。

首先，「樂」與「快樂」的「樂」為同一個字，兩者自有關係。音樂激起美感，美感使人快樂，就變得十分自然了。如果前面所說「樂以輔仁」為眞，則人格的陶冶是愉悅之事。荀子說：「樂（音樂）者樂（快樂）也，人情之所必不免也。……足以感動人之善心」（〈樂論〉）；這句話配合孔子所言之「君子坦蕩蕩」（〈述而〉），義實相通。

換言之，音樂有助於人格陶冶，其中涵蓋至高的快樂。馬一浮在《復性書院講錄》說得好：

> 無聲之樂（音樂），是和之至。……三月不違仁，不改其樂（快樂），無聲之樂也。……發憤忘食，樂（快樂）以忘憂，不知老之將至，無聲之樂也。（卷四）

眞正的音樂是無聲的，因為它已經化在日常生活的每一行動之中，在舉手投足、與人交往時，自然合於韻律，此韻律由內而發，從容中道。這是眞正的快樂。

因此，顏淵可以「一簞食，一瓢飲，在陋巷，人不堪其憂，回也不改其樂」（〈雍也〉）；孔子可以

「飯疏食，飲水，曲肱而枕之，樂亦在其中矣」（〈述而〉）。因此，審美情感使人快樂，因爲它合於人性之自然趨向。

其次，談到「自由」。西方有些藝術家主張：藝術使人自由，因爲它使一個人發揮想像力，可以突破當前處境的限制。儒家說得更具體些，像「志於道，據於德，依於仁，游於藝」（〈述而〉）之「游於藝」。「游於藝」，簡單說來，就是透過學習某種技藝，再從其中的規律解脫出來，獲得身心的全面自由。以射箭爲例，這種技藝練到高處，則不是手在射，不是人在射，而是心在射、氣在射。於是，人在射箭時，有悠游自在之感。

《論語》中，講自由最好的一段是「吾與點也」。孔子與子路、冉有、公西華、曾點四個弟子閒坐時，要他們談談各人的志趣。前三子皆志在實際的政治，輪到點了：

「點，爾何如？」鼓瑟，希，鏗爾，舍瑟而作；對曰：「異乎三子者之撰。」子曰：「何傷乎！亦各言其志也。」曰：「莫春者，春服既成，冠者五六人，童子六七人，浴乎沂，風乎舞雩，詠而歸。」夫子喟然嘆曰：「吾與點也！」（〈先進〉）

曾點所說的幾句話顯示極高的境界，因爲他突破前三子的用世之心，不拘於一「器」；唯獨他可以「君子不器」，掌握主體的獨立與自在，由此近於「道」的境界。道的境界是與天地相通的。無怪乎孔子要稱讚他了。朱熹對於儒家的理解未必都對，但是關於這一段則說得不錯：

人欲盡處，天理流行，隨處充滿，無稍欠缺。故其動靜之際，從容如此。（《四書集註》）

從容不迫，正是自由。同時，「吾與點也」前半段提及他正在「鼓瑟」，後面又說他「詠而歸」，可見他愛樂之深，由此一洋溢的美感進入自由無待之境，正是水到渠成。孔子自己描述一生的心靈歷程，也以「七十而從心所欲不踰矩」爲晚年境界。「從心所欲」不是眞自由，「從心所欲不踰矩」才是眞自由。換言之，這裡所謂的規矩並非純屬外在的與後天的造作，而是本諸內心的要求而定的。至於內心爲何如此要求，則須在講明「人性向善」的道理之後，才可以明白。

最後，談到「成全」。孔子談成全，具有兩面性格：一方面是好的，人格及生命成全了；另一方面則在凡人眼中爲難解之事，即是：爲了成全，可能須犧牲生命。音樂可以使人格成全，或說「成於樂」，因爲它使人「不蔽」，不被遮蔽。我的本性可以藉此完全展現，然後我順著此一本性往前發展，就能達到既美且善的成全。但是另一方面，孔子也清楚表示：「志士仁人無求生以害仁，有殺身以成仁」（〈衛靈公〉）。爲什麼殺身可以成仁呢？身體死了，還可以成就任何目的嗎？難道身體這個自然生命只是一個途徑或憑藉，本身不是目的，而是另有目的，即「仁」是嗎？要明白「殺身成仁」，即以自然生命爲代價來成就一個人的仁德，就必須了解儒家的「人性向善論」。這是談儒家的任何思想，包括倫理學與美學，都不能錯過的要點。

從人性向善論的觀點來看，人生是一趨向而非一完成之物；是一潛能，是一等待被實現的潛能。只要人掌握住這一趨向及潛能，自然知道該如何做；也就是你的行爲判準可以回溯到「心安不安」上面。「心安不安」就是此一趨向及潛能的自然運作。每一個人都有良知(心)，其作用如發號施令的上帝，會在必要時告訴你應行之事與不應行之事。人性是一趨向，因此必須在人生的過程中予以實現。這一趨向是永無止盡的，只要你還活著，只要你有人性，它就不斷發出向善的指示。因此，儒家要強調「天行健，君子以自強不息」(《易傳》)；這種自強不息即是日新其德：「苟日新，日日新，又日新。」(《大學》)。儒家主張勁健、奮發的人生觀，自無疑問。人生沒有一刻可以休息或鬆懈，但是並不表示儒家很累很苦；相反的，儒家還隨時可以獲得快樂，因爲他們走在滿全人性的路途上，內在自發的快樂是充沛的。

如果不從「人性向善論」著手，儒家的美學不可能說得通透。試問：具象之物(包括自然界，人的形體與現存器物，人的行爲與社會風氣)本身美不美？談不上，除非它配合了主體感受。這是把美感拉回主體性上。但是問題又來了：如果美與主體性有關，那麼它豈不陷於相對的困境？每一主體皆可自覺某物爲美，竟至無法與他人溝通的地步。除非我們肯定有共同的人性，否則無法解決這一問題。但是在肯定共同人性時，又須追問：這種共同人性是什麼？爲什麼它會要求善又要求美？動力由何而來？方向在那裡？最後目標是什麼？除非進而肯定人性是向善的，亦即人性本身即爲潛能，富於動力，也有方向與目標。否則上述問題終究難解。

然而，如果人性眞是向善，爲何一般人並不知道呢？儒家的眞正挑戰在此。孔子強調立志，如「十有五而志於學」，「士志於道」，「志於道、據於德」等；孟子強調「覺」、「思」、「反身而誠」等，這一點稍後再談。如果簡單區分孔子與孟子的美學觀念，則可以說：孔子講「人文之美」，肯定傳統的詩與樂，以之爲憑藉來引發或開顯主體的感受，達到主客合一的審美之境；同時，他又以美爲一表現形式，爲了表現善，其最後目標則是美善合一。這一切的出發點則是立志，立志做一個眞我：「我欲仁，斯仁至矣」（〈述而〉）。孟子所講的美則著重「人格之美」，這顯然也是他的哲學之順理成章的結果。

五、孟子身心合一的審美觀

孟子的生命情調比起孔子，要顯得匆迫而嚴峻。孔子「和而不同」，對於隱士或道家者流抱著「合則來，不合則去」的態度。孟子則極力批判楊朱、墨翟，甚至聲稱自己這樣做才是「聖人之徒」；別人說他「好辯」，他還解釋：「豈好辯哉，予不得已也。」爲什麼會如此？除了性格的因素，應該是時代的壓力太大了。誰不想安安靜靜講學修德？但是時代不允許。孔子之時，已經「禮壞樂崩」；孟子之時，則到了「率獸食人」的絕境了。孔子還有機會在魯國一顯身手，當了大司寇使魯國大治，周遊列國也偶爾受到禮遇。孟子呢？所見皆是梁惠王、齊宣王之類的昏君，只能承認「寡人有疾」，好色、好勇、好貨的。孟子處在這樣的時代，難免會有些急躁。這是可以想像的。孟子的美學因此也帶著些尖銳的性格：焦點明確深入，但涵蓋面不廣。

我們也由具象之物談起。這方面，孟子與孔子無異。他從不以自然界的事物本身為審美的對象，而只是以之為象徵，用來形容人的主體在某一處境下的心態。最有名的一句，像「牛山之木嘗美矣！」（〈告子上〉）是比喻人性本有豐富的潛在能力，順其天性則有善行。他也像孔子一樣，喜歡提到「水」，說「仲尼稱水」（〈離婁下〉）及「觀水有術」（〈盡心上〉），皆以水喻人。人性之善端若不被阻滯，則如「火之始然，泉之始達」（〈公孫丑上〉），甚至如「水之就下，獸之走壙」（〈告子上〉）。不過，修德必須循序漸進，隨著生命過程而不歇息，否則難免像宋人之「揠苗助長」（〈公孫丑上〉）。魚與熊掌都是美食，但是在孟子看來也只能做為比喻，說明「生與義」之不可得兼時，人的正確抉擇。

其次，現存器物有稱為美的，如棺槨、衣衾（〈公孫丑上〉）等，因為它們合宜、精巧、富麗。

接著，孟子以美形容仁義之道。美原是透過感官所得的愉悅感受，可以用之於仁義嗎？可以，請看：「道則高矣、美矣」（〈盡心上〉），「豈以仁義為不美也？」（〈公孫丑下〉）仁義是主體藉意志、行動所達成的品德，為何可以用訴諸情意感受的美來描寫？要答覆這個問題，就須說明孟子對於人的形體結構之理解。這是孟子哲學的獨到之處，一言以蔽之，就是「身心合一論」，孟子的美學要旨，亦在於此。以下分幾點說明之。

第一，人的形體，自然反映或表現其內在精神。孟子說：

存乎人者，莫良於眸子。眸子不能掩其惡。胸中正，則眸子瞭焉；胸中不正，則眸子眊焉。聽其言也，觀其眸子，人焉廋哉？（〈離婁上〉）

這段話是肯定眼睛爲靈魂之窗，這個窗不但可以讓主體向外觀看，也讓主體的內在狀態被外人觀看了。眼睛是身體組織之一，所表現的卻是內心之「正與不正」。此之謂身心合一論。孟子又說：

君子所性，仁義禮智根於心。……其生色也睟然見於面，盎於背，施於四體，四體不言而喻。（〈盡心上〉）

心中有了仁義禮智，居然會生出溫潤和悅之色，以致面、背、四體皆受影響，讓別人一看就可以分辨。再看下面一段：

仁之實，事親是也，義之實，從兄是也，智之實，智斯二者弗去是也，禮之實，節文斯二者是也，樂之實，樂斯二者。樂之生矣，生則惡可已，惡可已則不知足之蹈之手之舞之也。」

（〈離婁上〉）

這段話前面講的是仁義智禮樂，後面就接上「手舞足蹈」了。似乎不如此，不足以表現內心之充實愉悅。

因此，孟子的身心合一論並非混同身心爲一，而是以身爲心之自發外顯，兩者自然相契，並無所謂的靈肉衝突或身心聯繫問題。這並不表示孟子的想法較爲天眞或理論較爲粗糙；相反的，他完全清楚身心之間的關係問題，所以又提出「大體小體」之說，這正是下面所要談的。

第二，人的體分大小：大體在內，指其心，小體在外，指形體的四肢五官。這樣分辨大體小體，又有什麼根據呢？爲什麼把明明顯示在外的人的形體稱爲小體，而把看不見、摸不著的「心」稱爲大體？孟子的理由是：「人之所以異於禽獸者，幾希」（〈離婁下〉）。人與禽獸相似之處爲四肢五官的形體，光就這些外表來看，實在差異不大；爲了突顯人之本性，則須於人心求之。人心正是人異於禽獸之處，因爲它具備禽獸所無的四端，可以存養充擴爲善。孟子以人與禽獸相似者，爲小體；以人與禽獸相異者，爲大體。這種作法不僅有邏輯定義爲根據，而且合乎人性的價值要求。

人的大體就是心之四端，孟子說：「人之有四端，猶其有四體」（〈公孫丑上〉），這種類比十分清楚。他又說：「理義之悅我心，猶芻豢之悅我口」（〈告子上〉），以心與口對舉，表示兩者皆屬人之體；分其爲大爲小，正是界定本末輕重，避免各種平行或衝突的難題。孟子談到「天將降大任於是人也」時，說「必先苦其心志」（針對大體），再說「勞其筋骨、餓其體膚、空乏其身」（針對小體），然後觀其結果：「行拂亂其所爲，所以動心忍性，增益其所不能」（〈告子下〉）。這是整個人格的進境。他的身心合一論是不容置疑的。

第三，人應該以大體爲本爲重，因爲那是人性成全的關鍵。如何著手呢？要「存養充擴」心之四端。他說：

> 君子所以異於人者，以其存心也。（〈離婁下〉）
>
> 養其小者爲小人，養其大者爲大人。（〈告子上〉）
>
> 從其大者爲大人，從其小者爲小人。（〈告子上〉）
>
> 充其無欲害人之心，仁不可勝用也。（〈盡心下〉）
>
> 凡有四端於我者，知皆擴而充之矣。（〈公孫丑上〉）

由此可知，人有向善之性，其根源在於向善之心。向善之心是指「心之四端」；「端」爲開始、萌芽，而非完成，因此須存養充擴。此「存養充擴」一方面是內在自發的趨向，同時也要求主體的主動、抉擇、負責與之配合。這種存養的成效是驚人的，可以由內在轉化提升一人爲君子、爲大人。他論及「養氣」時，不僅貫通小體大體，而且融合人性與天地，使人讀來不勝嚮往。

我善養吾浩然之氣。……其爲氣也，至大至剛，以直養而無害，則塞於天地之間。其爲氣也，配義與道，無是餒也，是集義所生者，非義襲而取之也。（〈公孫丑上〉）

爲何氣與道義有關？氣是「體之充」，屬於小體，道義則屬於大體，由心之四端而來，這兩者如何聯繫？孟子說：「志，氣之帥也」，這就是答案了。「志」是「心之所之」，以心來領導氣，以大體來領導小體，就能產生至大至剛的浩然之氣，並且充塞於天地之間。至於爲何浩然之氣可以充塞於天地之間，則是因爲孟子體認到人性向善之最後依據是那做爲宇宙萬有大本的「天」。如：「心之官則思，思則得之，不思則不得，此天之所與我者」（〈告子上〉）。有了「天」做最終本源，人格主體之確立及其潛在能力之偉大，都可以獲得解釋了。而孟子談美，爲何把焦點完全放在人格之美，亦即人格的完成上，也就可以理解了。換言之，人有身體，但它只是憑藉；隨著自然生命的成長，內在的要求無時或息地發出指令，要求走向善途，歸結爲人格的完成。以下再就人格之美作一說明。

第四，人格之美在於美善合一。這種說法的根據是：人有「良知良能」（〈盡心上〉）；良知是不待學而知者，良能是不待學而能者，兩者皆導人於善。善是至高的價值，亦即人格成全的標準，既然人天生有此潛能，故可說「人人有貴於己者」，問題在於「弗思耳矣」（〈告子上〉）。只要一「思」，則自我的眞相立即展現，心之四端立即可以發揮作用。孟子又說：「乃若其情，則可以爲善。……我固有之，弗思耳矣，求則得之，舍則失之」（〈告子上〉）。孟子所謂的「思」，不是藉助於概念的思考，更不是推論，而是主體自覺，「反身而誠」之「反身」，有如對我之本質直觀。

自我既然在潛能上充實完備，那麼順著這種潛能發展，就可以成爲「大人」了。孟子相信：仁是「人之安宅」，義是「人之正路」（〈離婁上〉）；仁義毋寧是自然而自在的人生之途，絲毫不必勉強。只要「居仁由義」，就可以「大人之事備矣」（〈盡心上〉）。簡言之，一個人有了自然的形體生命，只要一「思」，成爲主體，肯定自我的人格，就會發覺自然生命具備豐富而可貴的潛能；實現這一潛能，正是完成人格之道，也才是完成自然生命之道。這就是美善合一的理想。這種理想一旦達成，效果是令人敬佩的。孟子說：「居天下之廣居，立天下之正位，行天下之大道。得志，與民由之，不得志，獨行其道。富貴不能淫，貧賤不能移，威武不能屈，此之謂大丈夫」（〈滕文公下〉）。所謂天下之廣居、正位、大道，正是人人與生具來的良知良能，因此人人可以達成此一理想。這是基於人性，具有普遍性與必然性的人生正途，因此，若談孟子美學，是離不開美善合一的人格之美這個範疇的。

六、人格美的境界

由此看來，美能帶人走上什麼境界呢？還是：快樂、自由與成全。

就「快樂」而言，不論自然美、人文美、人格美，都會帶給人愉悅的感受。孟子的重點在人格美。他說：「君子有三樂，而王天下不與存焉」（〈盡心上〉）；他竟然把南面而王，號令天下的快樂不放在眼中，因爲眞正的快樂至少還有三樣：一是「父母俱存、兄弟無故」，因爲這不僅是人之常情，喜見親人長壽健康，更是我由「孝親」而體現仁道，由「敬兄友弟」而體現義道之先決條件；換言之，有了父母兄弟，我更容易走在人生正途上，因此倍覺快樂。儒家所謂的善，向來是放在人際關係之適當滿全上來講的，因此特重五倫，其間關係不僅相互對待而且相輔相成。

其二談到「仰不愧於天，俯不怍於人」的快樂，因爲天是人類生命的大本，人是群居共處的同伴，如果自我能夠泰然對之，不愧不怍，就表示內外表裡如一，良知良能得以充量發展，自然快樂無比。其三談到「得天下英才而教育之」的快樂，也是從「君子莫大乎與人爲善」到「兼善天下」，由關懷人間、改善社會的抱負所帶來的快樂。孟子所謂的三樂，顯然是結合了自然生命與價值生命之同源雙向的要求，透過人格的美善來完成人生目的。

不僅如此，人格的社會性功能又以其主體性的圓滿內涵爲基礎。孟子說：「萬物皆備於我矣，反身而誠，樂莫大焉」（〈盡心上〉）。萬物何其大，我何其小，如何以小容大，謂萬物皆備於我？這句話當然不能以量視之，而應就主體自覺無稍欠缺，足以當下安頓而言。只要反身而誠，肯定自己的自然生命與價值生命相合無間，則宇宙萬物之大小多少皆不是問題；這個主體不但在任何地方都可以做到像孔子所說的，「君子居之，何陋之有」（〈子罕〉），並且可以達到如孟子所說之「樂莫大焉」的境界。

接著，談到「自由」。由人格之美所帶來的自由，表現爲自在與自得。自在的例子是孟子所謂的「說大人則藐之」。爲什麼要藐之？因爲他做的事，我不屑於做；我做的事，他做不到。孟子說得好極了：

堂高數仞，榱題數尺，我得志，弗爲也；食前方丈，侍妾數百人，我得志，弗爲也；般樂飲酒，驅騁田獵，後車千乘，我得志，弗爲也。在彼者皆我所不爲也，在我者皆古之制也，吾何畏彼哉！（〈盡心下〉）

這幾個「弗爲也」，從反面襯托出主體的自由與自在。亦即不受世俗評價標準，如名利權位的約束，至於好色、好勇、好貨這些低級樂趣，更是不屑一顧了。至於自得，就是由自信、自重而有內得於己的體認。孟子引述孔子所說：「自反而縮，雖千萬人吾往矣」（〈公孫丑上〉）。反省之後，肯定自己合於道義，則無視於群眾之多少，也要堅持正途。現代人行事，則往往只看群眾多少，不及自反就「隨俗從眾」了，於是難免終身陷溺，主體受到抑遏，人生目的亦無由開顯。以此一心態談美學，首先就少了個眞我，結果難免流於文字遊戲而已。孟子的人格之美，固然有美善混同之嫌，對於美之「無私趣」或許有些阻礙，但是對於美之「直指眞相」，則可自圓其說。他由人性向善論所開展出來的美學，不僅有原有本，而且避開了西方大多數美學理論爭持不下的問題，如美之客觀性、主觀性、內涵、作用、目的等。

然後，談到「成全」。這裡再度出現了張力，就是：人生的目的在於人格成全，但是人格成全又蘊涵了犧牲生命的要求。我們先看第一步。孟子說：

> 形色，天性也。唯聖人然後可以踐形。（〈盡心上〉）

這句話是理解孟子人性論的關鍵。「形色」是人的有形可見的身體，是與生具來的，可以稱之爲「天性」。但是天性只是那自然的形體生命嗎？顯然不只是如此，否則無法說出下半句話。「唯聖人然後可以踐形」，爲什麼「踐形」那麼難？爲什麼「踐形」之後，可以爲聖人？「踐形」不過是滿全天生的形體生命罷了，爲何會有如此大的效果？原因只有一端，就是：人性向善。我的自然生命本身就富於向善的潛能，亦即其中涵有價值生命的源頭，兩者一起發展，因此，滿全自然生命，就必須一併滿全其向善的潛能，亦即實踐仁義禮智，成就完美人格。換言之，滿全自然生命(踐形)，就是建立價值生命(成爲聖人)；如果了解孟子大體小體之分，就會明白其中一而二，二而一的關係了。做人就是做好人，實然與應然在人身上原本是合一的。關鍵還是在於孟子所說的「思」：思則得之，不思則不得。所得者，是在人的命運(繫於自然生命者)之旁，發現人的使命(緣於價值生命者)。

人的使命因而也是與生具來的。只要是人，就有一個使命；要以他的自然生命爲憑藉，來完成他的價值生命。若以自然生命爲美之所依(如人有形體與感受能力)，並以價值生命主要表現於善，則美善合一的理想正是人生的首要目標。

然而，在「踐形」的過程中，遇到嚴重挑戰時，又該如何？孟子借用魚與熊掌的比喻，主張：

生，亦我所欲也；義，亦我所欲也。兩者不可得兼，舍生而取義也。（〈告子上〉）

問題又來了：我連生命都捨棄了，還能取得義嗎？爲什麼說：「舍生而取義」？除非「義」正是我的「生」之目的所在。亦即，價值生命是自然生命的目的，因此犧牲生命並非無謂的犧牲，而正是完成生命。這不是犧牲，而是成全。人性向善論的勝義，亦在於此。

說明上述各點之後，我們可以試著探討《孟子》全書極爲難解的一段話。這段話是有人問及他的學生樂正子所達的修行境界時，他所作的答覆：

可欲之謂善，有諸己之謂信，充實之謂美，充實而有光輝之謂大，大而化之之謂聖，聖而不可知之之謂神。（〈盡心下〉）

這是孟子所區分的人格六境：善、信、美、大、聖、神。爲何第一步就是「善」？爲何「可欲」即是善？這兩個問題若不放在人性向善論的脈絡來理解，是說不明白的。人性向善，所以人的一切「可欲」之物，自然是「善」的。這當然不是就「小體」而言，亦即不指色聲香味方面的可欲，否則怎能用來品評人格？它是就「大體」而言，指心之可欲，如「理義之悅我心」的「悅」。因此，一個人的行爲表現，使我心覺得可欲，他的行爲就合於理義，就是「善」。人見善行，自然覺得可欲。人心見可欲之行爲，此行爲即是善。譬如，我見人孝順、友愛，覺得欣賞嚮往，這時即可肯定那是善了。

不過，善往往落於具體的規範與外在的模式，奉行之人未必眞正出自內心。換言之，僞善仍是可能的。因此，更高一層的人格是「信」，「有諸己之謂信」。信者眞也，一個人的行爲表裡如一，有內在自我爲基礎，那麼他的善就有了源頭活水，而不再只是表現於外的行爲了。

「充實之謂美」，是指自然生命之舉手投足皆引發價値生命之實現，人的形體與道德合而爲一，毫無間隙。亦即：形諸內外，皆恰如其分，從容中道。這是在自身之成全，如「己立」、「己達」，尚未專注於推己及人。此之謂美。由本文以上所論證之，可知孟子的美是合善、信而充實之，既可欲，復內得於己，再到無稍欠缺的地步，即美善合一。

「充實而有光輝之謂大」。一個人在自身充實立達之後，可以進而成爲典型，發出光輝，照亮人間，別人見此光輝，猶如照見自家的向善之性，乃興起「舜何人也，予何人也，有爲者亦若是」(〈滕文公上〉)的念頭。事實上，充實之人自有光輝，如「曖曖內含光」，但是這光輝要外顯而「有」之，還須外在條件相輔，如「有其德有其位」，才能風動草偃，不然亦須爲人師表，才能立人達人。儒家重視「大人」，其「光輝」二字尤有深意。如「大學」喻爲大人之學，三綱之首要步驟是「明明德」。這裡第一個「明」字，就是使之煥發光輝。《易傳》更說：「大人虎變，其文炳也，」亦是指其人格的色采炳耀，發出燦然光輝。某些宗教喜在聖人畫像的頭上加一光圈，似乎亦出自類似的信念，即透過人格修行，可以發出光輝。

「大而化之之謂聖」。有了光輝，難免還是靜態，甚至只是被動地等待別人效法。現在，「化」是動力，可以主動予以推動了。孟子說，「君子所過者化，所存者神，上下與天地同流」（〈盡心上〉），其實已經進入聖的境界了。他可以因爲卓越的品德而移風易俗與化民成俗。這種「化」的工作難不難呢？看似很難，其實容易之至。只要眞有聖王出現，「恭己正南面」，就可以「無爲而治」了（〈衛靈公〉），這是孔子的信念；孟子則認爲，只要擴充天生四端，即可保四海，甚至到達沛然莫之能禦的地步；《中庸》亦云，唯天下至誠，可以盡己性、盡人性，盡物性，參贊天地化育。這些都說明了原始儒家的基本主張是人性向善論。因此「大而化之」是可以實現的理想狀況，世界大同亦可以懸爲人類的共同理想了。

至於「聖而不可知之之謂神」，則已經「不可知之」，妙不可言，進入天人合德的神秘境界了。孟子筆下的聖人，是以天道爲取法對象的；這不僅是取法於外，取法於天，也是取法於人心的本源與歸宿。人心之向善，表現爲分辨善惡的能力及行善避惡的要求，這種評價及訓令的雙重角色是「天之所與我者」。若能存養充擴此心，自然可以由「盡心知性而知天」，同時，「存心養性」即是「事天」（〈盡心上〉）。這些語句都預設了天人合德的可能性與必然性。若達天人合德，則理性思辨自然無以運作，言語文字自然無以名狀了。

七、結語

總結以上所論。本章談儒家美學，雖然涉及許多初看之下與美無關的材料，但是卻始終不曾偏離主題。

首先，人有形體，可以對具象之物產生愉悅的感受。但是儒家在面對大自然「四時行、百物生」時，並未以之爲客觀的審美對象，卻總是回過頭來觀照主體的潛能、現狀、努力方向與人生境界。這種人文關懷使儒家的美學調整焦距在主體感受上。

主體感受當然可以因人的形體與現存器物而發，如見後者之合宜、精巧、富麗，便謂之美。但是它更可以因人的行爲表現與社會風氣而發，如見後者之合乎仁義，便謂之美。問題是：「美」要成爲「學」，必須有一對象，使天下人普遍而必然地稱之爲美，然後理論才可以證成。因此，這一對象若在外，則難免因人之觀點、心境不同而無法始終爲美；若在內，則又難免言人人殊，各見其美，成爲相對主義。若要避免以上兩難，就須從共同的人性著手。儒家以仁義爲美，正是出於這種考慮。

既然美基於共同的人性，爲何有些人不能察覺呢？套用孟子的話，這是「不爲也，非不能也」。只要一「思」，則能呈現眞我，見其四端的無窮發用，亦即生命的向善衝動，於是人性的動力、方向、目標統統如實展示。這是以「眞」爲媒介，把「善」與「美」連繫起來，成爲人生的整體價值之體現。這裡的美，原無任何私趣，亦即具備「無目的之目的性」。若以美爲形式，則它表達的內涵自然是善；若以善爲內涵，則它藉以外顯的形式自然是美。

因此，談儒家的美學，不能離開其人性論來理解。換言之，美不能只就表現形式來談，而應該兼顧形式、內涵、作用三者之統一性。形式指人的形體（自然生命），內涵指人的心（價值生命），作用則指美善合一的人格。

原始儒家除了孔子、孟子以外，還有荀子與《易傳》、《中庸》等典籍，是否也都有相同的美學呢？這一點可以繼續研究，但是它的基調則不出本章所論，可以涵蓋在人文美與人格美之內，而以美善合一爲其鵠的。孟子所說的「充實之謂美」一語正好可以點出此一特色，因此借來做爲本章之題目。

第九章

孔子的教育理想

孔子生當春秋衰世，禮壞樂崩，傳統的價值規範無法再維繫人心與社會。有識之士爲天下百姓憂慮，起而闡揚人類幸福之道，先後演變爲九流十家的盛況。其中以孔子倡導的儒家體大思精，高明中庸兼而有之，最能承先啓後，乃成爲漢代以後中國人文傳統的主流。

孔子的思想能夠獲得普遍共鳴，最主要的原因是他對於人性的本質有深刻的洞識，由此指出禮樂教化不只是外在規範，而是應該與人的道德修行相輔相成的。這套思想的形成，是孔子自己學習、思考、實踐的結果，因此他肯定理性的能力、重視教育的功效，首開平民教育之先河，爲中國文化之發展奠下穩固的基礎。

孔子所立下的表率，值得我們一再由各方面去探討，藉以彰顯他的理想之眞貌，並反省我們當前教育工作之成敗。以下本章預備討論兩個問題，一是孔子自己如何由學而教？二是孔子的教育理想是什麼？

一、由學而教的過程

綜觀《論語》全書，我們知道孔子是一位自知頗深而又充滿自信的人，但是他偶爾也會自負有過人之處，其中最明顯的是：「十室之邑，必有忠信如丘者焉，不如丘之好學也」（〈公冶長〉）1。他以「好學」自許，是有充分理由的。他從「十有五而志於學」（〈為政〉）之後，就不曾懈怠，否則他到晚年不會自稱「學而不厭，誨人不倦」（〈述而〉），以至「發憤忘食，樂以忘憂，不知老之將至」（〈述而〉）。那麼，孔子學什麼呢？這個問題與他「如何學」是分不開的。我們就合而言之，指出以下三點：

㈠學習傳統典籍，如《詩》、《書》、《禮》、《樂》、《易》。他透過這些典籍，充分理解中國古代的聖王政治與立國精神，也明白當時的社會困境與化解之道。我們從他時常「夢見周公」（〈述而〉），就知道他志在恢復周文優秀傳統。但是，他絕不是中世紀的復古派，卻是開創新局的中流砥柱；他說：「禮云禮云，玉帛云乎哉！樂云樂云，鐘鼓云乎哉！」（〈陽貨〉）表示他不受形式框限，卻

1　本文引用《論語》原文，皆直接標明出處；其他資料則列入註中。

要掌握禮樂的眞正根基；他說「人而不仁，如禮何！人而不仁，如樂何！」（〈八佾〉）就清楚肯定人性的「仁」是禮樂的根基所在。有此根基，則禮樂可以萬變不離其宗，否則難免膠柱鼓瑟，或形同無源之水。爲何他的學習會有這種傑出成效呢？原因正如下述。

㈡學習與思考並行。孔子曾問子貢：你以爲我是「多學而識之」的嗎？子貢答說；是的，難道不是嗎？孔子不高興了，他說：「非也，予一以貫之。」（〈衛靈公〉）我們先不研究「一以貫之」是什麼，因爲孔子不曾明白說出，但是很明顯的是，孔子的學習不是徒重記誦或食古不化，而是有中心思想一以貫之的。他說：「學而不思則罔，思而不學則殆」（〈爲政〉），唯有以自己的思想去統合古人的學問，才可推陳出新，培養見識。孔子強調思考與學習配合；同時就一個人來說，思考也是隨時需要的，譬如：「君子有九思：視思明，聽思聰，色思溫，貌思恭，言思忠，事思敬，疑思問，忿思難，見得思義。」（〈季氏〉）正因爲注意思考，才能長於「選擇」。孔子說：「多聞，擇其善者而從之。」（〈述而〉）儒家的「擇」字包含「博學、審問、愼思、明辨」在內，值得多加強調，以突顯其重視「理性」的一面；孔子本人「毋意、毋必、毋固、毋我」（〈子罕〉），心胸既開明又開放。他主張啓發式教育，是十分自然的事。

㈢學習須以實踐印證。孔子之學既以洞察人性眞相、重建價値體系爲基礎，則個人在實踐上的印證必然扮演關鍵角色。譬如，他有三千弟子，但是只稱讚顏淵一人好學，他對顏淵的評語是「不遷怒，不貳過」（〈雍也〉），可見學習的主要目的是「修身」，求得個人品格的完善，如「古之學者爲己，今之學者爲人」（〈憲問〉）。「爲己」爲本，因其克己復禮，成就君子；「爲人」爲末，因其志在用世，易陷於急功近利。孔子說得更明白的是：「君子食無求飽，居無求安，敏於事而愼於言，就有道而正焉，可謂好學也已矣。」（〈學而〉）以及「弟子入則孝，出則弟，謹而信，泛愛眾，而親仁，行有餘力，則以學文。」（〈學而〉）至於《論語》全書開宗明義的「學而時習之，不亦說乎！」（〈學而〉）其中所謂的「習」，就有「實行」、「實踐」的意思，正因爲可以實踐，所以會產生內心要求獲得印證的喜悅。孔子爲弟子列舉「四科十哲」時（〈先進〉），也以「德行」居首，因爲他相信一切學習的最終目標是「成人」。

以上三點是孔子自己的學習觀，我們可以找出許多例子補充說明。就第一點來說，《史記・孔子世家》記載孔子曾經「問禮於老子，習樂於師襄」，設法就教於當時各科權威。他的習樂過程是：依次「習其曲」、「習其數」、「習其志」，就是先後學會了一首樂曲的基本旋律、高低節奏與原作曲者的心意所在，這些已經難能可貴了。但是他還要追根究柢，「得其爲人」，結果由演奏樂曲看出其作者「黯然而黑，幾然而長，眼如望羊，如王四國，非文王，其誰能爲此也！」孔子在學習樂曲時，竟能掌握文王的相貌神情，可見他之用功專注與過人慧根。遇到像孔子這種優異學生，難怪做老師的師襄要「辟席再拜」了[2]。就第二點來說，孔子的學習與思考並行，使他不僅「溫故而知新」（〈爲政〉），而

2　《史記・孔子世家》。

且提出重要創見，奠定儒家人性論基礎。譬如以下兩句話：「無爲而治者，其舜也與，夫何爲哉，恭己正南面而已矣。」（〈衛靈公〉）「爲政以德，譬如北辰，居其所而眾星共之。」（〈爲政〉）都是由古人典籍悟出「人性向善」的道理[3]。如果人性不是向善，則這兩句話毫無意義；不過，人性又非「本善」，否則言「政」與「治」，皆爲多餘。有此創見，才會說「其身正，不令而行」（〈子路〉）「子帥以正，孰敢不正？」（〈顏淵〉）之類的話；也才能把「仁」標舉爲人性內在本有的趨向，聲稱「我欲仁，斯仁至矣！」（〈述而〉）「爲仁由己」（〈顏淵〉）等。再就第三點來說，孔子是坦蕩蕩、長樂樂的君子，但是照樣有終身之憂，就是「德之不修，學之不講，聞義不能徙，不善不能改」（〈述而〉）。這裡有三樣與道德實踐有關，可見孔子之學習所要求的印證是針對人格成全的。他在晚年時，回顧一生的學習進展如下：「十有五而志於學，三十而立，四十而不惑，五十而知天命，六十而順，七十而從心所欲不踰矩。」（〈爲政〉）[4]由「學」開始，到「從心所欲不踰矩」，可知此學爲成人之學。

由於兼顧「好學、深思、力行」，孔子的學識、思想、智慧、人格，乃卓然成爲典範，可以「爲師」了。孔子首先開始平民教育，使中國文化並未隨著春秋時代貴族沒落而消散；不僅如此，他還樹立了優良的老師形象，就是一般所謂的「有教無類」與「因材施教」。前者是他的教學態度，後者是他的

3　有關「人性向善」的討論，請參考本書第三章。

4　有關「六十而順」一語，筆者採用陳鐵凡、于省吾、程石泉、唐君毅、馮友蘭諸位先生的考證及義理，認爲「耳」係衍文，同時「六十而順」，是指「順天命」。詳見本書附錄。

教學方法。談到教學態度，有一個極大的誤解需要澄清，就是把孔子「自行束脩以上，吾未嘗無誨焉。」（〈述而〉）這句話中的「束脩」解成十束乾肉，再引伸爲學費。收學費並不是什麼壞事，反而是應該的；問題是：一、束脩是否乾肉？二、這句話若解爲「只要送來乾肉，我是沒有不教的。」是否合乎當時的生活情形，又是否相應於孔子的一貫的人生態度？

先就第二個問題來看。孔子有三千弟子，應該也收了三萬束乾肉。先不管保存乾肉的技術如何？每天吃一束就要吃上幾十年，孔子的腸胃恐怕受不了。至於顏淵，我想是送不起乾肉的，孔子會因而拒收他嗎？孔子一再教導弟子「士志於道，而恥惡衣惡食者，未足與議也」（〈里仁〉），「君子謀道不謀食」（〈衛靈公〉），「君子固窮」（〈衛靈公〉），他自己的生活實況之一是「飯疏食飲水，曲肱而枕之，樂亦在其中矣」（〈述而〉），他也欣賞顏淵之「一簞食，一瓢飲，在陋巷，人不堪其憂，回也不改其樂。」（〈雍也〉）試問，這樣的一位老師，會公開宣布「只要送來乾肉，我是沒有不教的」嗎？

再就第一個問題來看，漢儒對「束脩」的解釋已有不同的意見。孔安國固然解之爲乾肉，鄭玄則解之爲「束脩謂男子年十五以上」[5]。孔子自己年十五而志於學，因此，推己及人，鼓勵並歡迎年輕人來向他學習，他一定竭誠相教。我採取這種解法，並不是想美化孔子，而是衡諸人情事理以及孔子的基本

5 鄭玄的解釋，請見《後漢書・延篤傳》李賢注所引用的材料。筆者曾撰〈束脩與乾肉〉一文詳細討論此一問題（見本書附錄二），並贊同以「行束脩」爲代表「年十五」。

人生態度，並且古代也確有此說。

接著，就孔子的教學方法來說，「因材施教」值得我們注意。老師首先要認識學生的知能才性，《論語》中孔子對弟子的評語很多，如「柴也愚，參也魯，師也辟，由也喭」（〈先進〉），又如，「由也果，賜也達，求也藝」（〈雍也〉），他曾責備宰予晝寢，冉求畫地自限，當然也曾稱讚顏淵、閔子騫、冉伯牛、仲弓這四位「德行」科的高材生。由於深入認識弟子，他可以因材施教，不僅讓每人發揮長處，改善短處，努力成爲社會國家的有用之才，同時對於他的創見，「仁」，也分別就每一弟子的思想智慧之水準，給予不同的答案。這也近似今人所謂的啓發式教育。孔子大致是要求弟子先立志向學，自己用功，然後再隨機點化，譬如：「不憤不啓，不悱不發，舉一隅不以三隅反，則不復也。」（〈述而〉）這一點完全合乎教育心理學的原則，如果學生完全被動，再好的老師也無能爲力。其次，眞正的理解必須由內而發，透過反省掌握自己的問題之各方面，再豁然解迷出悟，如孔子說：「吾有知乎哉？無知也！有鄙夫問於我，空空如也，我扣其兩端而竭焉。」（〈子罕〉）孔子自承「無知」，並非謙詞，而是體認宇宙人生變化無窮，永遠展現新貌，不是人的知識可以應付，但是正因爲如此，「知之爲知之，不知爲不知，是知也！」（〈爲政〉）就代表人的智慧可以達到自我安頓的境界，亦即自我永遠是在知識領域中向前開展的。

孔子的教學是生動的，可以讓學生以古喻今，如子夏讀到《詩經》「巧笑倩兮，美目盼兮，素以爲絢兮」時，孔子指點他「繪事後素」，他就悟到「禮後乎」，亦即禮樂教化須以樸實本性爲基礎，因此孔子嘉許他「始可與言詩」(〈八佾〉);孔子也可以讓學生以今喻古,如子貢以為「貧而無諂,富而無驕」是很好的表現了,孔子進一步提升之為「貧而樂道,富而好禮」,子貢就引用《詩經》「如切如磋,如琢如磨」,來形容精益求精的為學方法,孔子也對他表示嘉許(〈學而〉)。

此外,孔子對弟子的要求很高,譬如,他從不輕許弟子以「仁」,只有顏淵稍好,「其心三月不違仁」(〈雍也〉);同時如前所述,他只認可顏淵一人「好學」。但是,孔子仍舊希望弟子不斷上進,有機會就要他們「各言爾志」。《論語》中最清楚的兩次記載,一次是子路、冉有、公西華、曾點四人言志(〈先進〉),一次是子路、顏淵與孔子言志(〈公冶長〉)。這種師生互相以崇高理想來呼應的表率,值得我們取法。以下接著要討論孔子的教育理想。

二、人才、人格與人文

教育理想是指藉著教育所要達成的目的與境界。由於這種目的與境界過於高遠,也可能始終無法實現,像孔子自承:「若聖與仁,則吾豈敢!」(〈述而〉)因此名之為「理想」較為恰當;但是,這絕不表示它是懸為空想或烏托邦而已,因為孔子有一套完整深入的人性論與天道觀做為教育理想的基礎。本文在此專就孔子的教育理想中,比較明確的內涵,提出三點來說明,就是:人才教育、人格教育、人文教育。

首先，人才教育是指學習有得之後，可以用之於社會，造福人群、貢獻國家。孔子自己就是當時極爲傑出的人才，於詩書禮樂易無所不通，人皆許其「博學」、「知禮」。從他所說「夏禮吾能言之」（〈八佾〉），「殷因於夏禮」（〈爲政〉）二段話，可知他知禮甚詳；從他所謂「吾自衛反魯，然後樂正，雅頌各得其所」（〈子罕〉），《史記．孔子世家》說他把詩三百篇「皆弦歌之」，他與魯太師說明樂「始作，翕如也」的一段（〈八佾〉），皆充分證明他之知樂，少有人能及。至於《詩經》、《書經》更是他的基本教材，《易經》則讀到「韋編三絕」的程度。除了典籍，實際的應用之學也不可或缺，否則孔子如何以「禮樂射御書數」6六藝教人？孔子這樣的人才，曾在魯定公時受到重用，三月而魯國大治，可見他的學問不是紙上談兵。他自己由小自「聽訟」，大至「治國平天下」，都頗有把握，自認爲「如有用我者，吾其爲東周乎」（〈陽貨〉）。可惜時不他予，未能一展所長。他身爲老師，自然希望弟子繼志述事，於是努力教學，使三千弟子中，「精通六藝者七十二人」。這七十二人各有所長，大多數是「於從政乎何有！」（〈雍也〉）有能力負責政治上某一方面的義務。孔子曾將他的十大弟子，分爲四類，「德行、言語、政事、文學」（〈先進〉），這四類除了指明專長之外，更有上下涵蓋之意，就是列名德行者，同時兼具以下三條件，列名言語者，則兼具以下二條件。因此，孔子曾說德行科第四名的「仲弓」有執之資格：「雍也，可使南面」（〈雍也〉），以及「犁牛之子騂且角，雖欲勿用，山川其舍

6 《史記．孔子世家》。

諸？」（〈雍也〉）如果第四名的可以治理百姓，那麼第一名的顏淵可以當什麼？當聖人，或者說是古代的聖王。孟子後來說：「禹、稷、顏回，易地則皆然」[7]，不是沒有道理的。顏淵自己也期勉：「舜何人也，予何人也，有爲者亦若是。」[8]由此可以想見，在顏淵不幸短命而死時，孔子心中之悲慟了，他悲呼：「天喪予，天喪予！」（〈先進〉）像顏淵這種人才未能用世，的確是國家社會的損失。

孔子標舉「德行」爲四科之首，還有一層意思。用世固然重要，但是必須許多外在條件配合，否則只是爲用世而用世，「學而優則仕」（子夏語）（〈子張〉），謀個一官半職而已。孔子要弟子對冉求「鳴鼓而攻之」（〈先進〉），同時也擔心子路「不得其死然」（〈先進〉），就是考慮到這一點。因此，他主張「君子不器」（〈爲政〉），不能自陷於「爲用而用」，卻應該反求諸己，找一條終身可行、符合人性需要的大道，那就是「德行」。教育如果忽略「德行」，則它對個人與社會皆未必有利，因此孔子更重視人格教育。

如果人才教育的目標是用之於外，那麼人格教育的目標就是成之於內了。前者爲用，後者爲體，用者可以因時因地制宜，體者則恆定自足。能夠立其體，才能超越用的局限，走在滿全人性之途上。這不是容易的事。孔子曾對顏淵說：「用之則行，舍之則藏，唯我與爾有是夫！」（〈述而〉）因爲孔子認爲

---

7 《孟子・離婁下》。

8 《孟子・滕文公上》。

極少數人可以內得於己，心中自有主宰。以顏淵為例，他的實踐力行就不是別人可以望其項背的，充分表現安貧樂道的精神。他心中念茲在茲的是「克己復禮」（〈顏淵〉），「憂道不憂貧」（〈衛靈公〉），「不遷怒，不貳過」（〈雍也〉），「毋伐善，毋施勞」（〈公冶長〉），這些無一不是「內聖」的工夫，也無一不是「明明德」的步驟。問題是：為什麼入孔子之門後，就須德行為先？因為孔子對人性的洞識是「人性向善」，因此人生之道，自然成為「擇善固執」了[9]。這套思想塑成儒家的三項基本綱領：第一、人皆可以成為聖賢，因為人人天生有善的潛能。孟子說：「學問之道無他，求其放心而已矣。」[10]只要找回迷失的本心，則可察知「人人有貴於己者」[11]，亦即每人都有成為聖賢的可能性。孔子也明白指出：「有能一日用其力於仁矣乎？我未見力不足者！」（〈里仁〉）第二、人皆應該成為聖賢，否則難免背離天生的向善之性。換言之，人的自然生命必然經歷生老病死的過程，因此本身不是目的，只是憑藉，讓人藉此實現其價值生命，亦即滿足天生的善性。若不如此，則人生並無意義可言，如孔子對原壤的責難：「幼而不孫弟，長而無述焉，老而不死是為賊。」（〈憲問〉）就是怪他只是活著自然生命，而未能滿全價值生命的要求，抹煞了天生的向善本性，沒有盡到人的責任。如果不如此理解儒家，便很難

---

9 《中庸》二十章有：「誠之者，人之道……誠之者，擇善而固執之者也。」可以說明這一思想。

10 《孟子・告子上》。

11 同上。

知道何以孔子主張「殺身成仁」（〈衛靈公〉），孟子主張「舍生取義」[12]，荀子也主張「君子畏患而不避義死」[13]。生死是命定的現象，仁義則是人性所要成就的理想。第三，當一個人走向聖賢之途時，他自然會幫助別人走上聖賢之途。這是「己欲立而立人，己欲達而達人」（〈雍也〉）的成效，但是更重要的意思是：每一個人都必須在人際關係網中，實現自己的向善之性，離開五倫，則一個人無從定位自己，也無以成全自己，儒家特別重視人與人相互的關係，並不只是因爲入世，更因爲它主張的人性論是「人性向善」。

從上述三項基本綱領看來，孔子強調人格教育是理所當然的。這是使人在安身之時，可以同時立命，懂得人在命運之外，還有內在的使命須達成。這種內在的使命又是與時俱進，終身存在的，因此《易經》要人「天行健，君子以自強不息」[14]，《大學》也教人「苟日新，日日新，又日新」[15]。人才教育使人安身，人格教育使人立命，兩者相輔相成，但是本末輕重的關係也十分清楚。

最後，還有人文教育。孔子答覆子路問「成人」時，說：「若臧武仲之知，公綽之不欲，卞莊子之勇，冉求之藝，文之以禮樂，亦可以爲成人矣！」（〈憲問〉）由此可見，人才與人格皆有基礎時，還須

12 同上。
13 《荀子．不苟》。
14 《易經．乾卦象傳》。
15 《大學》傳二章。

「文之以禮樂」。孔子也曾強調：「興於詩，立於禮，成於樂。」（〈泰伯〉）禮樂是使一個人的內在本性與外在表達合而爲一的必要條件。如果「禮樂不興」，一般百姓將「無所措其手足」（〈子路〉）。孔子回答顏淵問仁時，也說「克己復禮爲仁」（〈顏淵〉），可見仁與禮相符應，不可互缺。因此，我們切不可把禮樂僅僅看成外在規範，而應該規之爲人的內在要求之合情合理的表達方式。不但如此，禮樂還可以延伸開展人的生命向度。禮的宗教性格，使人領悟宗廟祭祀、朝會往還的意義，對於「愼終追遠」、「毋忝所生」皆有直接啓發，換言之，禮使人進入一個不同時空，感受永恆存在，再提升生命內涵，樂的藝術性格，則助人點化當下的生命困境，悠游自得，達到與人感通，與物相應，甚至與天地共鳴的境界。

孔子的音樂生活是非常豐富的，我們讀到「子於是日哭，則不歌。」（〈述而〉）可以想像他平常的日子都是以唱歌奏樂來怡情養性，甚至述志遺懷。「子與人歌而善，必使反之，然後和之。」（〈述而〉）他的和易性格表露無遺。到了面臨生命危機時，如在陳蔡絕糧數日，他依然「弦歌不衰」[16]；及至走到生命終點，他也唱出自己的心聲：「太山壞乎，梁柱摧乎，哲人萎乎！」[17]

由此可見，人文教育使一個人的喜怒哀樂，「發而皆中節」[18]，使一個人立身處世，行其所當行，

16 《史記・孔子世家》。
17 同上。
18 《中庸》第一章。

止於其所不得不止，既可以「與民由之」，也可以「獨行其道」[19]。孟子讚美孔子是「聖之時者」[20]，孔子自認異於前代賢人之處，是「無可無不可」（〈微子〉），其理由就是孔子透過人文教育的修養，達到「從心所欲不踰矩」的境地了。人文教育之難以教，難以學，亦可以由此想見。每個人的知能才性不同，慧根器識不同，生活際遇也不同，因此必須自己走出一條「人文化成」[21]的道路來，自己體會「文質彬彬」（〈雍也〉）的平衡點，以面對生命的每一時刻。

人是自由的，受教育的目的就是要讓天生的潛能自由而完美地展現出來。人又須爲自己的自由負責，因此選擇一種價值系統，奉之爲終身準則，是教育過程中重要的步驟。我們研究孔子思想，不是爲了復古，而是爲了深入了解人性之潛力、發展與最高境界，以做爲我們現代人教育方面的借鏡與指標。

---

19 《孟子·滕文公下》。
20 《孟子·萬章下》。
21 語出《易經·賁卦彖傳》：「觀乎人文，以化成天下。」

第十章
比較四位哲學史家對孔子思想的詮釋

一、引言

《莊子・天下篇》開頭就說：「天下之治方術者多矣，皆以其有爲不可加矣。」這句話用在民國以來研究中國哲學史的學者身上，可謂恰如其分。哲學與哲學史之不同，在於前者不妨自抒胸臆、別立新解，後者則必須循名責實、善體人意。然而，創建一派哲學，殊爲不易；紹述前賢思想，相形之下，則不僅可以應付教學之需，可以滿足一般知識分子的求知欲望，同時也較爲簡易可行。因此，民國以來有關中國哲學史的著作相繼出現，頗有諸子爭鳴的盛況。

問題在於：人各異說，譬如，同樣一位孔子，同樣一部《論語》，在哲學史家的筆下，意見如此紛歧，以致讓人無所適從。如果想由這些著作中認識孔子，恐怕難以如願。但是，孔子卻必有其一貫的思想與立場。那麼，誰的詮釋比較接近原貌？原貌的判斷標準又何在？爲了答覆這兩個問題，我們預備具體探討四位哲學史家的作品，就是：胡適的《中國古代哲學史》[1]、馮友蘭的《中國哲學史》[2]、徐復觀的《中國人性論史先秦篇》[3]，以及勞思光的《中國哲學史》[4]。

在此簡單說明選擇以上四部作品的理由。首先，胡適的著作在一九一九年初版，蔡元培說他有「截斷眾流」的手法，打開新的研究局面[5]，也是後續的同類著作之首要參考指標。接著，馮友蘭的哲學史推出，一時廣受重視，引起一連串的討論，在許多方面被人認定可以取胡著而代之[6]。民國五十年前後，香港新亞研究所逐漸發展新儒家學派，其中有關哲學史的見解亦一一出現，而以徐復觀的作品具代表性[7]。由於本章範圍僅限於孔子詮釋，徐著有《中國人性論史先秦篇》提供了足夠的材料。然後是

1 胡適，《中國古代哲學史》，（台北：商務印書館，一九五八）。
2 馮友蘭，《中國哲學史》（上海：商務印書館，一九三四）。
3 徐復觀，《中國人性論史先秦篇》（台北：商務印書館，一九六九）。
4 勞思光，《中國哲學史》（台北：華世出版社，一九七五）。
5 胡適，前揭書，見蔡元培的〈序〉，頁二。
6 馮友蘭，《中國哲學史補》，香港出版，未詳日期，其中收錄相關的討論及評論。
7 徐復觀，前揭書，〈序〉，頁一起。徐氏認爲，近兩百年來研究中國學問的人「多失掉了思想性及思考的能力，因而缺乏寫一部好哲學思想史的先決條件。」同時，他那一代的人，「除了其中極少數的人以外，豈僅在學術上完全交了白卷，實際還在牽下一代的人去背棄學術。」徐氏此書的抱負由此可知。

勞思光的作品在港台兩地受到注意。勞氏在〈序言〉中說：「至今還沒有一部較合標準的中國哲學史寫出來。」[8] 但是我們並不因爲這句話就相信他的書是「較合標準的」，所以選爲樣本，則是因爲其中的見解確實出自自身的明確方法及立場，一如前述三本作品。

此外，近年大陸地區亦有侯外廬等所著的《中國思想通史》[9] 值得參考。可惜就孔子部分而論，該書重點置於孔子的知識論上，而對「仁」之解釋，則爲：「明白來講，這是通過道德以宣傳階級調和的理論。」[10]「階級」二字古今異指，爲了避免治絲益棼，只好割愛。而任繼愈主編的《中國哲學史》[11] 更直接斷定孔子「仁」的基本精神是教人「根據周禮所規定的秩序調整統治階級內部的矛盾。」[12] 這似乎就離題更遠了。此外，尚有多部相關著作，或由於其中哲學史的意識不夠清楚，或由於其中見解未盡周全，或由於筆者疏陋無暇，只好暫時略而不談。

本章以下討論所取的角度有四。一是體系角度。孔子思想有一體系，這在他用「吾道一以貫之」來

---

8 勞思光，前揭書，〈序言〉，頁一起。他認爲，胡適的哲學史中「幾乎完全沒有『哲學』的成分。」馮友蘭的哲學史「雖有哲學成分，卻仍然並未接觸到中國哲學的特性。」勞氏此書的意圖甚爲明顯。

9 侯外廬、趙紀彬、杜國庠，《中國思想通史》第一卷（北京，人民出版社，一九五七）。

10 同上，頁一五八。

11 任繼愈主編，《中國思想通史》第一卷（北京，人民出版社，一九七九）。

12 同上，頁七一。

補充說明「多學而識之」的一般印象時，可以清楚得知。因此，孔子思想內部的圓融一貫是首先要考慮的，譬如他對人性與社會、對鬼神、對天、對大自然這四個層次的觀點應該沒有矛盾。二是發展角度。孔子自謂「述而不作」，要求「溫故而知新」，這種承先啓後的立場十分明顯，因此我們在強調孔子創建學派的角色時，不宜以過度創新的想法去渲染，好像孔子對於今日西方名言亦了然於心。同時，亦須參考孔子後學對孔子思想的開展。譬如，孟子關心的題材與所取的觀點是否在某一程度上受到啓發，因此由孟子可以反觀孔子思想。三是經典角度，任何詮釋難免是一種翻譯，也難免是一種理解，因此詮釋者必須隨處警覺自己的限制，儘量使經典有自我展現的餘地，或者至少要照顧到經典中所有相關的概念。四是經驗角度。任何哲學如果最後脫離了活生生的人類經驗，那麼不管它是何家何派，都只好受到冷落或棄置。面對孔子，我們要問：這個或那個思想究竟與我們當前的經驗世界如何聯繫？經驗世界固然有其限制，但是至少孔子思想不能違背一般人的經驗。其次，孔子思想可以拓寬或加深一般人的經驗，由此顯示一種理想性格，亦即指引我們的未來經驗。然而，如何是違背或矛盾，如何是拓寬或加深，這個問題本身即是棘手的，難有周全的解決辦法。同時，這也是研究學問的趣味所在，我們因而有了更廣的空間可以發揮個人的心得。以上所說四個角度，即體系、發展、經典、經驗，是本章討論的立足點。

二、胡適的詮釋

胡適認爲哲學史的中心問題是要抓住每一位哲人或每一個學派的「名學方法」。他這本書的特別立場即在於此。所謂「名學方法」，即是邏輯方法，知識、思考的方法[13]。這種意見並非不能成立，但是方法畢竟只是一個途徑、一種工具，它的兩端是思考的主體與存在的萬物。大家面對的萬物是大同小異的，有所見有所蔽，但是展現出來的思考卻千差萬別，甚至矛盾互斥。難道這只是方法差異所造成的嗎？

試舉一例說明。胡氏以爲「老子要無名，孔子要正名」，這就是他們的方法[14]。方法上的對立，似乎並未帶來雙方對宇宙萬物的不同認識，胡氏說：「孔子大概受了老子的影響，故他說萬物變化完全是自然的，唯物的，不是唯神的。」[15]如此重要的宇宙論見解，居然並非來自孔子自已的方法，而是「大概」受了老子影響才有的。這裡若不使人覺得孔子的方法有莫大限制，無法助他獨力認清宇宙眞相，就會使人覺得孔子的哲學立場不夠穩當，必須借用老子的宇宙觀。而事實上呢？更可能是胡氏的意見有問

13 胡適，《胡適日記》，台北版，頁三。
14 同上，頁四。
15 胡適，《中國古代哲學史》，頁七四。

題，先是把一個豐富的哲學心靈局限在方法上，隨後又不知道如何聯繫方法與特定的學派立場。結果，孔子的面貌十分模糊。

胡氏下筆充滿自信。他說：「正名主義，乃是孔子學說的中心問題。」[16] 這是符合他對方法的重視態度的。他對孔子正名主義的解說，則引用大量的《春秋》資料，從正名字、定名分，到寓褒貶，說得津津有味，好像那眞是孔子一字一句筆削而成的。但是胡氏最後卻說：「只可惜《春秋》一書，有許多自相矛盾的說法。」[17] 接著又評論：「《春秋》的餘毒就使中國只有主觀的歷史，沒有物觀的歷史。」[18] 這種結果難免使人再度覺得孔子的正名主義沒有什麼學術價値，既不能助人認識眞相，也不能引人避免矛盾。事實上呢？《春秋》能否證明爲孔子所作並代表孔子的哲學思想，這本身即是値得考慮的大問題。

《易經》與《易傳》的作者問題一直懸而未決，胡氏施展截斷眾流的手法，聲稱：「孔子學說的一切根本，依我看來，都在一部《易經》。」[19] 胡氏認爲自己講易經，「和前人不同」。別人都講不明

16　同上，頁八九。
17　同上，頁九九。
18　同上，頁一〇一。
19　同上，頁七三。

白，還陷入各種謬說，他主張要「先把這些謬說掃除乾淨。」20這是何等氣魄！

稍後，胡氏以三個基本觀念來解說《易經》，即是「易」，「象」，「辭」。觀其內容，不外乎是〈繫辭傳〉裡「聖人有以見天下之賾」一段話21的鋪陳敘述加上一些補充說明而已，實在算不得什麼特別的創見。問題在於：《易經》如果只談到易、象、辭，那麼其成就只在昭示「吉凶悔吝」，還未足以進而探討「立人之道，曰仁與義」，「成性存存，道義之門」，「繼之者善也，成之者性也」，這些屬於「理」的部分，的確，胡氏就刻意避開了「理」，化解了眞正屬於哲學的成分。因此，一部《易經》被他說得卑之無甚高論，好像只宜作爲卜筮之用了。

不過，就哲學史而論，眞正的難題是：《易經》與《易傳》可以完全用來代表孔子的思想嗎？《易經》的卦辭與爻辭當然不可，《易傳》的十翼則必須詳加分辨。我們可以承認《易傳》大體上屬於儒家系統，其中「理」的成分特別可能得自孔子啓發，如此而已。像胡氏的作法，不加分辨就將它們歸之於孔子，又忽視其中「理」的成分，則是令人無法接受的。

當然，胡氏也參考了《論語》。問題是：比較高深而其實未必相干的道理，都在《易經》與《春秋》裡談過了，現在只好把《論語》當做人生哲學來處理了。胡氏所理解的人生哲學，竟是出乎意料地

---

20 同上。

21 同上，頁八一。

狹隘，好像除了人與人之間相互交往的關係之外，其他都必須擯棄。以鬼神來說，孔子說了許多話都不必深究，結論是：「原來儒家雖不深信鬼神，卻情願自己造出鬼神來崇拜。」[22]以及「儒家的父母便和別種宗教的上帝鬼神一般，也有制裁鼓勵人生行爲的效能。」[23]只須略具中國古代宗教的常識，就明白鬼神信仰與祖先崇拜早在孔子以前就存在久矣，胡氏此說不僅出自臆測，並且對於宗教信仰與人生的關係缺乏了解。

再就「天」而言，胡氏介紹孔子哲學，竟無一語提及《論語》中的天概念。他大概以爲孔子既受老子影響，老子又打破了古代的天道觀念或「天人同類說」[24]，所以不必再去注意孔子的天概念了。連帶的，孔子所說的「知天命」、「畏天命」等，也都不必理會。順著這種處理方法，孔子最後只能淪爲一位「常識哲學家」了。

胡氏講孔子的常識哲學，倒是相當稱職的。他又以自信的口吻說：「孔子哲學的根本觀念，只是要知幾，要見幾，要防微杜漸。……孔子的人生哲學，屬於『動機』一派。」[25]經過漫長長敘述，胡氏又

22 同上，頁一二九。
23 同上，頁一二六。
24 同上，頁五〇。
25 同上，頁八八。

說：「但我以爲與其說孔子的人生哲學注意動機，不如說他注重養成道德的品行。」[26] 這種依違兩可的解說，實在是因爲胡氏所認識的孔子只是個老生宿儒。胡氏說：「孔子的『學』只是讀書，只是文字上傳受來學問。」[27] 那麼，請問：何以三千弟子中，唯一好學的顏淵也是德行科之首？何以孔子又強調「思」，要弟子溫故知新，他自己又聲稱要「一以貫之」？

最後，關於孔子的「仁」，胡氏認爲那是「做人的道理」，「能盡人道，即是仁」[28]。但是，那一派哲學不談做人的道理？問題是：如何做人？何以要行善避惡？何以要堅持原則？又何以要殺身成仁？對這些問題的思考與答案，才是儒家做爲一派哲學的理由。胡氏對哲學的敏感度太低，難怪後來談孟子時，只用了十三頁的篇幅就算交代了[29]。因此，如果由本章引言所列的四個角度來判斷，則胡氏對孔子的詮釋，在體系、發展、經典三方面都不符理想。只有由經驗角度來看時，有些話頗合常識的要求，如：「儒家的人生哲學，認定個人不能單獨存在，一切行爲都是人與人交互關係的行爲，都是倫理的行爲。」[30] 有趣的是，這句簡單的斷語 卻是許多人見而未覺的。

---

26 同上，頁一一五。
27 同上，頁一〇六。
28 同上，頁一〇九—一一〇。
29 同上，頁九—二二。
30 同上，頁一一二。

三、馮友蘭的詮釋

胡適曾將孔子的正名主義比擬爲希臘蘇格拉底的概念說，認爲兩者都是名學的始祖[31]。又指稱蘇格拉底爲希臘的守舊派，對於像「哲人」（Sophists）之流的異端邪說「非常痛恨」[32]。以上兩種評斷，對於中國哲學史的讀者來說，並無意義。因爲他們不清楚蘇格拉底的概念說是什麼，也不知道希臘的「哲人」有何主張。凡是中國哲學史中，任意比附對照西方或印度或任何不同文化背景的思想者，在我看來，除了賣弄半生不熟極不可靠的二手知識，並增加讀者的誤解以外，實無任何作用。胡適如此，馮友蘭亦然。

馮氏在介紹孔子的第一節，「孔子在中國歷史中之地位」，暢言孔子與希臘「智者」（Sophists）之相彷彿[33]。他的「智者」正是胡氏筆下的「哲人」，就二詞之翻譯而言，自然是馮氏正確。但是馮氏以孔子比擬這些智者，又以孔子比擬蘇格拉底，就顯然忽略了胡氏所提的：後者「非常痛恨」前者。馮氏

---

31 同上，頁一〇〇。

32 同上，頁七〇。

33 馮友蘭，頁七六。

聲稱蘇格拉底的特別之處，在於「他不向學生收學費，不賣知識。」[34]以這一點做爲蘇格拉底異於智者的主要特徵，實在並不恰當。但是，孔子卻被比下去了，因爲孔子說過：「自行束脩以上，吾未嘗無誨焉。」（〈述而〉）

馮氏此節文字有一半以上用在爲孔子「凡繳學費者即收」辯護。光談這點，原亦無可厚非，「因爲生活總是要維持的」[35]。但是一再引用蘇格拉底的特立獨行，不收學費，而不深入分辨雙方社會背景的差異，實在並不公平。同時，再就「自行束脩」一語觀之，其原意極可能不是馮氏所想像的，若依古人用語「自……以上」的類型去察考十三經，則另外兩處是《周禮》的「自生齒以上」（《周禮．秋官司寇》），都指的是「年齡」，而「行束脩」爲古代男子十五歲所行之入學禮，可用來指稱十五歲這個「年齡」。因此鄭玄會有「謂年十五已上」之註語。（《後漢書．延篤傳》）依此而論，孔子的意思是：「從十五歲以上的人，我是沒有不教的。」

這句話既合於古代禮俗，也合於他自己「十有五而志於學」的經驗，更合於他平日教學所言：「君子謀道不謀食，憂道不憂貧」（〈衛靈公〉），以及他的生活實況：「飯疏食，飲水，曲肱而枕之，樂亦在其中矣。」（〈述而〉）這哪裡是公然宣布「凡繳學費者即收」的補習班老闆心態所可以設想的。馮氏

---

34 馮友蘭，頁七七。

35 同上，頁七一—七六。

原來可以藏拙，不談這一段他尚未搞清楚的情況，但是他卻大談特談，讓人倍覺無聊。然後，還以柏拉圖與亞里士多德，比擬孟子與荀子，並預備在相關部分「下文另詳」[36]。希臘三哲的關係與先秦儒家三子的關係，除了雙方各有三人以外，就學說、傳承、性格、立場等方面觀之，無不異多於同，無法可比，也以不比爲宜。不去比較，難道無法談中國哲學史嗎？

現在回歸正題。馮氏論孔子思想，主要根據《論語》，偶亦用到《春秋》。這種謹慎的態度值得讚許。他注意到本章所謂的發展角度，認爲孔子承先啓後，但是所承之先表現爲孔子對傳統信仰的守舊立場[37]，所啓之後則是在思考人性內涵時，開始注意心理學[38]。這一先一後所構成的體系就不容易符合圓融一貫的要求了。稍作說明如下。

馮氏引孔子論天之語，斷定孔子之所謂天「乃一有意志之上帝，乃一『主宰之天』也。」[39]既然是主宰之天，當然可以顯示意志，賦予孔子「神聖的使命，是爲天命」[40]。但是，此一天命若是孔子個人所得，何以孔子又說君子必須「畏天命」？如果君子亦可知天命及畏天命，則天命的內涵必有普遍指

36　馮友蘭，頁七八。
37　同上，頁八二。
38　同上，頁一〇五。
39　同上，頁八二。
40　同上，頁八三。

涉。其次，馮氏在此引了兩段有關「命」的文字，未作解脫，而其義明白是指「命運」，那麼天命與命運有何關係？接著在「註」中，他又為「天何言哉」一語辯稱：「然此但謂天『無為而治』耳，不必即以天為自然之天。」[41]「四時行」與「百物生」是自然現象，此一現象可以歸之於天，則天與自然界必有某種關係。「無為而治」一語不足以說明這種關係。換言之，天對於人間世，何以必欲賦予孔子使命；對於自然界，又何以可以無為而治？以上幾個問題不是一個「主宰之天」可以應付的。

馮氏全書能注意「天」的重要性，其為可貴，但是他忽略了天概念隨著歷史演變而展現出豐富多樣的面貌。他的疏失有二：一是以為傳統的天概念有五種相互矛盾卻可以並存的內涵。二是以為孔子或孟子只能有自己所信的一種天概念。這兩點正有內在關連。

就前者而論，馮氏由不同時代的不同資料中，整理了五種天概念，是為「物質之天、主宰之天、運命之天、自然之天、義理之天」[42]，但是對於這五種天何以矛盾互見，則未作研究及思考。結果古代中國世界一個極為關鍵的概念——從帝王自稱「天子」可知——就這樣變得無足輕重，可以由人任意剪裁了。如果注意歷史演變，可以發現古代天概念的五種原始角色是：「主宰之天、造生之天、載行之天、啓示之天、審判之天」[43]。主宰是同時針對自然界與人間世而言，造生與載行針對自然界（包括人的自

41 同上，頁八三。
42 同上，頁五五。
43 參見，《儒道天論發微》（台北：聯經，二〇一〇），頁五一。

然生命)而言，啓示與審判則針對人間世(由人的自由所造成的價値生命)而言。禮壞樂崩之後，人間世大亂，啓示之天與審判之天黯而不彰，乃展現爲盲目的命運之天，孔子的志業即在重新爲百姓指出應該如何理解人生「使命」之意義，亦即在於「承禮啓仁」[44]。有此認識，則馮氏之惑可解。孔子對主宰之天並無懷疑，但是《論語》所見之天多爲啓示之天與審判之天的傳統信念，表現爲孔子行事之終極判斷，如「天厭之」「欺天乎」「天喪予」「獲罪於天」等。其次，「四時行」與「百物生」，正好反映了傳統的載行之天與造生之天，所對應的是自然界。然後，孔子的「天命」則同時指稱三方面：一是命運，二是個人使命，三是「人」的使命。「知其不可」是命運，「而爲之」是個人使命，宣講「仁」學則是爲了昭示「人」的使命[45]。如果馮氏順此而行，就不會在談到孟子時，說孟子之所謂天「有時似指主宰之天……有時似指運命之天……有時似指義理之天。」[46]換言之，不清楚分辨古人的天概念，卻單以今天的理性主義立場去談論古人的哲學，是不可能得到正確結論的。

由體系角度來看，馮氏所論孔子並未成功，這是因爲他未曾辨明孔子的天概念，進而完全不能深究天人關係的問題。但是馮氏畢竟還是尊重經典，對孔子天概念作了初步反省。這種態度比起胡氏的全然漠視與稍後的徐氏的努力消解，顯然是値得我們肯定的。

---

44 同上，頁一二六。
45 同上，頁一三四。
46 馮友蘭，頁一六三。

接著，有關人性問題，馮氏認爲孔子開始注意心理學，亦即注意人的性情之眞實內在的一面。他由此理解孔子的「仁」概念。他說：「《論語》中言仁處甚多，總而言之，仁者，即人之性情之眞的及合禮的流露，而即本同情心以推己及人者也。」[47]在此，能夠肯定人我關係的重要，是十分正確的；但是問題在於「人之性情之眞的流露」卻未必「合禮」[48]。如果兩者兼備才算做「仁」，孔子就不宜聲稱「我欲仁，斯仁至矣」（〈述而〉），因爲許多人可能未曾學禮。並且，如果眞性情加上合禮，即是仁，則孔子何以自承「若聖與仁，則吾豈敢！」（〈述而〉）又何以會認爲只有顏淵一人「其心三月不違仁」（〈雍也〉），難道是眞性情不易保持，或者合禮不易做到，甚至是兩者同時要求才出現了莫大困難？

這些問題懸而未決，馮氏自然無法明白「良知」何所指，而認定宋明道學家陸王一派，「假定人本有完全的良知」[49]。這裡的「假定」一詞可以引起許多爭議，但是無論良知是「假定」還是「呈現」，都不是孔子所用的概念，孔子所用的，是在「三年之喪」一節談到的「心之安與不安」（〈陽貨〉）。換言之，心是活潑的、能覺的、可以產生壓力或指示的。有關心的討論，留待下一節再說，其次，馮氏避而不談孔子的「殺身成仁」一語，因爲從心理學的立場思考人性問題，斷然沒有走上「殺身成仁」的可能性。這種絕對無上的要求，若不關連著孔子的「天」概念來思考，是不可能說清楚的。孔子何以在面

---

47 馮友蘭，頁九七。
48 同上，頁九八。
49 同上，頁一〇〇。

臨生死關頭時，明白聲稱「天之未喪斯文也」（〈子罕〉），「天生德於予」（〈述而〉）？不釐清此中道理，就無法重構孔子的哲學體系。

最後，由經驗角度來看，馮氏有一見解可取。他在談到孔子判斷行爲善惡時，指出：「吾人行爲之標準，至少一部分是在內的而非在外的，是活的而非死的，是可變的而非固定的。」[50]這段話肯定了行爲標準必須內外兼顧，不能單靠外在的禮，也不能單憑內在的性情。不過，當內外考慮相互衝突時，又該如何定奪？這個問題馮氏未曾想到，但卻是儒家的理論重點之一。或許馮氏以爲，像孔子這樣一位「老教書匠」[51]原也不必有什麼圓融深刻的哲學修養吧！

四、徐復觀的詮釋

徐復觀特別強調孔子在中國文化史上的地位以及他的「性與天道」。前者涉及發展角度，後者屬於體系角度。就體系而言，孔子思想的圓融深刻得到清楚的展示。不過，讀者難免會疑惑：孔子眞的這樣想嗎？眞的把天道完全消納到人性之中，成爲徹頭徹尾的人文主義嗎？再就發展而言，徐氏認爲孔子做

50 馮友蘭，頁一〇三。
51 同上，頁七〇。

了「驚天動地的事」，打破社會階級、政治神話、種族歧見，並且奠定了中國文化及中國學術發展的基礎，同時開展出一個人格世界，爲西方柏拉圖與黑格爾所未聞[52]。凡此種種，無一不是旋乾轉坤的貢獻。徐氏所論，幾乎是爲韓愈所云「天不生仲尼，萬古如長夜」，作了最周詳的註解。如此一來，發展角度所考慮的承先啓後，就有些截斷眾流的意味了。因爲，孔子以一人之力改變了中國古代文化的面貌。

最明顯的改變關鍵在於宗教，這正是徐氏的成見。他以爲，中國古代是原始宗教的世界，必須一步步走向人文世界，才符合進化的原理及要求。殷周之際，人文精神開始躍動。在此之前，「宗教的虔敬，是人把自己的主體性消解掉，將自己投擲於神的面前而徹底皈歸於神的心理狀態。」[53]在此之後，主體性出來爲人自己負責了。然後，「文王成了天命的具體化」，「成爲上帝的代理人」[54]；接著，周初「對祖宗之祭祀，已由宗教之意義，轉化爲道德之意義。」[55]最後，則是「人民的意向，成爲天命的代言人。」[56]閱讀至此，好像有一個民主時代即將來臨。

不僅如此，春秋時代在孟子看來是「禮壞樂崩」：「臣弒其君者有之，子弒其父者有之。」（〈滕

52 徐復觀，頁七〇。
53 同上，頁二二。
54 同上，頁二七。
55 同上，頁二八。
56 同上，頁二九。

文公下〉）但是在徐氏看來，卻是「禮的世紀，也即是人文的世紀」。同時，這時的禮，「已沒有一點宗教的意味」[57]。東漢許慎《說文解字》曰：「禮者履也，所以事神致福也。」[58]這何以又與徐氏所見背道而馳？

這一切必須如徐氏所說的，有一個進展的規則與步驟，然後孔子出現，再揮出決定性的一擊，使中國文化堂堂跨入人文的世紀。由以上所作簡單敘述，已可見出徐氏的詮釋過於主觀及一廂情願，以致在處理歷史事實與資料典籍時，幾乎每一個環節都難免引起爭議。

此中原因，即在他個人對歷史進化的意見以及他對於宗教本質之誤解。徐氏相信，歷史進化必須由宗教過渡到人文，這種想法，近似法國實證論者孔德（Comte）所認定的，西方文化也是由神學過渡到形上學，再進步到科學。孔德的說法只代表他個人無法證實的信念；徐氏的寫法則是要中國古人直到孔子全部按照上述次序來開展思想，這實在是強古人之所難，也是強今人之所難。何以如此大費周章？因爲徐氏對宗教的看法十分特別。原始宗教的動機是恐怖與絕望[59]。普通宗教，「在肯定神的權威前提之下，爲了求得赦罪或得福而行各種儀式。這實際是爲了滿足人類的自私。」[60]因此，孔子所代表的人文

57 徐復觀，頁四七。
58 許慎、段玉裁，《說文解字注》，頁二。
59 徐復觀，頁二〇。
60 同上，頁八二。

精神，當然不能有任何宗教的雜質與陰影。於是，孔子對於祭祀鬼神與天的態度必須一如下述：

首先，祭祀是孝道的擴大，推擴其對父母之孝於鬼神身上。鬼神是否存在呢？不存在，但孔子又「不忍否定一般人所承認的鬼神之存在」[61]。那麼，祭祀有何作用呢？是爲了化除自我中心的念頭。「這是從原始宗教的迷妄自私中，脫化淨盡以後的最高級地宗教性地祭祀。」[62]

徐氏這段話恐怕不符合孔子「知之爲知之，不知爲不知，是知也」（〈爲政〉）的原則。孔子自己說過「蓋有不知而作之者，我無是也。」（〈述而〉）鬼神其實正是祖先或古人，我們相信他們存在並奉上祭祀，並不代表非有迷妄自私的念頭不可。果眞如徐氏所說，則孔子以後的中國人繼續「祭天地、祭祖先、祭聖賢」，豈不都是出於迷妄自私？不然就是明知道一切都假，還是虛應故事，又豈不太無聊了。

然後，徐氏的焦點轉向「天」。他堅決反對以孔子的天爲人格神。他說：「假定孔子心目中的天，是人格神的存在，則他會成爲一位宗教家，他便會和一般宗教家一樣，認爲神是通過他自己來講話，而絕不能說『天何言哉？』」[63] 這段話十分怪異。爲什麼以天爲人格神，就必須成爲宗教家？爲什麼宗教家就會認爲神是通過自己來講話？「天何言哉」一語就可以證明天不是人格神？或許徐氏心中是有了西方的人格神觀念，再以此否定孔子的天是「那種」人格神。但是，爲何孔子的天不能是中國古代所信的

61 徐復觀。
62 同上，頁八三。
63 同上，頁八九。

「主宰之天、造生之天、載行之天、啓示之天與審判之天」呢？

由於不曾明辨中國古代的天，徐氏只好想盡辦法消解孔子的天概念。他說，在孔子，「則天是從自己的性中轉出來；天之要求，成爲主體之性的要求。」[64]然後，「他的知天命，乃是對自己的性，自己的心的道德，得到了徹底地自覺自證。……他之畏天命，實即對自己內在地人格世界中無限地道德要求、責任，而來的敬畏。」[65]我們要指出，孔子內心或許可能眞有徐氏所描寫的這些狀態，但是，如此並不足以否定眞有孔子所信的天存在。也許正因爲有天，孔子才可證成上述的內心狀態。試想，「欺天乎」、「天厭之」、「獲罪於天」、「不怨天」、「天喪予」、「天生德於予」、「天之未喪斯文也」、「知我者其天乎」、「唯天爲大，唯堯則之」，再加上儀封人所聲稱的「天將以夫子爲木鐸」等等，合而觀之，豈是徐氏幾句借重個人主體性與道德心性的說法所能涵蓋的？

談到這裡，我們已可想像徐氏筆下的孔子人性論將會如何膨脹了。關鍵概念是「仁」。仁是：內在地人格世界；無限深無限廣的一片道德理性[66]；一個人自覺地精神狀態，要求成己成物[67]，貫徹於每一

64 徐復觀，頁九九。
65 同上，頁八八—八九。
66 同上，頁七九。
67 同上，頁八九—九一。

事物，因而賦予該事物以意義與價值的精神[68]。更明確地說，仁是做爲生命根源的人性[69]，同時也是融合性與天道的眞實內容[70]。但是這裡所謂天道不是別的，只是仁之先天性、無限地超越性[71]，或稱之爲道德的普遍性永恆性[72]。消解了天道之後，人的主體性與道德性可以無限開展，但是還有兩個問題要解決。

第一，人的具體生命如何安頓？徐氏以「克己復禮」爲例，認爲「己」是人的生理性質的存在，因此克己是要戰勝私欲，突破形氣的隔限[73]。果眞如此的話，則孔子同一句話中的「爲仁由己」應該如何解釋？前面才要人戰勝私欲，後面就要人依賴私欲乎？同時，若以己爲形氣，則「己欲立而立人」、「行己有恥」、「毋友不如己者」等等，又是什麼意思？事實上，孔子對人性的看法並不抽象，他從未忽略人的具體生命，如「君子有三戒」所指涉的「血氣」（〈季氏〉）；他從未輕視人的現世成就，如「富與貴是人之所欲也」（〈里仁〉）；他也明白人性的弱點，承認「吾未見好德如好色者也」（〈子

68 徐復觀，頁九七。
69 同上，頁九八。
70 同上，頁九〇。
71 同上，頁九九。
72 同上，頁八六。
73 同上，頁九五。

罕〉、〈衛靈公〉）；然後，不論別人如何高舉性善的口號，孔子卻說「善人吾不得而見之矣」（〈述而〉）。這些情形都與徐氏所言不合，可見他所理解的人性與仁，不是孔子原意。

第二，凡是把孔子的天道觀化除的，恐怕都不易說明孔子的「朝聞道，夕死可矣，」（〈里仁〉）「志士仁人，無求生以害仁，有殺身以成仁」（〈衛靈公〉）這兩句話。如果人生目的在於成就人性中的仁，亦即成就最高的道德理想，那麼一個人務須開闢出內在世界[74]，並在其中作無限的超越。無限的超越不能有終點，所以若不要求現世生命之無限延長，就須求助於某種現世的不朽，不然就只能以自己心安來自證爲聖。依徐氏所論，孔子應該選擇「自證爲聖」這條路。但是，如果否認鬼神存在，人死了萬事皆休，「自證爲聖」只能回到現世的不朽去印證。但是，現世的不朽，如「立德、立功、立言」，皆是針對將來一樣萬事皆休的後人而言，因此充滿不確定、不可靠的變數。一旦翻案風起，聖賢與奸佞可能易位，那裡還有不朽可言？因此，徐氏論孔子時，未曾觸及本段開頭所引的那兩句話，或許不是沒有理由的。但是這個觀念不說清楚，孔子的哲學也難免殘缺不全。

總之，徐氏意圖把孔子的「體系」講得圓融深刻，同時也強調他在「發展」角度上的獨特地位。他對「經典」的掌握常有精采表現，只是落到「經驗」層次時，過於憑空玄想。深入辨析，不難看出徐氏所謂孔子哲學，原來是徐氏自己的一套人本主義思想。

---

74 徐復觀，頁九五。

五、勞思光的詮釋

勞思光對於方法有高度自覺，他所提出的基源問題研究法，也能配合哲學史的需要，顯示一定的成績。然而，方法畢竟只是一種工具，勞氏個人的哲學信念卻往往決定了什麼是一位哲學家的基源問題，以及這位哲學家如何處理他的基源問題。

勞氏全書先談「古代中國思想」，其中特別探討了「天」概念。但是這個基源問題如何一步步演變到孔子對天的看法呢？他的見解如下：

首先，中國古代的「天」，就像其他原始民族的宗教所信仰的「人格神」，是爲「人格天」。人格天是一具有意志的主體；凡是崇奉天的人，就不可能自覺爲一道德主體，直到孔子才有人文精神之透顯，道德主體之確立。同時，人格天只是主宰者而非創世者，尤其異於希伯來或基督教所信之創世的上帝[75]。

其次，《詩經》中出現了「形上天」，它是無人格、無意志的，顯示的是實體性而非主體性，亦

75 勞思光，頁一九。

即只有理序與規律可言，本身表一「必然性」[76]。有趣的是，勞氏認為，形上天雖然後出，但是人格天的運作卻須受形上天所定的理之約束[77]。

然後，到了孔子，形上天再轉變為「命運天」，代表客觀領域之限制，亦即轉到客體性上面去了[78]。唯其如此，人才可以凸顯自己的主體性。具體而言，孔子所作的是「義與命分立」，使人產生道德自覺，開創人文世界，此中過程稍後談人性時再說。如果孔子借用傳統的人格概念，則是因為「有時自不能免俗，亦偶用習俗之語，學者不可執此等話頭，便曲解其全盤思想也。」[79]

勞氏能夠掌握「天」概念這個基源問題，依其發展過程，加以系統討論，實屬可貴。但是他的作法不是解釋，而是解決(explain away)，把問題消解掉了。研究哲學史，最容易「率以己意出之」，認定什麼是古人的「全盤思想」，然後逕指古人的某些話是「偶用習俗之語」，不可當眞云云。

我們在此簡單討論勞氏前面所鋪陳的觀念。首先，如果相信人格天，就談不上個人主體的道理價值與人文精神，那麼請問：孔子以前的古人，如堯、舜、禹、湯、文王、武王、周公諸人，豈非皆是道德上無自主性亦無眞價值的人？同時，人格天若是主宰而非創世者，則古人獨獨不須解說世界與人類之由

76 勞思光，頁八。
77 同上，頁二一。
78 同上，頁七〇。
79 同上，頁七九。

來？當然，所謂「創世者」，原也不必像猶太教或基督教所云之「自虛無中創造」，因此古代其他各民族反而少見有「自無造有」之信念。勞氏特別以此二教對比，表示他忽略了「創世者」的另一涵義：只問世界與人類之由來，而不必問其是否「自無造有」。中國古人正是如此。

其次，勞氏說明「形上天」時，引用《詩經》三句話，分別是：「維天之命，於穆不已」，「天生烝民，有物有則」，「上天之載，無聲無臭」[80]。他認為，這代表由「天意」轉向「天道」，顯示法則及方法。他注意每句話的後半段，而忽略了前半段中直接與「天」相連的動詞：「命」、「生」、「載」。若問：天對古人是什麼？則答案是「能命」、「能生」、「能載」之主體。從來沒有人知道「天本身」是什麼，但是人人都可以知道「天對我而言」是什麼。勞氏未及分辨二者，所以斤斤計較於人格天與形上天，又無法釐清兩者之間的關係，不亦宜乎。若問何謂「形上天」，則答案是：「形上學意義的實體」[81]。但是「形上學意義的實體」一詞，不要說古代中國人不明白，就連現代中國人也不見得清楚。若是追溯到西方哲學的背景，則它只是指稱「存有本身」或「無限存有」而已。這種經過高度哲學思辨後才能產生的概念，在古人恐怕難以想像。他們所能想像的，應該不是什麼形上天，甚至也不是今人認定的人格天，而是能夠彰顯五種作用，說明自然界與人間世的存在及價值之基礎者，亦即「主

80 勞思光，頁六—八。

81 同上，頁六。

宰之天、造生之天、載行之天、啓示之天、審判之天」[82]。

那麼，對孔子而言呢？首先，以上所言之天的五種性格及作用，到孔子時代，又衍生出「自然之天」（由造生之天與載行之天而來）與「命運之天」（由啓示之天與審判之天而來）。因此，天的作用擴展爲七種。孔子一生志業在於爲國人找出安身立命之道，他所了解的天命，是兼指命運與使命而言，亦即要使命運之天開顯爲「賦人使命之天」。在此，「賦人使命之天」一詞，是指人之自覺使命，推源於天，因此又稱「天命」。自覺使命其實正是「義命」，就一般情形而言是「行善以成己成物」，就個別情形而言，則是特定的使命之完成，如孔子周遊列國，面臨生死關頭時，宣稱「天生德於予」、「天之未喪斯文也，匡人其如予何」，甚至包括儀封人的證詞：「天將以夫子爲木鐸」。孟子以「夫仁，天之尊爵，人之安宅」（〈公孫丑上〉）一語，說明一般人的天命是「行仁」；他自己則以「當今之世，舍我其誰」做爲個人特定的天命，所以會以「夫天若欲平治天下也」（〈公孫丑下〉）爲其前提。

總之，孔子所說有關「天」的語句，皆可一一在此得到印證，而絕不是什麼不必當眞的「話頭」。新的問題：如此一來，孔子還能肯定人的道德自覺嗎？坦白說，兩者並不矛盾。天爲無限者，人爲有限者；天爲絕對者，人爲相對者。相對而有限的人，爲何就不能產生道德自覺呢？正是因爲相對而有限，所以可以有這種自覺，可以由此爲善或爲惡。但是勞氏的看法並非如此。

82　參見《儒道天論發微》（台北：聯經，二〇一〇），頁五一。

他順著「天成爲命運」，「義與命分立」的思路，繼續申論「攝禮歸義」與「攝義歸仁」的道理。所謂「攝禮歸義」，是要說明「自覺之意識爲價值標準之唯一根據。人之自覺之地位，陡然顯出，儒學之初基於此亦開始建立。」[83]若以「禮」代表古代文化，則孔子強調的「仁義」確實可以在「禮壞樂崩」的危局下，重視安立人間秩序。勞氏在此用力甚深，但是他忽略了孔子雖重仁義而未嘗忘禮。「義以爲質，禮以行之」（〈衛靈公〉）一話，配合「質勝文則野，文勝質則史，文質彬彬，然後君子」（〈雍也〉）一語來看，並沒有勞氏所言那麼嚴重，有什麼「人之自覺之地位，陡然顯出」，而只是注意到人之行爲須有內在眞情與外在合宜表現罷了。此外，勞氏引用多處有關「義」的語句，仔細反思，亦看不出「自覺之意識爲價值標準之唯一根據」這種結論。譬如，「見義不爲」、「聞義不能徙」，只是以「義」爲聞見所對之合宜行爲。又如，「不仕無義」、「君臣之義」，只是以「義」爲社會規範之合宜行爲而已。

至於「攝義歸仁」，則以「仁」爲「一超越意義之大公境界」[84]，爲「大公之意志狀態」[85]，並以「義」爲仁這種自覺境界之發用，如「立公心是仁，循理是義」[86]。此一解釋可以成立。問題是：勞氏

83 勞思光，頁四五。
84 同上，頁四九。
85 同上，頁六三。
86 同上，頁五〇。

以「仁」爲一種「意志狀態」，就自然趨向於否定「認知」作用。他說：「人能否作正當價值判斷，不是對價值之了解問題，而實是一意志方向問題。」[87] 然後，孔子所持「一以貫之」之道，則解爲「本指意志之純化而言」[88]。意志之方向與純化若指「自覺」而言，則其極致自然走向勞氏所釋的孟子「性善」：指價值意識內在於自覺心[89]。這只是說，人自覺爲一道德行動之主體。但如此是否即保證其行動之必然爲善呢？若答案肯定，說性善才有意義；但如此一來，凡有此自覺者皆爲善人，儒家豈不成了以覺悟爲解脫，成爲佛教了？若答案否定，則人之自覺亦可能使人爲惡；如此則說性善與說性惡，又有何異？這些問題並非孔子、孟子的，而是勞氏自己引發的。他認爲孔子的「學」是指「進德」，同時對知識本身不重視[90]。然而，孔子談及自己「好學」、「學之不講」、「學不厭」時，顯然兼指做人做事的道理以及各種現有的知識，如詩書禮樂易等。我們沒有理由一概予以抹煞。

最後，勞民區分自我爲四：「形軀我、認知我、情意我、德性我」，然後肯定孔子所重的是德性我[91]。孔子誠然重視德性我，但未必因而忽視其他三層。事實上，孔子不曾以自我爲幾個層次；他的自

87 勞思光，頁六一。
88 同上，頁六三。
89 同上，頁九九。
90 同上，頁八六。
91 同上，頁八一。

我是一整體，至孟子進而區分爲「小體」與「大體」。人應該以「大體」爲重，但「小體」亦可表現「大體」，如孟子「觀其眸子」（〈離婁上〉）、「四體不言而喻」（〈盡心上〉）」「足之蹈之，手之舞之」（〈離婁上〉）等段所言。儒家若有自我理論，應該是「心身合一論」或「心大身小論」。詳情不暇在此細論。

六、結語

綜合以上所論，我們承認中國哲學史確實難寫，單就孔子而言，已經人各異說了。揆其原因，則胡適在經典上，把《春秋》與《易經》都算做孔子思想，當然得不到有價值的結論。馮友蘭比較客觀，認眞考慮適當的經典，但是孔子的思想體系是否圓融，則似乎不是他所關心的問題。徐復觀的孔子思想甚有體系，但由於刻意迴避天概念，以致只能照顧一部分經典，同時由發展角度看來，過於突兀，不像孔子承先啓後的溫和作風。勞思光的孔子最富思辨趣味，在某一程度上，兼顧了經典、體系、發展、經驗各方面。但是，勞氏加入太多個人的哲學成見，以致對孔子的天與人性都有曲解之處。這四位先生筆下的孔子，各有不同面貌，也都表現了作者各自的哲學水平與人生信念。讀其書而思其人，我們雖然無法看到孔子的眞正面目，卻欣賞到了四位哲學史家的借題發揮，也算是稍有收穫了。

附錄

一、爲《儒道天論發微》澄清幾點疑義
二、「束脩」與乾肉
三、「耳順」的商榷

附錄一

為《儒道天論發微》澄清幾點疑義

首先必須說明的是，項退結教授是我一向敬重的老師，曾在我求學時代予我極大的鼓勵與指導。我念念不忘的是，民國六十一年在我出版《從上帝到人》的譯本之後，他曾在當時的《現代學苑》爲文評介，使我自此對翻譯產生信心，並樂此不疲。事實上，項教授的書評在哲學界以「客觀嚴明」著稱，受評者與讀者雖然不一定同意他的觀點，但是對於他認眞誠懇的治學態度則無不佩服。一些朋友聚在一起討論西洋哲學的相關問題時，往往會有人不經意地提起：「不知項老師的看法如何？」——雖然他並不在場。

這幾年，項教授致力研究中國哲學，提出不少值得重視的觀點。因此，當《儒道天論發微》分章在《哲學與文化》刊載時，最令我感到高興與佩服的，是項教授屢次來電討論拙文的一些細節。現在書評刊出了（第十四卷第三期，七十六年二月），仍然保持它「客觀嚴明」的特色，但是我卻覺得其中有許多值得商榷的地方，應該提出來與項教授討論，並就教於讀者們。

一

首先，項教授認爲本書比較正確的書名是《先秦儒道天論》，因爲本書討論的儒家限於孔、孟、荀、《易傳》、《中庸》，道家限於老、莊，無法涵蓋各經二千餘年歷史的儒道。這個意見可以成立，我也確曾想過採用這個書名。但是，由於《中庸》原爲《禮記》的一篇，而《禮記》編成於漢代，其中難保沒有用到漢代的觀念；同時，《莊子》外篇雜篇中亦有漢人僞入的成分，雖然可以作某種程度的釐清，但是這方面的工作尚無定論，同時從另一觀點來看，也不一定必要。因此，「先秦」一詞用在學術分類，只能透過約定俗成的方式來使用，無法像西方的「希臘時代」那樣清楚明確。前面所謂「另一觀點」，是指就一個思想原型的奠立而言，亦即就儒道的思想體系如何建立起來，如何在方法論，形上學、實踐論這主要的三方面構成一個自圓其說的系統，來加以考慮。這種觀點可以突破時間的框限，掌握某一思想的原型，再以它爲一典範，作爲評估後來的發展與演變。

這種原型觀點是否優於時代觀點，恐怕見仁見智。方東美先生在他的《中國哲學之精神及其發展》，就採用「原始儒家」與「原始道家」之名，同時引用資料亦大致與拙書相類。我贊成這種觀點。我去年在台大哲學系開課時，考慮「原始儒家」一詞對一般學生過於陌生，乃採用「古典儒家」一詞，似乎可以兼得「原始儒家」與「先秦儒家」之長。

不僅如此，「原始」、「先秦」與「古典」都是針對後期的發展而說的，我們既然已經爲所有後期的發展另外定了名稱，如「漢儒」、「宋明儒」（常稱「宋明理學」，外文翻譯則逕稱之爲「新儒家」"Neo-Confucianism"）以及「當代儒家」等，那麼何不就以「儒家」稱呼先秦或原始的儒家呢？我們會因爲有「新柏拉圖主義」出現，就改稱原來的柏拉圖思想爲「希臘柏拉圖主義」或「原始柏拉圖主義」嗎？顯然不會。

當然，假如今天用「儒道」一名，會讓人產生錯誤的印象，以爲它涵蓋了二千餘年的思想，那麼加上一個冠詞亦無不可。然而，本書所要做的，正是「儒道」的「發微」，就是對於原始典範的抉發幽微，使其內在結構與型塑過程得以呈顯，因此才選擇目前的書名，同時認爲只要讀者稍稍用心，即可明白其名實相符之義。

二

本書的目的在「抉發幽微」，但是由於儒道思想的後期發展顯然深受各時代的限制，而當時的言說方式又無法再現於今日，因此本書的方法有二：一是比較哲學的眼光，二是宗教哲學的架構。前者是指溯源於初民心態，就希臘心靈與希伯來心靈在初步思考宇宙與人生問題時所得的結果，與中國心靈相互對觀。如此可以擺脫秦漢以後對儒道的詮釋所難免附著的成見。當然，我不會摒棄所有後代（尤其宋明儒者與當代儒者）的詮釋，而是給予它們適當的考慮。關於這一點，項教授認爲我「能夠衡量各種著作中論證的份量」，令我有知心之感。進而，我所謂的「比較哲學的眼光」，只是指著眼的角度，並未眞去進行比較研究。譬如，希臘時代的「派德亞」(Paideia)統攝人文理念，包括「文明、文化、傳統、文學、教育」諸義，使我想到中國（尤指孔子之前）的「禮」也有類似諸義。但是我並未深入就各自的來龍去脈作比較。

至於「宗教哲學的架構」，則並不是說我在研究儒道兩家的「宗教哲學」，或者我用「宗教哲學」去框架儒道思想。這裡所謂的「宗教哲學」，是指在儒道二家，宗教與哲學不分，因爲所討論的是人生根本問題，是如何使人安身立命的問題。這有些類似勞思光先生在《中國哲學史》所採用「基源問題研究法」。但是「基源問題」只是就其形式加以界定，並未說明何種內涵才有基源性，因此我寧可冒著被誤解的危險，聲明自己的方法是用了「宗教哲學的架構」，藉此掌握儒道二家的終極關懷與展現途徑。

然而，方法畢竟只是方法，當它用到不同的內容時，就必須作適度的修正。因此讀者不難理解，當我從上述二種方法去解說《詩經》與《書經》中的天與帝時，爲何選擇了「統治者、造生者、載行者、啓示者、審判者」這五個表面看來取自西方的名詞，並且如項文所云「因之無形中有基督宗教所賦與的含義」了？因爲我的用意正是要透過這幾個共通的名詞來顯豁中國古人的心靈。我說「共通的名詞」，並未否定項文所云的特定涵義，但是我研究比較哲學與宗教哲學之後，發現任何原初心靈對於「超越者」或「超越界」(Transcendence)都有上述五種信念，只是著重點不同而已。譬如多神論相信有不同的神明分別掌管這幾種力量，一神論相信這幾種力量歸屬於一個來源，無神論相信這幾種力量只是人性願望的投射。這幾派信仰都可以找到例證，但是一神論無疑較爲深刻周全，因爲超越界的統一面貌，易於爲變遷無已的人類世界(或稱「內存界」Immanence)樹立永恆的典型，使人文教化有基礎、有理想，以及有奮進的動力。許多傳統有多神論信仰，但是隱然仍有一至上神或大神統攝全局，即是基於人性此種自然的要求。

中國古人表現在《詩經》與《書經》中的信仰，顯然以「帝」或「天」爲至上神，也顯然相信「天」(或「帝」)具有「統治者、造生者、載行者、啓示者、審判者」五種性格。我認爲這五種至上神性格是初民信仰的共通點，並不限於基督宗教所專有。但是，用在中國古人心靈的研究上，當然必須就其脈絡分別予以界說，才能避免「張冠李戴」。項教授指出這個需要，十分正確。然而，我是否如他所說：「最令人驚異的是，本書舉出這五個名稱後，沒有一處對這五個名稱作過清楚的交代」？顯然不是。

項教授認爲我「一開始就應該對每一名詞作明顯限定」，我則認爲這樣做不僅事倍功半，而且不易說服人，所以在舉出這五個名稱後，立即交代：「我們將在不同地方分別指出這些名稱的各自限制。」所謂「不同地方」，即是指適當的脈絡，亦即在徵引《詩經》《書經》的相關文獻時，予以說明。請問，離開這樣的脈絡，我們能說明什麼？以下我逐句針對項教授這一段書評，予以答覆。

三

第一，就「統治者」而言，項教授認爲「這一名詞尚不失爲通俗易懂，但不如通用的『主宰』更典雅。」我同意這一點，並且事實上在本書也兼用「主宰」一名，如「天是世界的眞正主宰」、「主宰者」，以及「主宰之天」等。我使用通俗易懂的「統治者」，是因爲其他四個名稱皆加「者」，而「主宰」加「者」，於中文有重複之嫌；若不加「者」，又缺少對應的順當，如此而已。至於「統治者」一名的脈絡，則在〈導論：周朝以前的宗教觀〉即已指出，是指上帝（或天）「同時主宰自然界與人事界」。這種信念在周朝同樣鮮明，如「說明統治之天如何以啓示與審判，決定人間的休咎與帝國的興亡」。這一點較少爭議，我想我的交代也夠清楚了。

第二，就「啓示者」而言，項教授認爲它「在基督宗教的神學中有非常特殊的意義，絕不限於『稽疑』；本書『啓示之天』所云的『啓示』意義過窄，不如改爲『釋疑之天』。」項教授所謂「基督宗教的神學」，不外乎是指：第一，上帝透過舊約時期的聖王與先知，明白昭示人類的救援之途；第二，上帝降生成人，在新約時期的耶穌身上以言以行體現了福音，如耶穌所云：「我就是道路、眞理、生命」。這些屬於「朗現的天意」，但是並不妨礙其他民族有「默現的天意」。耶穌之降世，不是爲破壞，而是爲成全，亦即成全其他民族「默現」的天意。「默現」並非不顯，而是只對少數人開顯，如中國古代帝王之自稱「余一人」，即有此種自覺，亦即得到天的啓示與任命，而可以被稱爲「天子」。基督宗教的「啓示者」絕不限於「稽疑」，中國古代所信的「啓示之天」又何嘗限於「稽疑」？我在討論天的五種性格時，首先談「啓示之天」，就是因爲透過「啓示」，天的其他性格才能彰顯。不僅如此，啓示之天又對少數聖王與哲人展示「天之道」，使他們藉以體認「人之道」。這一點在《易經》、《易傳》中非常清楚。孔子所謂「知天命」，孟子所謂「天不言，以行與事示之」，都肯定了天的啓示者角色是多方面的。如果用「釋疑之天」來替代，則不僅儒家所謂的「天之道」與「人之道」的相應關係(如《中庸》)無法成立，連道家(尤其老子)所屢次言及的「天之道」亦問題重重。換言之，能以「啓示之天」表示：天會以某種方式對某些人顯示人生應行之「道」。「稽疑」包括在此「道」之內，並於商周時代較爲明顯，但是無法窮盡此道的內涵。

然而，我的交代夠清楚嗎？我在「如何明辨天命」一節，特別強調以下三途：「天意可以由占卜與民意測知」以及「君王應該在內心衡量天命」。同時聲明「這三種途徑必須同時採行，以免誤解了天的旨意」。這已經清楚界定了「啓示者」在中國古代的脈絡裡的用法。更重要的是，我一再以「啓示者」與「審判者」同時並現，來形容天對人間世的主宰性格。孔子與孟子之所以對於人生應行之道有如此堅定的信念，如「殺身成仁」、「舍生取義」之類的斷言，就是因爲他們各自體認了天之啓示與審判，如孔子曾說「天之未喪斯文也，匡人其如予何！」孟子也說「夫天若欲平治天下，當今之世舍我其誰？」詳情請參考本書論孔子與孟子二章。這樣的天並非「釋疑之天」那麼狹隘，其理至明。

第三，就「審判者」而言，項教授認爲它「與古人所信『福善禍淫』接近，尚可。」事實上。我在「皇極的象徵意符」一節，根據方東美先生的啓發，進而推演「天」與「天子」的主要表徵在於「絕對正義」，並由此說明古代德治政體的理想，這些統統可以歸結爲「審判之天」的信念。「福善禍淫」只是這種信念之下的一個反映，並且不是最重要的反映。理由何在？在於古代的道德要求主要落在「天子」身上，亦即天子根據天的啓示制禮作樂，百姓再根據禮樂來界定善惡。因此禮壞樂崩代表了古代價値系統的失效，必須重新由普遍的人性著手，說明善惡之主體性與自律性。儒家的貢獻之一即在於此。譬如孟子就由審判之天引申出人的「命運」與「使命」之分，同時肯定人之「心」具有「評價」與「訓令」雙重作用，反映審判之天在人心之運作。如果將本書整體了解，我想這樣的交代應該夠清楚了。

第四，就「造生者」而言，項教授認爲「在古籍中僅言『生』，加上『造』字易滋誤會，也許可稱『生發者』。」這一點値得細加討論。首先，古籍中言及天人關係者，確實以「生」字爲主，最著名的兩句話是《詩經·大雅》的「天生烝民，有物有則」與「天生烝民，其命匪諶」。不過，天同時與萬物(指世界)也有關係，這時就不用「生」字，而用「作」字。如《詩經·周頌清廟》的「天作高山，大王荒之」。此一「作」字實即指「造」。因此我用「造生者」形容天之做爲世界與人類的統一根源，確有文獻上的根據。

其次，各大傳統對於萬有(含世界與人類)最後來源的信念，主要有兩派：一是「創造論」，二是「流衍論」。「創造論」(Creationism)的典型例子是猶太教與基督宗教這一系，指上帝「自虛無中創造」，目的是爲了保障上帝的超越性。其他傳統，譬如希臘，撇開神話傳統不談，柏拉圖的「德米奧格」(Demiurge)是「塑造者」，亦即根據理型塑造混沌物質而成世間萬物；亞里斯多德則相信世界永恆，並非被造，只是被動，因此柏羅丁(Plotinus)爲了解決柏拉圖的二界分離問題，乃提出「流衍論」(Emanationism)。「創造論」往往爲一神論所時，「流衍論」則爲泛神論所喜。但是兩者皆難免是長期演變的結果，並需要複雜的神學或哲學理論來證成。換言之，初民所信者很少有純粹的「創造論」或「流衍論」，而往往是兩者都有，比重不同而已。這在中國古人亦然，因此我用「造生者」，確有比較研究上的依據。項教授建議的「生發者」，未免偏重「流衍論」；這個名稱用於傾向泛神論的道家，可以部分有效，但是用於儒家(包括《易傳》)則無法相契。理由如下：

道家老子的「道生一，一生二，二生三，三生萬物」，似有以道(取代古代的天)爲「生發者」的意念，但是他不曾忽略道之「獨立而不改，周行而不殆」，亦即肯定道的自存性、自因性、恆存性；因此不宜以老子爲一般所謂的「泛神論」——只有內存性而無超越性。這一點，項教授亦在書評稍後部分指出。我也在〈老子〉一章的「道的超越性」一節作了詳細說明。這樣看來「造生者」不是比「生發者」更恰當嗎？更何況，莊子還公然使用「造物者」一詞，以之形容道的始源性。因此，追溯到古代的「天」，就它在這方面的性格來看，稱之爲「造生者」頗爲得當。

至於儒家，則「生發者」一詞無法相契。因爲孔子、孟子的天，顯然是創造義多於流衍義，因此表現明確的主宰性格(含知與意)，甚至啓示與審判的性格。荀子的天，極可能受道家影響；縱使如此，亦不脫上一般對道家的分析，而適用「造生者」一詞。《易傳》的天或太極，雖然提到「生兩儀、兩儀生四象、四象生八卦」云云，但是正如我在《哲學與文化》十三卷四期對項教授「儒家哲學中的生命觀」一文之評論所指出，這幾個「生」字並非宇宙發生論的「生發」義，而是對古代聖人而言，種種符號或象徵（儀、象、卦）之展現過程。這一點當然可以再討論。但是我不認爲那是《易經》與《易傳》的要旨。《易傳》的基本信念屬於儒家，這一點倒是大家有共識的。至於《中庸》，則「天命之謂性」一語的「天命」，已經明顯不是「生發者」所能照應的。

我在本書「天人關係」一節，曾就「造生者」一詞談了幾句，原想指出：光就「造生者」而言，不易凸顯天人關係，因此必須以「載行者」一詞相輔相成。這兩者不能分開談，我且先對「載行者」一詞稍作交代，再回到項教授對「造生之天」的進一步批評。

第五，就「載行者」而言，項教授認爲它「接近神學中所云的『神性支持』(Divine Concourse)，但本書從未劃清過此語的用意。」接著他又說：「前後各處互相對照，它似乎指一種維繫力量，開始被認爲係天造生時所賜，以後它的角色由『禮』與『天道』來扮演。」

項教授後面這段分析相當準確，但是說成「從未劃清過此語的用意」，則未必盡然。我說：「古代中國人只是接受這一『欲望使人可能墮落』的事實而已。透過這一事實，天的『載行』性格得以彰顯。」然後能引用三段古籍，說明天子如何「代天行道」，使百姓的道德品質可以找到依循的法度，並走上幸福之途。換言之，「載行者」原是「造生者」的延伸與補足，主要功能在對應「自然生命」的需要，但是離開自然生命則道德生命無法附著，因此「對人而言」特別具有道德上的「神性支持」之義。這是爲何後來「禮」（儒家）與「天道」（道家）可以扮演「載行者」角色的原因。這也是「載行之天」與「啓示之天」可以遙相呼應，並共同聯合其他三個名稱來形容天的整體性格的原因。

至於「載行者」一名的由來，我也順便在此略作交代。《詩經・大雅・文王》有一句「上天之載，無聲無臭」；孔子又曾說過「天何言哉！四時行焉，百物生焉，天何言哉！」暗示天是「四時行，百物生」的原因。這兩段話合而觀之，以天爲「載行者」頗爲得當。

四

我喋喋不休爲上述五個名稱辯護，絕不是爲了逞一時快意，而是因爲它們是理解天概念的關鍵。我要反對的，是像馮友蘭等人把天當做死的概念，將它平面鋪陳爲「自然之天、主宰之天、命運之天、物質之天、義理之天」，好像這幾個互相之間不能協調的概念是同時出現似的。以這種方式去理解中國古代哲學史，無異緣木求魚。我並不否定古代的天有他所謂的那五種性格，但是那五種性格卻顯然經過了長時期的先後遞嬗與各個學派的取捨應用，然後才形成的。我們怎能抽掉時間因素與學派因素，憑空去想像古人思想？

那麼，我的作法又有何理由？我在本書〈序言〉談到：「一、天同時是自然界與人間世的『主宰』;二、『造生』與『載行』特別指自然界(包括人的自然生命)而言;三、『啓示』與『審判』則專指人間世,亦即人的應行之道而言。」這五種性格才是天的原始面貌。項教授說得對,它們對商朝與西周之人爲有效。這是第一步要肯定的。接下去的發展更重要,也才是本書眞正用力所在。當西周末期,統治之天仍然有效,但是造生之天與載行之天則降格轉化爲「自然之天」,同時啓示之天與審判之天亦降格轉化爲「命運之天」。但是熟讀古書如孔子、孟子,是不會輕易放棄傳統的豐富涵義的天的。他們特別用心於:將命運之天溯源於「啓示者」與「審判者」,然後肯定一個賦人天生「使命」的天,亦即通稱的「義理之天」。經過這一疏解,儒家承先啓後的貢獻就可以充分被理解了。

至於項教授所云,「這五個名詞不僅本身意義欠清,它們在各派學說中也很難全部應用」,我的答覆是:這些名詞的意義相當清楚,否則我全書貫穿下來的思想豈不一片模糊?余英時先生在〈序〉中說本書「言之成理,持之有故」,其實是學術著作的基本條件,我並不認爲是過獎之詞。

其次,這五個名詞「在各派學說中也很難全部應用」;這一點我完全贊成,因爲我正是要由天概念的原始性格的演變,說明各家各派的特色。我在〈序言〉中說:「天的這五種性格之遞嬗轉化、輕重組合,正好反映了先秦各家思想的特色與要旨。」換言之,我本來就無意將這五個名詞「全部應用」到各派學說上,而是要由各派學說對這些名詞的差異態度,呈現其本身的終極關懷的型態與概念架構的方式。由此看來,儒道二家之差異,由其對天概念的性格取捨,可以見微知著。其他各家,如墨、法、名、陰陽,亦可以依例分辨。不僅如此,同一學派中的各代表,如儒家的孔子、孟子與荀子、《易傳》、《中庸》，道家的老子與莊子，亦在領悟天概念方面各有所見，由是建構自己的系統，形成大同小異的學派思想。

所謂「大同小異」，當然是後人的判定，並非古代思想家的自覺。譬如《莊子》〈天下篇〉就以老聃與莊周別爲二系；《荀子》〈非十二子篇〉根本就要與孟子分庭抗禮。這種現象帶來三個問題：

一、每位思想家的天概念有何特色？

二、不同的天概念對其學說造成什麼影響？

三、我們如何判定某些思想家屬於同一學派？

第三個問題在本書各章都有相當程度的處理。以下我只就項教授書評提到的幾點作一答覆。

項教授說：「像統治者、啓示者、審判者的天貼合到《荀子》與《易傳》就是牽強，對道家思想幾毫無意義。」

首先，就荀子來說，我清楚指出這五個名稱「縱使不是完全不適用，也變得毫無重要性了」。接著我特別說明：不僅啓示者、審判者、統治者不再有效，連造生者與載行者亦不復原來面貌。其次，就《易傳》來說，我清楚指出主宰者與審判者「已經被消解了」，而造生者與載行者亦有全新的理解。對於老子、莊子，我更以相當長的篇幅說明天概念的轉化過程與結果。因此，項教授這段批評相當令我驚異。

那麼，不同的天概念對每一思想家的學說有何影響？影響極大。譬如，荀子的天被自然化之後，無法再為人間的價值系統（即，善惡分辨的依據）提供基礎，於是只好溯源於「禮」，但是最後又發現禮是「未有知其所由來者也」。我由此判定荀子無法自圓其說，因而亦非儒家正統。《易傳》情況較為特殊，因為它本於極古的《易經》，內容屬於儒家一系的詮釋，並非系統著作；它在討論人性問題上有不少洞識，但不夠周全。老莊之稱為「道家」，因為他們以「道」取代「天」的傳統角色，再由突破人本格局的「道」，牽引出智慧觀照，指出不同的安身立命之途。許多論者認為道家是中國古代最具革命性的思想，其故在此。

我們再回到前面所列第三個問題，就是不同思想家的學派歸屬問題。以儒家為例，既然荀子不是儒家正統，為何又屬於儒家？項教授認為「把孔、孟、荀、《易傳》、《中庸》都列入原始儒家而不作進一步的區分」，是值得商榷的。項教授的意見是：「荀子、《易傳》、《中庸》均已接受了道家的形上學，已經是截然不同的儒家思想類型。」這個意見值得參考，但無法說明這三系思想為何終究可以列入儒家。而事實上，在本書中，這一類「進一步的區分」一直不曾離開我的討論焦點，因此在儒家部分的〈引言〉與〈結語〉，以及第五章到九章的每章開頭與結尾，都反覆提到這一類的觀念。我兼顧「同中求異」與「異中求同」的作法，在〈結語〉中，為儒家的共同特色定下二點指標：「一、人人天生都有潛能，可以成為聖人；二、人人天生都有成聖的無上要求，不管這種要求的來源是什麼。」以這兩個指標來判斷，則「原始儒家」當然可以包含上述五系思想。更重要的是，如此可以呈現儒家異於其他各家的面貌。譬如道家，就不談這種要求與能力，卻轉而訴諸智慧觀照，求取精神之自由解脫。

至於「天人合一」的問題，項教授認爲：「實則莊子才指出『人與天一也』的理想，他的『天』是自然；孔子並無這樣的目標，他們追求的是『仁』與『知天命』。」這個問題値得另外討論。我只簡單說明兩點：一、儒家與道家對天與對人的看法都不同，因此他們縱使都使用「天人合一」，或者都暗示「天人合一」，也須詳細分辨。這一點我自然很清楚。二、孔子五十而「知天命」，那麼他六十與七十的境界是什麼？因此，說孔子追求「知天命」，並未顧及他一生的進程。說孔子追求「仁」，自然無誤，但是仁是什麼？如果允許我以孟解孔，則項教授謬許我「論及孟子時，本書作者能看到『仁爲天人交聚之所』可謂卓見。」由此推及孔子的「仁」亦有「天人合一」的暗示，並不離譜。但是這個問題將來可以再詳談。

五

現在回到項教授對「造生之天」的進一步批評。他說我「似乎過分強調天與人關係的重點在道德品質，而把自然生命的起源束諸高閣。」因爲後者並非「無足輕重」，不應視之爲「不著邊際」云云。

我的答覆是：自然生命的存在是既成事實，其來源是天。重要的不是天如何生出烝民，而是烝民的本性是什麼？我的興趣在此。因爲前者必然訴諸神話(如「天命玄鳥，降而生商」)，後者才是理性所能著手探討的。試看舊約的創造說，其中描寫「如何造世造人」的部分，充滿神話色彩；重要的是由「墮落故事」開始，對於人性品質的現狀所作的理解。基督宗教的全盤教義，以基督降世救人爲核心，究竟其重點在於「上帝以土造人」還是在於「人有原罪」？換言之，基督宗教對於人性品質的強調，絕不在中國古人之下。因此，中國古人對於舊約的創造說不會有太大的意見，也不會有太多的興趣。但是人的道德品質則是雙方必爭之地！也才是我們由哲學角度詮釋古人心靈時的首要關懷。

接著，項教授認爲：天「反正在未生萬物與烝民之前是獨立存在的，也就是說天超越於人世。」又說：「道家的道如果先於萬物而存在，也不失爲某種超越之物，都應該算是自然生命的根源。」這兩段話與我的看法大致相同，但是我不會把「存在上的先後」與「時間上的先後」如此輕易地混淆，以致給人一種暗示，好像天與道「曾有」獨立存在的時候。

最後，項教授說我也許「操筆過快」，所以留下一些用詞上的缺點。他指出「原理」與「生命機體」二詞。

就「原理」來說，我的理解是「原則與典型」，英文則是“Principle”，並未想到希臘哲學的“arche”，所以「始元」一詞並非我的意思。項教授說「此一名詞如不改正，許多混淆在所難免」；我覺得他先入爲主把中文的「原理」一詞統統視爲“arche”的不正確翻譯，實在有些強人所難。尤其在談到莊子以道爲「自然之最高原理」時，我以大篇幅說明此語，項教授卻只就字面說它「似乎同時是主動原因與自然律」，恐怕是他閱讀過快所致。

就「生命機體」來說，我肯定「天，不論被理解爲上帝或自然界，本身即是一個生命機體。」這句話見諸儒家部分的「結語」，因此請注意「上帝或自然界」的「或」字，是爲了兼顧儒家各系（孔孟一系，荀子一系，《易傳》與《中庸》則介乎二系之間）。肯定天爲生命機體，理由是他們都以天爲萬物的本源，亦即天之造生者與載行者的性格始終不曾在儒家各系完全消失。這樣的生命機體，在孔孟思想中可以進而「有知有意」，在荀子思想中可以退而「無知無意」，但是終究是大生廣生的天，則無疑問。

以上是我的答覆。我十分感謝項教授的書評使我重新思考這些問題，並爲自己作一澄清。他能扣緊天的五個名稱提出不同看法，可謂掌握全書命脈，令人佩服。我對他的批評逐句回應，恐怕難免予人傲慢的印象；但是項教授知道我對學術討論的眞誠心意與嚴肅態度，當不致因此責我，我對他的敬意也不會因爲學術見解不同而稍減。

附錄二

「束脩」與乾肉

孔子與蘇格拉底同是輝映千古的偉大人物。他們的哲學各擅勝場，並且皆可用於教育，化民成俗。對於一般人來說，他們的教育家身分更爲重要也更有成效，因此許多研究教育的學者喜歡比較二人的教育理想及方法。比較的結果總是大同小異，難分軒輊。間或使孔子稍嫌遜色的就是「束脩」問題，因爲蘇格拉底以「不收學費」而知名於世。事實究竟如何呢？孔子眞的收取學費嗎？

我們暫且假定「束脩」是指由乾肉引申而來的「學費」或「薄禮」，然後看看孔子能否有意識及有意義地說出下面這句話：「自行束脩以上，吾未嘗無誨焉。」一般解釋多依朱注，翻成白話就是：「自己帶著薄禮來見我的，我是沒有不教的。」

這句話本身如果有意義的話，必須預設兩點：一，不帶薄禮來見我的人，我就不一定教；二、帶著薄禮去見別人，別人也未必肯教。先論第二點；如果帶著薄禮去見別人，別人也都肯教的話，那麼孔子這句話說給誰聽呢？但是，孔子憑什麼認爲別人不會像他一樣，見了薄禮就未嘗無誨？再論第一點：《論語》一書沒有孔子收學費的記錄，倒是有幾處顯然是不收學費的，像「有鄙夫問於我」與「儀封人請見」；同時，我們也看到「孺悲欲見孔子」，而孔子不見，這時學費有用嗎？可見學費或薄禮與孔子之「未嘗無誨」並無必然關係。以上兩點預設如果無法成立，則孔子不能有意識及有意義地說：「自己帶著薄禮來見我的人，我是沒有不教的。」

朱子大概也覺得這種解釋不夠充分，所以自行補充下面一段話：「聖人之於人，無不欲其入於善；但不知來學，則無往教之禮。故苟以禮來，則無不有以教之也。」這段話不僅無法化解前面提及的困難，反而陷於更大的麻煩。第一，我們是否可以類推：凡是收學費就未嘗無誨的人都是「聖人」？第二，如果薄禮代表求學的誠意，孔子以此來決定教不教的話，那麼他的「禮云禮云，玉帛云乎哉」是說給誰聽的？薄禮可以表示誠意，但是誠意卻不限於薄禮；孔子豈能爲此所惑？像顏淵這樣的學生，「一簞食，一瓢飲」，不要說沒有十條乾肉的「束脩」，連一條乾肉恐怕也無。孔子以好學自許，同時對三千弟子只推許顏淵一人好學。爲師之樂，莫過於得一顏淵爲弟子。我們能夠想像孔子公然宣稱：「自己帶著薄禮來見我的人，我是沒有不教的」？答案應該是否定的。

問題關鍵顯然在於「自行束脩以上」這六個字。爲了明白這六個字，首先必須弄清楚「束脩」一詞的意思。本文將就「束脩」的原義與引伸義略加探討，並對孔子使用的意義提供一個合理的解釋。

一、「束脩」的原義

在較早的文獻，如《周禮》與《儀禮》中，未見「束脩」一詞連用。《周禮・天官冢宰》有「膳夫」一職，負責「肉脩」之頒賜；又有「臘人」一職，掌製作「乾肉」之事。「脩」是乾燥而縮，正指乾肉而言。《儀禮・聘禮》談到貴重禮物有「束帛、束錦」，以十端爲一束。因此，以十條乾肉爲一束，是爲「束脩」，屬較爲普通的禮物。

《禮記》始見「束脩」一詞。《禮記・少儀》有：「其以乘壺酒、束脩、一犬，賜人」，束脩在此指的是乾肉。《禮記・檀弓上》有：「古之大夫，束脩之問不出竟」；這裡的「古」字，說明它是春秋時代以前的事，其中的「束脩」也就是孔子以前的用法，其意是指：古之大夫無私交，連像束脩這種普通的禮物之饋問，都不會走出國境之外。

「束脩」這種原義在春秋時代以後仍有人使用，如《穀梁傳・隱公元年》有：「束脩之肉不行竟中。」《後漢書》卷四十一記第五倫上疏，有「傳曰：『大夫無境外之交，束脩之饋。』」

在原義之外，「束脩」還有引伸義。後者之一不僅出現得極早，而且用法更爲廣泛流行。

二、「束脩」的引伸義

「束脩」既然是尋常饋問之禮物，用途原本很廣，但是它又早就被用於一種特定場合，亦即做爲童子入學時之贄禮，由此引伸爲指稱「十五歲的成童」。《禮記・曲禮上》談到什麼身份的人送什麼禮時，在天子、諸侯、卿、大夫、士庶人之下，還有童子。童子是指十五歲以下的小孩，他們爲何要送禮？因爲要念書。古者男子十五入大學，見先生必執贄；所執之贄須配合身分，因此選擇束脩。孔穎達在爲〈曲禮上〉作疏時，特別強調「童子之贄，悉用束脩也」。這不是他的臆測，而是根據鄭玄的理解。

我們不宜疏忽一點：鄭玄是編注《禮記》的人，自然清楚知道「束脩」原指乾肉，但是他卻注《論語》中孔子所說的「束脩」爲「謂年十五已上」（見《後漢書》，卷六十四〈延篤傳注〉）。換言之，「束脩」已經由普通的禮物演變爲特定的禮物，並且指稱行禮之人的年齡。以「束脩」代表入學，直到漢代仍適用，如桓寬《鹽鐵論・貧富》有「余結髮束脩，年十三」一語。他特別指出自己「年十三」，正好表示通常應該十五歲才結髮束脩。

此外，「束脩」還有第二個引伸義。這個引伸義的來源是成童入學時「束帶脩飾」，與「乾肉」完全無關。〈大戴禮・保傅〉有：「束髮而就大學，學大藝焉，履大節焉」；依此用法，《漢書》，卷一百下〈敘傳〉有：「兒生亹亹，束髮修學」。「束脩」此義，在《後漢書》尚有數見，如前引〈延篤傳〉有：「且吾自束脩以來」，〈伏湛傳〉有：「湛自行束脩，訖無毀玷」等。由「束脩」此義再引伸的還有數義，因與本文無關，從略。

三、孔子的意思

以上列舉了「束脩」的原義與引伸義，那麼孔子究竟採取那一種呢？我們先要將第三種意義存而不論，因爲雖然它十分可取，譯成白話是：「自己束帶脩飾來見我的人，我是沒有不教的」，既能顯示來者的誠意，又能顯示孔子的有教無類，但是沒有任何證據足以支持在孔子之前有這種「束脩」的用法。在古代，「束髮」與「束脩」根本是兩回事，不宜混同。

其次，把「束脩」純粹當成「肉乾」來看，在時代上又過早了些。因爲當「脩」被「束」起，成爲「束脩」時，就已經代表某種層次的禮物了，如束帛、束錦等。一旦成爲禮物，就有其適宜的用途，亦即主要做爲童子入學之禮。在孔子的時代以前，這種束脩之禮應該相當明確地指稱十五歲的童子而言，並且成爲常識，所以像鄭玄這樣博學的人會不加解釋就說「謂年十五已上」。

由於鄭玄的注是李賢在注《後漢書》時所引的，未見原文，因此我們只能以鄭注爲有力的線索，而不能以之爲論斷的唯一證據。並且，我們也無法確知鄭玄所說的「謂年十五已上」是指「束脩」一詞，還是指「自行束脩以上」一語。然而，由此線索去了解孔子，雖不中亦不遠矣。

首先，我們簡單分析「自行束脩以上」一語。先看怎麼斷句，如果念成「自行、束脩、以上」，亦即「自己帶著、薄禮、來看我」，那麼就有三個問題：一、「自行」連用做為開頭的句子，在十三經中沒有第二個例子。二、把「束脩」當做薄禮時，應該用「執」代替「行」，如前引《禮記・少儀》在述及「乘壺酒、束脩、一犬，賜人」之後，接著說：「若獻人，則陳酒、執脩、以將命。」「束脩」若指具體的禮物，當然要用「執」，怎能用「行」呢？《論語》中，「行」字七十二見，無一處指任何類似「執」或「帶著」的意思。三、孔子以別人來見為「以上」，則是自居於「上」。「上」字在《論語》凡三十五見，所指除純屬方位之外，皆指等第較高之事物，狀態、地位與人。「以上」連用，如「中人以上」，則明指價值評鑑之高者。若依此意，則孔子之「溫良恭儉讓」從何說起，豈非陷於貢高我慢之自滿心態？

因此，我們試試換個方式斷句，念成「自、行束脩、以上」。如果接受以「束脩」為童子入學之禮，則「行束脩」一詞就十分合理可解，因為以「行」用於「禮」，在古書中是常見的，如《禮記・曲禮》有：「君子行禮不求變俗」。於是，「行束脩」明白指稱行束脩禮者，亦即十五歲的童子。其次，「自……以上」連用，是極為特殊的用法。常見的是「自……以來」、「自……以下」、「自……以往」。全部十三經裡，除《論語》此處用了「自……以上」之外，只有以下兩處用了類似句法，就是〈周禮・秋官司寇〉的「小司寇……登民數，自生齒以上，登於天府；」以及「司民掌登萬民之數，自生齒以上，皆書於版。」這兩處都是以「生齒」指稱年齡，文意爲：「從一兩歲(長牙齒)以上的人，都要登記戶口」。現在再回過頭來看孔子的「自行束脩以上」，就不會覺得突兀了，他的意思是：「從十五歲以上的人」。

四、結語

根據鄭玄提供的線索，以及其他相關典籍的幫助，我們可以試譯孔子這句話爲：「從十五歲以上的人，我是沒有不教的。」孔子自己「十有五而志於學」，到處訪求名師，研習經典禮樂，他學成之後自然想要立人達人，進而有教無類，所以可以公然歡迎別人來學。至於來學的人交不交薄禮，則根本不是問題。孔子自己「謀道不謀食」、「憂道不憂貧」，即使「飯疏食，飲水」，也能樂在其中，他是一個主張「君子固窮」的人，幾天絕糧還能「弦歌不輟」。當一個弟子想要謀生，向他「請學爲稼、學爲圃」的時候，他傷心慨嘆其爲小人。像孔子這樣一位堅持原則與理想，視富貴如浮雲的人，應該會有一貫的言行的。那麼，他會說：「自己帶著薄禮來見我的人，我是沒有不教的」，還是會說：「從十五歲以上的人，我是沒有不教的」？至於這些十五歲以上的人是否帶著薄禮，或是否束帶脩飾，則根本不是孔子所關心的。他的志願是「老者安之，朋友信之，少者懷之」，這種願望只有靠教育與政治密切配合，再由高明的哲學智慧來指引，才有可能實現。

本文之作，是因發覺孔子的一句話與他的基本思想及一般言行無法相契，也想藉此以孔子與蘇格拉底在教育精神方面互相比較。然而，我絲毫無意主張大家今天要學孔子不收學費或不在乎待遇，也無法干涉別人繼續把「束脩」當做學費，我只是希望國人在談到這一類問題時，不要再拿孔子的這句話做為藉口。

附錄三

「耳順」的商榷

孔子自述生平進境，談到「五十有五而志於學，三十而立，四十而不惑，五十而知天命，六十而耳順，七十而從心所欲不踰矩。」其中「耳順」一詞如何解釋，不免見仁見智，值得商榷。

首先，孔子在晚年回顧生平，所列舉心靈成長的階段，大都在《論語》中有跡可循。如「志於學」是他終身好學的開始；「立」則是立於禮，以禮樂規範來立身處世；「不惑」是指智慧成熟，對於人間事務應付裕如；接著，要下學而上達，找出人之道的根本依據，就是所謂「五十而知天命」。孔子曾說，君子必須知命，同時要「畏天命」。那麼，「六十而耳順」與此何干？並且，由此又如何接上「七十而從心所欲不踰矩」？

我們先假定「耳順」一詞無誤，再看看孔子對耳朵的興趣有多大。《論語》中「耳」字四見，其中兩處用為語助詞，如「前言戲之耳」，「女得人焉耳乎」；另外兩處就是「耳順」與「洋洋乎盈耳哉」。由此可見，孔子對「耳朵」本身不大注意。其次，專就「耳順」來說，一般的解釋多依朱子「聲入心通，無所違逆，知之之至，不思而得也。」這句話可以分兩段來看，都不符孔子的一般原則。若「聲入心通，無所違逆」爲眞，則孔子爲何批判鄉愿？他還要分辨是非善惡嗎？若「知之之至，不思而得」爲眞，則孔子豈非以後來《中庸》所謂的「聖人」自居？有些人就以「聖」字從「耳」來解這個詞，謂孔子已臻聖界；這樣一來，孔子「若聖與仁，則吾豈敢！」又該怎麼說？孔子會宣稱自己六十歲時已臻聖人之境界嗎？

以上之解既然難以自圓其說，我們便不免想到原文在經過幾百年，甚至上千年的傳抄過程中，或許有誤。這種情形在先秦古書中並不少見。果然，陳鐵凡《敦煌論語校讀記》指出：《敦煌論語集解》殘卷(S. 4696)作「六十如順」。「如」與「而」自古通用，王引之《經傳釋詞》早已指出。因此，「耳」字有可能爲衍文。于省吾《論語新證》，程石泉《論語讀訓解故》均主此說。

若以「耳」爲衍文，則孔子的原意是「六十而順」，這又該如何解釋？孔子用語精簡，言「志於學」，即指學習詩書禮樂等經典與儀節；言「立」，即指立於禮。既已言「知天命」在前，則「順」當指「順天命」。試以孔子生平證之。孔子五十五歲起，周遊列國十四年，目的是得君行道，恢復周朝文教。「六十而順」正在此時，因此當他「畏於匡」時，會說「天之未喪斯文也，匡人其如予何！」桓魋要害他，他說「天生德於予，桓魋其如予何！」正因爲孔子自己「順天命」，所以產生了堅定的使命感與無比的浩然之氣。不僅如此，隱士或道家者流冷眼旁觀，對於孔子的心志常能一語道破。譬如晨門描述孔子是「知其不可而爲之」的人；孔子因爲畏天命與順天命，所以「知其不可而爲之」。儀封人見多識廣，閱人多矣，在與孔子晤談之後，也不得不承認：「天將以夫子爲木鐸」。

因此，孔子評定自己在六十歲的生命境界時，當然可以有意識並且有意義地聲稱「六十而順」。由於「順天命」經過十年的考驗與實踐，就可以達到「從心所欲不踰矩」；這句話顯示《中庸》所謂「發而皆中節謂之和」，以及「不勉而中，不思而得，從容中道」，都可以十分妥當地用於孔子了。這是「天人合德」的境界。

研究古書，當然可以自行發揮心得，把「六十而耳順」說成「凡事要聽話或不必計較」。如果這是《論語》中無關宏旨的一句話，也就不必深究；但是現在所談的是孔子自述平生極爲重要的一個階段，就不可斷章取義了。我們除了就文句本身來理解之外，更不可忘了孔子是一個整體，有其生命脈絡與思想進程。如果文句本身不可解或不合常情，則不妨由詮釋學角度，多注意幾個層次，以減少誤解。

書評一

朱伯崑（北京大學哲學系教授）

傅教授的新作，是近年來學術界研究儒家哲學的重要論著。其所依據的資料，限於《論語》、《孟子》、《荀子》、《易傳》和《中庸》五部典籍。就此而言，此書可稱爲「先秦儒家哲學新論」。但其內容，以闡發孔孟哲學爲主，兼論《易傳》、荀子和《中庸》，而以孟學爲此書立論的綱領。就此而言，此書亦可稱爲「孔孟哲學新探」。但作者爲何定名爲「儒家哲學新論」？我想，這是有用意的。在作者看來，性善論乃儒家哲學的核心，而性善論的倡導者是孟子，孟子的哲學，又源於孔子，孔孟哲學影響深遠，乃儒家哲學的奠基人，從孔孟哲學中，人們可以看到儒家哲學的基本精神。據此，此書稱爲「儒家哲學新論」，也不無道理。書的名稱，不是主要的，問題在於此書對孔孟哲學的詮釋，是否有新意，其新意是否符合原典的本義？作者在《自序》中說：「本書以新的方法與現代語言，呈現儒家的原始義理。」此是謙虛之辭。實際上，作者寫此書的目的是針對舊論而發的，其所提出的新見解，對理解先秦儒學，特別是孔孟哲學，有正本清源之功。孔孟學說，在海內外流傳了兩千多年，後人對它作出了種種解釋，恢復其原始義理，不是一件容易的事情。傅教授的《新論》，爲此付出了辛勤的勞動，而且所論細緻而深入，可謂「牛毛繭絲無不辨析」（黃宗羲語）。我是研究哲學史的，對澄清舊論，頗感興趣，我想從這一角度，談一談此書所取得的成就及其貢獻。

此書的主題是從剖析先秦儒家人性論入手，以孟子人性論爲中心，上觀孔學，下察荀學，進而揭示先秦儒學的特色及其對中華文化的影響。作者如此看待先秦儒學，可謂抓住了關鍵，綱舉而目張，先秦儒學所討論的問題，雖然是多方面的，但其研究的主要問題，是關於人的問題，即人道問題的探討。特別是孔孟哲學，可以說是古代人學的開拓者，從而開創了中國哲學中人文主義的傳統。而人性論正是其人學和人文主義哲學的理論基礎。作者對這一課題的研究，提出了哪些不同於一般舊論的新見解？我想，談以下三點，供讀者閱讀此書時參考。

其一，此書認爲，先秦儒學，特別是孔孟哲學，主張「人性向善」，非如舊論所說主張「人性本善」。作者在此書《自序》中說，此書的「核心觀念，是人性向善，顯然迥異一般對儒家人性論的看法，因此定名爲新論」。作者從原典的解釋和義理的分析兩方面作了論證。所論頗爲中肯。據我所知，人性本善的說法，始於唐朝李翺的《復性書》。在此以前，漢唐諸家註或對人性善的解釋，皆認爲孟子說的「人性善」，謂人有爲善的天性，而不是說，人性本善，圓滿自足，諸德俱備。如漢儒董仲舒，依孟子而論「中民之性」說：「善出於性，而性不可謂善」（《春秋繁露，實性》）。認爲人性之善，如同卵待孵而成雛，繭待繅而成絲一樣，待教化而後能爲善。他以人性善爲有好善的素質，即傾向或潛能，而不以人性爲本善，故說「性不可謂善」。至漢儒趙岐註《孟子》一書，釋孟子的「人性善」，亦是此意。他說：「人性生而有善，猶水欲下也，所以知人皆有善性，似水無有不下者也」（《孟子正義・告子上》引）。「有善」，謂有爲善的素質，如其所說：「言人之欲善，猶水之好下」。故又稱此欲善之性爲「素眞」。此是以人性善爲人具有好善的潛能，即向善之意。至韓愈寫了《原性》一文，繼董仲舒之後，主性三品說，認爲孟子倡導的人性善，亦是指中品之性，即「始善而進惡」。「始善」，謂人有爲善的材質，不能擇善固守，進而成爲惡人。韓愈也不以孟子的性善論，爲諸善具備，圓滿無缺。可是，其弟子李翺，因受佛教禪宗教義的影響，提出「復性」說，以性爲善，以情爲惡，認爲人性之善如水性之清澈，情慾如同混入水中之泥沙，雖渾入泥沙，而水性不失，一旦覺悟到本性清明，泥沙即去，則恢復善的本性，成爲聖人。此即其所說：「人之性本皆善，而邪情昏焉」。他以水性清明，解釋孟子的「水之就下」，便將向善論引向本善論。至宋明道學家，即新儒家，其論人性善，皆闡發李翺義，進一步將孟子的性善論，理解爲性本善論。如朱熹於《孟子集註》中說：「性即天理，未有不善者也」；「言性本善，故順之而無不善」；「蓋氣質所稟，雖有不善，而不害性之本善」（《告子上》）。朱熹以君臣父子之理爲天理，認爲如同寶珠，居於人性之中，成爲人的善性，拭去其污泥濁水（指不善的氣質），寶珠即發出光輝，朱氏此論，視善性爲一種定型的實體，本來自足，可謂性本善論的典型代表。陸王心學一派，亦主性本善論。如王陽明，以孟子的「良知」爲心之本體，認爲此實體即是人的至善本性，瑩明自足，通過致良知的功夫，清除物慾的蒙蔽，本體之明，自然恢復，從而眾善諸德，如泉水一樣流出。此種復性說，同樣基於性本善論，不過，其形式，不同於程朱理學而已。以上所述，無非是證明，儒學中的性本善論，是受佛教人性論影響的產物，並非孔孟性善論本義。可是，近人論性善，則取宋明道學家義。傅教授於此書中，運用新方法揭示出孔孟性善論的本義，這當然是一大貢獻。

其二，舊論講孔孟的人性善，自近代以來，許多學者將其理論思維歸之為動機主義和唯心主義，或者加以讚揚，或者加以批評。傅教授於此書中，同樣不贊成這種說法。他說：「孔子絕不是任何類型的唯心論者，同時在善之問題上也不是動機論者」。其所持的理由之一是，對「善」的解釋。他說：「善的界說是：人與人之間適當關係的實現」。又說：「善既非客觀之物，亦非主觀之物，而是兩個主體之間適當關係之滿全」。還說：「人性原來向善，而善又不能離人群而定位」。這些論點都表示，善不僅是主觀的向善之心，而且又有客觀的因素，即外在的人際關係。作者依孔子的仁禮合一說，孟子的仁心表現為仁政說，作了論證。所謂客觀的因素，即孔子說的「羣」，孟子說的人倫，《中庸》說的「五達道」。在儒家看來，一個人的行為，符合五倫的規範，方能稱得上君子，或善人，甚至於聖人，此即孟子說的「聖者，人倫之至也」。孔孟都認為人和動物的根本區別，在於人類能從事人倫生活。《孟子》書中，兩次提到人倫，皆從人獸之別著眼，如對舜的讚美，首先肯定他「明於庶物，察於人倫」，而後方說：「由仁義行，非行仁義也。」據此，傅教授關於「善」的界說，符合原典的本義。孔孟所說的「善」，乃內在的向善本性和外在的人倫規範相結合的結果，即《中庸》說的「合內外之道」。舊論往往依據孟子說的「仁義禮智根於心」和後來心學派對孟子心性說的闡發，得出了孔孟的人性論爲唯心論的結論，甚致將其說成是「自己立法，自己服從」的西方康德式的人性論，從而抹煞了孔孟人倫說在其倫理學中的地位。所以作者一再指出：「可知善的內容與判準，絕不能排除外在的因素」。這是一針見血之談，對了解孔孟的性善論，同樣有正本清源之功。

從內外合一的原則出發，作者又提出動機與效果合一，心身合一的觀點，解釋孔孟的性善論。如孔子主張思學並重，即重視行爲的後果，其強調動機是反對僞善行爲；孟子以形色爲天性，肯定眼睛爲靈魂之窗口，並不排斥形體的功能，其以心爲大體，是重視心對形體的控制作用。這些都進一步證明，孔孟的倫理學和人學，並非如舊論所說，屬於動機主義和唯心主義類型。值得注意的是，作者以實然（指自然生命）與應然（指價值生命）的合一，解釋孔孟人學的特質，即作者所說的此是孔孟性善論的「勝義」。他分析孟子說的「唯聖人然後可以踐形」的內涵是，以價值生命來滿全人的自然生命。孔子說的「殺身成仁」，孟子說的「捨生取義」正是完成或成全人的自然生命。因爲在孟子看來，「人的自然生命本身就富有向善的潛能」。這一論斷，雖爲新釋，頗得孔孟人學的精髓。因爲儒家皆以維繫人倫生活爲人道的內容。就群己關係說，孔孟重群體，一向反對不爲群體謀福利的自私自利之徒，認爲個人應爲群體的生存和昌盛盡義務，必要時可以犧牲個人的自然生命。此種人道觀，終於成爲中華民族的美德之一。《新論》以自然與當然統一的觀點，闡述了這一傳統，也是發前人之所未發。

其三，此書還以較多的篇幅討論了先秦儒學的天人觀，即作者所說的「天人合德論」，視其爲儒家性善論的形上學的依據。關於孔孟的天命論，作者著重指出的是，除繼承西周的傳統觀念外，還提出了命運的天和使命的天。前者將人的自然生命以及人力無可奈何之事，歸之於天命；後者將人的使命即價值生命的本原，歸之於天命。作者認爲，孔孟說的「知天」，「畏天」，「順天」，「樂天」，就其基本傾向說，都是指以人的自然生命去實現價值生命。按舊說，或以孔孟的天，爲主宰的天，或以其爲自然的天，或以其爲命運的天，或以其爲義理的天，或以其爲秉賦之天，皆未能揭示出孔孟天命觀的特色。而作者提出使命之天，作爲新論之一。就原典提供的資料說，孔孟所說的天，其中確有使命之義，如作者在書中所列舉的。此種涵義的天和命，可以解釋通孔子說的「五十而知天命」和孟子說的「盡其道而死者，正命也」的涵義。按此種解釋，孔孟所追求的天人合德，是指實現價值生命的一種精神境界。作者以《中庸》中的「無入而不自得」一語，作爲孔孟天命論的總結和儒家「天人之際所能展示的典型態度」，即是以境界說解釋天人合德論。按此解釋，儘管孔孟的天命論中保存了西周傳統的觀念，但畢竟對其做出新的解釋，從而將主宰的天，引向了人文主義，這當是孔孟天命觀的又一貢獻。

以上三點，是作者於此書中提出的關於孔孟人學的新觀點。當然，此書的新論，並不限於以上三點。《新論》所以有如此的成就，按作者的說法，是「以新的方法」，「呈現儒家的原始義理」。用什麼新的方法，作者沒有明言。照我的理解，其方法有二：一是從分析孔孟哲學中的概念、範疇和命題入手，進而揭示其思想體系的特色；二是在分析概念和範疇時，採取歷史的態度，如從「天概念的轉化」入手，揭示孔孟天論的特色。這兩種方法，總起來說，即是重分析。這種學風，是値得提倡的。

當然，此書對先秦儒家哲學所作的全面研究，也遇到了難以解決的問題。較爲突出的是將《易傳》和荀學亦納入人性向善論的系統。如說荀子的性惡論，是「以間接而隱涵的方式」倡導人性向善。如果說，荀子講人性惡，其宗旨是要人們爲善去惡，這是可以理解的。但由此認爲荀子性惡論，其理論自身亦是以向善爲人性的本質，這便令人費解了。因爲荀子宣稱：「其善者，僞也。」，認爲善出於人爲，不是來於天性。《易傳》和荀學，雖屬於儒家系統，但又有自己的特點，不盡同於孟學。作者似乎著眼於二者的共同處，對其相異處，未加深入討論。先秦儒學，孔子開其端，後來分化爲孟荀兩大流派。《易傳》和荀子，頗受道家自然主義的影響，而荀子的性惡論又是來於法家。盼作者進一步研究此問題，如同詮釋孔孟哲學一樣，做出新的貢獻。

刊於《哲學雜誌》第七期

書評二

陳　來（清華大學國學研究院院長）

傅佩榮教授的新著《儒家哲學新論》最近出版，著者對經典文本的熟練引用，理論分析的細緻深入，思想詮釋的特立獨到，均給我以十分深刻的印象。毫無疑問，這部著作是他自《儒道天論發微》之後討論儒家思想的又一代表作。

《儒家哲學新論》分為三個部分（引論、本論、餘論），共十章：第一章為引論，概述儒家思想的歷史演變，第二章「儒家的邏輯與認識方法」，第三章「人性向善論」，第四章「擇善固執論」，第五章「天人合德論」，第六章「人的自律性問題」，第七章「人性向善論的理據與效應」，第八章「儒家的充實之美」，第九章「孔子的教育思想」，第十章「比較幾位哲學史家對孔子思想的詮釋」。正如序中開首所說，這是「系統連貫、架構明確的十篇論文」，是從原始儒家為焦點的、基於哲學反省的整體詮釋，綜觀全書，其中獨到的見解至少有以下五點：

第一、就人際關係而言，「善」是兩個或多個主體之間適當關係之圓滿實現。

第二、共同的人性作爲人的本質或內在傾向，人性是「向善」，不是「本善」，因此人人與生具有道德實踐的要求而非完成。

第三，孟子所說的「心」既非心臟，亦非靈魂，而是一種敏感易覺的反省意識。

第四，孟子的「性善論」其實是一種心善論，而荀子的「性惡論」則實際上是一種欲惡論，這兩種理論並不必然產生衝突，其潛在基礎皆爲「人性向善論」。

第五，儒家人性論的最高理想是「天人合德」，即人依向善的本性而達至完美境地，則不只是個人生命之成全，將亦可贊天地之化育，回歸大本之天。

在全書三個部分之中，本論爲重點，本論中又以人性向善論、擇善固執論、天人合德論三者爲骨幹。而就全書來說，其中的核心觀念是『人性向善』。故著者在序言中指出，此書「扣緊人性論的題材，對原始儒家哲學作整體而深入的詮釋」，這可謂對本書要旨及特色的中肯、事實的概括與評論。早在一九八八年八月新加坡舉行的「國際儒學研討會」上，傅教授即已提出他關於「人性向善」的論點，會上所引起的熱烈討論與質疑，我現在仍記憶猶新。三年以來，他在許多講演和文章中繼續發揮此說，經過思考的深化、表達的凝煉、分疏的細密，終於使其論點在本書中獲得了系統的論述。傅教授對原始儒家的研究始於天論之探源，天論一書出版之後不久，他對儒家思想研究的重點開始有一人性論的轉向，本書可以說是這一轉向深思熟慮的成果。

傳教授對原始儒家哲學研究的重點，從「超越」(天)到「內在」(性)的這種轉向，完全不表示他對「內在的超越」的肯定，而是有其哲學上的特殊考慮。正如他所說，「任何文化傳統在其根源上，都有一套明確的人性論。同時，任何現存的社會都有某種價值觀，這種價值觀也是建立在人性論上面的。因此，當一個社會面臨轉型期或者當一種文化面臨挑戰期，此時的迫切問題是：傳統的人性論是否仍舊有效？」基於這種考慮，傳統人性論的理解與詮釋就成了文化建構的重要課題。

以孟子爲代表的儒家人性論常被視爲「性善論」。但實際上儒家人性論的內涵相當複雜，絕不是僅由「性善」一語可以說明的。一方面，早期儒家除孟子外，孔子未曾道性善，荀子更提出性惡說，另一方面，宋代以後的儒學在主流論說中雖然強調「性本善」，但其人性論整個結構遠不那麼簡單，這從「氣質之性」在宋明時期的討論便可見。所以，雖然一般地、籠統地說儒家的人性論是「性善論」，不能說錯，但歷代思想家的人性論變遷頗大，「性善」二字如何詮釋，卻大有文章。因此，傅教授從「人性向善」解說古典儒家人性論，雖然迴異於已有的成說，但在我個人看來，仍爲一「言之成理，持之有故」的合法詮釋。

現在讓我們來看一看傅教授人性向善論的理據：

一、性善論的眞正意義是肯定人有善端，善端是善的開始，而不是善的完成。因此儒家的人性論向不能說是性本善論。在傅教授的這個提法中蘊涵著，在他看來，性本善論應當是指人無不具有善的現實的、滿全完成形態。

二、在經驗現實上，人皆有善端，而此善端是動態地可擴充和發展的。善端朝向完成形態的運動，表示人性之中有一本質的指向，它雖不表示人均有善的完成形態，但表示人皆是有由善端發展至完成的共同趨向。所以，人性是處於一種總是「傾向」行善的狀態，人性即在於人之「向」的動態展現。「用『向』來形容人性，表示人性是開放的，動態的，是等待被實現的潛能，必須在人生的過程中，經由個人的選擇而付諸實踐」。

三、爲什麼不宜說人性本善：只講性本善，無以說明人間何以有惡。而且，人性屬於「事實」，善屬於「價值」，以人性爲本善，便會犯混淆事實與價值的錯誤。作爲事實的人性是與生所具，作爲價值的善則從個人自覺及自由選擇後才可呈現。

四、事實上，古今性本善說的基本主張多是強調「人人皆有善性」，問題是在沒有表現出來」。傳教授則以爲，這正是性本善說的難解之結，沒有表現出來的善，不可以稱作善。這是基於，傳教授定義「善」爲人與人適當關係的實現，沒有表現出來，即與人與人之關係無關，落實在人際關係的適當實現才是善。

我們不可能在這裡把傳教授人性向善論的全部內容和理據完全列舉出來，從以上簡單列舉可見，傅教授的說法雖與時賢大異，但稽之經典與前賢，亦有根據，如以人性爲動態地朝向完成，不僅先秦已有「成性存存」的提法，明末大儒王船山亦有「習成性與成」之說。在某種意義上，用傳統的語匯來說，傅教授的論點是不承認有「本然之性」，只承認有「氣質之性」，而我們檢討宋明哲學史可知，明代大儒多是主張只有「氣質之性」而無「本然之性」的，以至否認本然之性成了明代儒家哲學人性論發展的一個趨勢。

基於以上理由，在我個人看來，即使是站在宋明儒學的立場，傅教授從人性向善論詮釋「性善」，仍爲一合法的詮釋，其中對性本善論的困難的分析，具相當大的挑戰意義，值得從事儒家哲學研究的學者認真思考。而他對自己立場的透徹說明與擇善固執的學術態度，以及流暢的文筆與嚴整的構思，更給人以深刻的印象。特別是，強調人性在現實上的不完滿和朝向完滿的過程，在處於與台灣大不相同的社會文化情境中的我看來，乃是相當重要的一個問題。

最後，我也想提出一點個人的想法供傅教授加以參考。對儒家傳統人性論之複雜面，我個人也曾有所考慮，在拙著《朱子哲學研究》中是採用把儒家人性論漢唐以下的發展界定爲「從善爲之的有善有惡論」來加以解決的，這可以說是一種橫向的處理方式，傅教授則標舉「人性向善論」，強調動態的完成過程，可以說是一種縱向的處理方式。傅教授在展開論證時，往往以人性本善說作爲對立面，其理據已略如上述。我想提出的意見是「如果不限於原始儒家，而觀照到整個儒學傳統的複雜性，是否有可能找到一種協調的方法，使人性向善論與人性本善論能夠達到一定的統合？這使我想到另一位傅教授(偉勳)在闡述「創造的詮釋學」時提到的幾個層次的區分，即「實謂」「意謂」「蘊謂」「當謂」的不同解釋層次，一般我們所了解的「詮釋」多指「意謂」以上幾層，它更主要的不是誰更忠實於本文的「認識」問題，它顯示的是預設了解釋者在文化信念與實際的某種立場，因而重點放在「理解」上面。因此，如果就整個儒學傳統而不僅是原始儒家來看，在「實謂」層次上確有「性本善」的論說，但承認這一點並不妨礙我們在其他幾個層次上進行創造性的詮釋，如本書所作的一樣。

儒家哲學思想的詮釋，在當代台灣影響最著者，當推新儒家，特別是牟宗三先生代表的詮釋方向，其特色是注重吸收康德哲學而發揮宋明以來傳統心學的一派，但儒家傳統本來包容甚廣，即同一流派亦有不同說法，故儒家思想的現代詮釋也應有多種方向。在這個意義上，在我個人看來，傅教授數年以來關於人性向善說的闡揚與本書的出版，標誌著台灣儒家思想重建與詮釋運動的傳統格局已經改變。傅教授的詮釋工作所代表的方向雖然與當代新儒家不同，但同樣以重建、發展儒家哲學爲目的。多元的儒學詮釋不僅爲學術界的健康發展的必需，而且是儒學自身的重建或再生的必要條件。

刊於《哲學雜誌》第八期

書評三

沈清松（多倫多大學講座教授）

傅教授此書初刊之時，我有幸先睹爲快，便欲爲文評介。但彼時由於忙著出國，一直未能執筆。如今匆匆已過一年光陰，再翻閱一遍，仍然覺得獲益匪淺，因爲此書可以說是傅教授近些年來研究儒家哲學心得的系統闡述。

傅教授近年來提倡的「人性向善論」是他對儒家哲學最富原創性的詮釋。相較起來，自宋明以降的新儒家所主張的人性本善論只能一再複製，了無新意。既無法周延地說明惡的問題，也無法證成教育與學習之必要。至於傅教授提出的人性向善論不但保存了儒家人性論的動態、求善、成德的本意，並且加重了人的自由，使儒家的人性論得以面對惡的挑戰，並解釋教育的必要性。值此現代人珍視自由但又苦於罪惡與痛楚充斥，人的學習能力與教育歷程倍受重視之際，我認爲傅教授所提出的人性向善論是當代儒學研究在人性論方面所提出最富原創性和時代性的理論。我想這也是他之所以將本書稱爲「新論」的原因。

《儒家哲學新論》一書將人性向善論放置在一個體系性架構之中，由人性向善論、擇善固執論與天人合德論等三論構成全書的骨幹，這也是本文評述的主要對象。不過，傅教授在正式進入這三項要論之前，提供了兩大引導，其一是歷史性的，其二則是邏輯性的。歷史性的引證，從儒家以前的中國思想，到孔、孟、荀等古典儒家思想，到宋明以來的儒家，到今日儒家思想，交代歷史背景，藉以顯豁儒家思想的歷史淵源與發展脈絡。然傅教授於其間主要就人與人、人與自然、人與超自然觀三方面來加以論述，可見傅教授於歷史發展中仍重視體系架構，而此架構的特色正在於其重視「關係」的範疇。可惜於宋明以後儒家，由於派別較繁，不再用此三個焦點加以統攝。

至於邏輯的引論，是作為正論的導引，呈現於第二章「儒家的邏輯與認識方法」，分別討論儒家的正名主義、邏輯與認識方法。主旨在指出，自孔子提出正名主義，便走上由「正名」以「正政」的途徑，使「求真」與「求善」同途。例如就「正名」而言，若以「名」為「概念」，以「言」為判斷，則正名既指「使思惟概念清楚而準確」，亦指「使概念所構成的判斷合理而可行」。因此，正名既包含「正形名」的名實概念，也包含「正名分」的倫理規範。就邏輯而言，則孔子亦兼顧了普通邏輯定義與政治倫理的名分定義。

我認為傅教授此章所提出的「真善同途論」也是對儒家認識論相當具有原創性的詮釋。不過，其中也有仍值得再商榷之處。例如就儒家而言，所謂「客觀認識」的意義究竟為何，並未獲明確交代。像荀子名論，我認爲必須注意「約定」並不等於「客觀」。傅教授認爲荀子所謂「名者所以期累實」，就是「名以指實」。其實，「期累實」雖與「約之以命實」較爲相合，但並不一定就完全能「指實」。約定俗成並不就等於客觀。又如從孔子要求弟子學詩，「多識於鳥獸草木之名」，以言孔子對自然界的認識。其實藉學詩而識之自然並非客觀的自然，而是對「詩化」自然之認識，大不同於由名以致實之認識。當然，瑕不掩醇，這些可以進一步寫清楚的地方並不妨害傅教授整體論證的進行。

《新論》一書的主要貢獻，在於人性向善、擇善固執、天人合德三論及其系統意涵。人性向善論貫串全書，並在第三、第六、第七章中專門討論；主要是涉及儒家的人學部分。擇善固執論在第四章討論，主要涉及儒家的倫理學、人生哲學部分，應還可以加以擴充發展；天人合德論在第五章、第一章中討論，主要涉及儒家的宗教哲學與形上學。

人性向善論提出以「向」言性，爲人性保留自由與可能性，因而能看出人的實踐和成善之可貴，亦能面對惡的問題以及學習和教育的必要性。提出人性向善的動力與發展，亦可解決儒家內部(如孟子和荀子)人性論的一些表面矛盾。我想傅佩榮教授提出人性向善論基本上是爲了凸顯出這些理論的意趣，初不在中立化，甚或否認人性潛在的善，更不在否定經由天命而得之性實爲價值的根源。傅教授以下這段話清楚表明了此意：

「以向來形容人性，表示人性是開放的、動態的，是等待被實現的潛能，必須在人生的過程中，經由個人的選擇而付諸實踐。人的潛能是多方面與無限制的，他可以努力求知，理解各種奧妙的現象；可以從事創作，發揮藝術才情；也可以行善避惡，增益自己的道德價值。我們若省思自己的經驗，不難肯定生命是充滿動力的潛能。」

由此可見，傅教授只是爲了避免人性「本已是善」的看法，但並未否認，人性本源可以爲善，具向善之潛能。他只是對善有更高的要求，不願侈言聖人滿街走，人欲卻橫流，更不願面對罪惡視而不見。對此而言，傅教授明確地提出善就是「兩個或多數主體之間適當關係之滿全」。

傅教授此一定義呈現了善的人間性與互爲主體性。不過，就其所言「人與自然」、「人與人」、「人與超自然」的關係架構而言，所謂「適當關係之滿全」亦應可推及人與自然、人與超越界的關係，而不必僅僅限在人際關係之內。我相信，傅教授對善的定義應具備此一理論的擴充與兼容性，使善得以統攝人與人之外的其他存在的關係。

再者，撇開「關係」的善而言，人本性能力的實現與卓越化亦應可以「善」稱之。按照前引傅教授的話來看，人的求知能力、藝術才情、道德良知的擴充與實現本身即可爲善，不一定要放置在關係的脈絡中來考慮。即使不在關係中，「愼獨」亦可爲善。至於孔子所謂「古之學者爲己」，顯然亦不在人際關係之中。因此，更充分的說來，善的定義應包含「本性能力的卓越化」與「適當關係的滿全」兩層次。

針對適當關係，我們還需指出，「相互性」並不就等於「普遍性」，也因此所謂「適當關係的滿全」並不只停留在人與人之間的相互性，而在於此相互的關係可達致普遍者，也因而不停限在你我之間，卻是人人皆可如此，甚至可以無愧於天地。換言之，所謂適當關係的滿全並不停限在特殊關係，而必須擴及普遍關係。

這一點對於傅教授所言的擇善固執論亦同樣重要。因爲傅教授認爲擇善的條件是「知善」，而「知善」有兩個重點，一是強調人性向善，二是強調善之人際相互性。傅教授既認爲自孔子起儒家便強調有「共同的人性」，如此說來，善顯然不僅限於關係的相互性，而更應強調其共同性、普遍性了。

一般而言，當代新儒家將儒家的倫理學定位在「自律」，因而對其他種類倫理學的他律性多加批判。其實，「自律」、「他律」之區分仍然停留在義務倫理學的層次。可是，義務論總難免「爲義務而義務」的形式主義困境，而且有限的人如何在自己的有限性上建立絕對的自律，亦令人感到困惑？此一自律究竟與天命有何關係，也需要解決，尤其面對當代社會的實情，爲義務而義務難以啓發人向善的意願，反倒多的是在違背規範時內心竊喜者。提倡自律之說，並不能提昇、轉化人性，至多只能爲強調法治，強調義務學習的時風推波助瀾。義務論在現實社會中的困境在今天可謂窘態畢露。

傅教授的人性向善論將規範的形成與遵守立基於人性向善的動力，是以不致觸犯爲義務而義務的形式主義謬誤；他承認了人的自律，但認爲人心之自律來自於天——孟子所謂「此天之所與我者。」——因而使自律不必隔絕於天，卻可來自於天。不過，人之所以自我要求自律，並非爲了規範本身，而是爲了適當關係的滿全以及本有善性的卓越化。人不一定願意爲規範而自律，但卻可以爲了自我實現和良好關係而自律。吾人若以本有能力的卓越和良好關係的滿全爲德行，則我們可以說，傅教授在人性向善論中所主張的倫理是以德行爲優先的倫理學，而不是以義務爲優先的倫理學。

不過，能擇善之人，未必能固執之。對此，傅教授提出了擇善而固執的方法，主旨在學習經典、學思並重與配合修身。他並明確指出，所謂「固執」包含三點：其一，在擇善之後，要終身行之，不倦不悔；其二，隨時考慮權宜問題；其三，必要時可以犧牲生命。針對這最後一點，以死爲實踐仁義的代價，固然指出仁義的絕對性。不過，一般而言，儒家的目的在指出人的生命應有值得奉獻的理想——即仁義也——而不在侈言犧牲。

最後，傅教授所提出的天人合德論，更以精確的意涵替代了一般所謂天人合一的論調。他指出，就儒家而言，天人合德的說法更爲適宜。傅教授將「天」詮釋爲主宰者、造生者、載行者、啓示者、審判者，並明確指陳其轉變的軌跡，可以說是對「天」概念最清楚而體系的明說，這些研究成果早已鋪陳在傅著《儒道天論發微》一書中。不過，在《新論》中，傅教授以天爲向善的人性的根源，以及人性所向之善之滿全。換言之，天既是起始，也是完成。人性既根源於天，所以「誠之」乃「人之道」，人應知天、畏天、順天、樂天。傅教授並指出天人合德的雙向互證；其一是就橫攝系統言，以人群社會之共同福祉來印證天人合德；其二是縱攝系統，以個人生命之絕對要求來體現天人合德。由上可見，傅教授在《新論》中提出的天人合德論主旨仍在爲人性向善論與擇善固執論提出終極的證成，主要作爲人性論和倫理學的形上奠基。但是，就目前完成的形態言，它雖有宗教哲學上的豐富意涵，但在本體論（或存有論）方面的內容，則尚未加以鋪陳。相信假以時日，傅教授會在這方面多所發揮。

總之，傅著《儒家哲學新論》在認識方面提出「眞善同途論」，在人學方面提出「人性向善論」，在倫理學方面提出「擇善固執論」，在宗教哲學方面提出「天人合德論」，雖然在儒家哲學的本體論方面仍有待發揮，而各論之中亦有部分更待釐清的地方，但此書所做出的原創性、系統性詮釋，無疑是當代儒學研究的重要成果。

刊於《哲學雜誌》第十期

儒家哲學新論

2010年12月初版　定價：新臺幣380元
2018年9月初版第二刷

著　者	傅佩榮
叢書主編	沙淑芬
校　對	王允河
封面設計	蔡婕岑

出版者	聯經出版事業股份有限公司	總編輯	胡金倫
地址	新北市汐止區大同路一段369號1樓	總經理	陳芝宇
編輯部地址	新北市汐止區大同路一段369號1樓	社長	羅國俊
叢書主編電話	(02)86925588轉5310	發行人	林載爵
台北聯經書房	台北市新生南路三段94號		
電話	(02)23620308		
台中分公司	台中市北區崇德路一段198號		
暨門市電話	(04)22312023		
郵政劃撥帳戶	第0100559-3號		
郵撥電話	(02)23620308		
印刷者	世和印製企業有限公司		
總經銷	聯合發行股份有限公司		
發行所	新北市新店區寶橋路235巷6弄6號2F		
電話	(02)29178022		

行政院新聞局出版事業登記證局版臺業字第0130號

本書如有缺頁，破損，倒裝請寄回台北聯經書房更換。　ISBN 978-957-08-3730-8 (平裝)
聯經網址 http://www.linkingbooks.com.tw
電子信箱 e-mail:linking@udngroup.com

國家圖書館出版品預行編目資料

儒家哲學新論 / 傅佩榮著．初版．
新北市．聯經．2010.12．
344面；14.8×21公分．
ISBN 978-957-08-3730-8（平裝）
[2018年9月初版第二刷]

1.儒家　2.儒學　3.文集

121.207　99024249